高职高专会计专业精品系列规划教材

财务大数据分析

- 主　编　毛金芬
- 副主编　赵淑华　蒋冰丹　凌鉴宇
　　　　　陈莉崟　王瑾瑜

FINANCIAL BIG DATA ANALYSIS

苏州大学出版社
Soochow University Press

图书在版编目(CIP)数据

财务大数据分析 / 毛金芬主编. -- 苏州：苏州大学出版社, 2024.7. -- (高职高专会计专业精品系列规划教材). -- ISBN 978-7-5672-4853-3

Ⅰ. F275

中国国家版本馆 CIP 数据核字第 2024FH9113 号

书　　名:	财务大数据分析
	CAIWU DASHUJU FENXI

主　　编:	毛金芬
责任编辑:	曹晓晴
装帧设计:	刘　俊

出版发行: 苏州大学出版社(Soochow University Press)
社　　址: 苏州市十梓街 1 号　邮编: 215006
印　　刷: 广东虎彩云印刷有限公司
邮购热线: 0512-67480030
销售热线: 0512-67481020

开　　本:	787 mm×1 092 mm　1/16　印张: 18　字数: 416 千
版　　次:	2024 年 7 月第 1 版
印　　次:	2024 年 7 月第 1 次印刷
书　　号:	ISBN 978-7-5672-4853-3
定　　价:	59.80 元

图书若有印装错误,本社负责调换
苏州大学出版社营销部　电话: 0512-67481020
苏州大学出版社网址　http://www.sudapress.com
苏州大学出版社邮箱　sdcbs@suda.edu.cn

PREFACE 前 言

随着数字技术和数字经济的兴起，云计算、人工智能、物联网、虚拟现实等技术不断渗透并重塑产业，大数据成为产业发展的新方向，而产业发展必然带动经济发展。在大数据时代，如何对企业的财务数据进行深入、有效的分析并从中获取对决策有用的信息，成为目前重要的研究方向。

"财务大数据分析"课程对学生会计职业能力的培养起着重要的作用。本书以培养学生掌握财务大数据分析的基本理论、具备在实际工作中阅读与分析财务数据的能力为目标，结合 Python 大数据软件与 Excel 表格处理软件的应用，对案例企业的财务数据进行收集、整理和分析，具有较强的针对性和实战性。

本书共有十二个项目，分别是 Python 数据分析概述、数据处理与数据可视化基础、Python 在财务数据分析中的应用、财务数据分析基本理论、Python 在资产负债表阅读与分析中的应用、Python 在利润表阅读与分析中的应用、Python 在现金流量表和所有者权益变动表阅读与分析中的应用、Python 在企业营运能力分析中的应用、Python 在企业盈利能力分析中的应用、Python 在企业偿债能力分析中的应用、Python 在企业发展能力分析中的应用及 Python 在财务综合分析中的应用。

本书采用"项目导向，任务驱动"的编写模式，将专业能力培养与财务分析岗位要求紧密结合，体现了"教学做一体化、理实合一"的高等职业教育教学理念。

本书具有以下特点：
1. 技术适度

本书定位于培养具有财务数据处理功底的人才，因此没有大量编程技术介绍，更多的是从财务专业角度出发，介绍了涉及财务的 Python 编程内容、Pandas 数据处理及 Matplotlib 数据可视化内容，助力会计职业可持续发展。

2. 项目导向，任务驱动

本书基于财务分析岗位工作能力要求选取教学内容，以案例为载体，设计学习项目和学习任务。在每个实训任务中，明确实训内容，采用先操作、再从操作中总结理论的思路，设计每个模块的学习，强调会计知识与技能的结合，融"教、学、做"为一体，以实现高职高专会计职业教育的目标。

3. 业财融合

在进行大数据分析时，应避免"就数据论数据"。本书在进行财务数据分析时，结合业务的实际情况来看数据，培养学生业财融合的思维。

4. 教学资源多元化

为了方便教师教学，本书配套了丰富的教学资源，对任务操作录制了导学视频并以二维码形式呈现，另配有教学课件、电子教案、思考与练习参考答案等。为了提升学生的学习效果，调动学生学习的积极性和主动性，本书增加了知识链接，提供了 Python 软件及相关安装录屏等（不需要依赖其他大数据开发平台，独立安装免费软件），以方便学生实际操作。

5. 博采众长，校企合作开发

在本书编写过程中，编者选择了具有代表性的会计专业校外紧密型实训基地作为合作方，认真咨询了校外专家的指导意见，同时听取了从事会计工作的往届毕业生的建议，以使本书更具实用性和针对性。

本书由毛金芬担任主编，赵淑华、蒋冰丹、凌鉴宇、陈莉銮、王瑾瑜担任副主编。具体编写分工如下：项目一、项目二、项目十一由无锡科技职业学院凌鉴宇编写；项目三、项目五、项目八由江苏信息职业技术学院毛金芬编写；项目四由江苏信息职业技术学院王瑾瑜编写；项目六由苏州高博职业学院陈莉銮编写；项目七、项目九由江苏省锡山中等专业学校赵淑华编写；项目十、项目十二由无锡南洋职业技术学院蒋冰丹编写。毛金芬负责全书修改、整理和定稿。

由于编者水平有限，书中难免存在疏漏之处，敬请广大读者批评指正。

编　者

2024 年 2 月

目录 CONTENTS

项目一　Python 数据分析概述 ... 1
　　任务一　认识数据分析 ... 1
　　任务二　Python 数据分析的工具 ... 3
　　思考与练习 ... 13

项目二　数据处理与数据可视化基础 ... 15
　　任务一　Pandas 数据处理基础 ... 15
　　任务二　Matplotlib 数据可视化基础 ... 26
　　思考与练习 ... 30

项目三　Python 在财务数据分析中的应用 ... 32
　　任务一　大数据对会计行业的影响 ... 33
　　任务二　Python 数据类型与数据运算 ... 35
　　任务三　财务大数据分析的操作步骤 ... 39
　　思考与练习 ... 41

项目四　财务数据分析基本理论 ... 42
　　任务一　认识财务数据分析 ... 43
　　任务二　财务数据分析的目的 ... 47
　　任务三　财务数据分析的基本方法 ... 49
　　任务四　财务数据分析的基本步骤 ... 55
　　思考与练习 ... 55

项目五　Python 在资产负债表阅读与分析中的应用 ... 60
　　任务一　资产负债表结构分析 ... 62
　　任务二　资产负债表水平分析 ... 77

任务三　资产负债表垂直分析 ·· 84
　　任务四　资产负债表主要项目分析 ·· 90
　　思考与练习 ··· 110

项目六　Python 在利润表阅读与分析中的应用　　112
　　任务一　利润表结构分析 ··· 113
　　任务二　利润表水平分析 ··· 120
　　任务三　利润表垂直分析 ··· 124
　　任务四　利润表主要项目分析 ·· 127
　　思考与练习 ··· 131

项目七　Python 在现金流量表和所有者权益变动表阅读与分析中的应用　　133
　　任务一　现金流量表结构分析 ·· 134
　　任务二　现金流量表主要项目分析 ·· 144
　　任务三　所有者权益变动表结构分析 ··· 149
　　思考与练习 ··· 152

项目八　Python 在企业营运能力分析中的应用　　155
　　任务一　总资产周转率分析 ·· 156
　　任务二　流动资产周转率分析 ·· 160
　　任务三　应收账款周转率分析 ·· 164
　　任务四　存货周转率分析 ··· 169
　　任务五　固定资产周转率分析 ·· 174
　　思考与练习 ··· 178

项目九　Python 在企业盈利能力分析中的应用　　183
　　任务一　净资产收益率分析 ·· 184
　　任务二　总资产收益率分析 ·· 189
　　任务三　销售净利率分析 ··· 192
　　任务四　销售毛利率分析 ··· 195
　　任务五　销售收入现金含量分析 ··· 198
　　任务六　净利润现金含量分析 ·· 202
　　思考与练习 ··· 205

项目十　Python 在企业偿债能力分析中的应用　　211
　　任务一　短期偿债能力分析 ·· 212
　　任务二　长期偿债能力分析 ·· 222
　　思考与练习 ··· 230

项目十一　Python 在企业发展能力分析中的应用　235

  任务一　企业发展能力分析认知 …………………………………………… 236
  任务二　企业发展能力分析指标 …………………………………………… 238
  思考与练习 ……………………………………………………………………… 253

项目十二　Python 在财务综合分析中的应用　256

  任务一　综合财务分析认知 ………………………………………………… 258
  任务二　综合财务分析方法 ………………………………………………… 259
  任务三　财务分析报告的撰写 ……………………………………………… 268
  思考与练习 ……………………………………………………………………… 275

参考文献 ……………………………………………………………………………… 277

项目一

Python 数据分析概述

任务描述

本项目的任务是了解数据分析的概念、流程、常用工具,了解利用 Python 工具进行数据分析的优势,掌握 Python 数据分析的常用类库,学会安装 Python 相关运用软件,为后面各项目的学习奠定基础。

学习目标

1. 了解广义的数据分析和狭义的数据分析的概念。
2. 了解典型的数据分析流程。
3. 了解数据分析常用的 Python、R 和 MATLAB 工具。
4. 了解利用 Python 工具进行数据分析的优势。
5. 掌握 7 个 Python 数据分析的常用类库。
6. 掌握安装 Python 相关运用软件的操作。

技能目标

1. 知道不同的人学习 Python 数据分析时最关心哪些问题。
2. 通过学习 Python 数据分析概述,我懂得了什么。

任务一 认识数据分析

一、数据分析的概念

大数据是一种规模大到在获取、存储、管理、分析方面大大超出传统数据库软件工具能力范围的数据集合,具有数据规模庞大、数据流转快速、数据类型多样和价值密度低四大特征。

数据分析是指用适当的分析方法对收集的大量数据进行分析,提取有用信息和形成结论,对数据加以详细研究和概括总结的过程。随着计算机技术的全面发展,企业产生、收集、存储和处理数据的能力大大提高,数据量与日俱增。而在现实生活中,需要对这些来源广泛、结构复杂的数据通过统计分析进行提炼,以此找出数据发展规律,进而帮助企业管理层做出决策。

广义的数据分析包括狭义的数据分析和数据挖掘。狭义的数据分析是指根据分析目的,采用对比分析、分组分析、交叉分析、回归分析等分析方法,对收集的数据进行处理与分析,提取有价值的信息,发挥数据的作用,从而得到一个特征统计量结果的过程。数据挖掘是指从大量的、不完全的、有噪声的、模糊的、随机的实际应用数据中,通过应用统计技术、关联规则、聚类检测、回归分析、概念描述等技术,提取隐含在其中的、人们事先不知道的但又是潜在有用的信息和知识的过程。

二、数据分析的流程

数据分析已逐渐演变为一种解决问题的过程,甚至是一种方法论。虽然每个企业都会根据自身的需求和目标创建最适合的数据分析流程,但数据分析的核心步骤是一致的。

(一)需求分析

"需求分析"一词来源于产品设计,主要是指从客户提出的需求出发,挖掘客户内心的真实意图,并转化为产品需求的过程。产品设计的第一步就是需求分析,也是最关键的一步,因为需求分析决定了产品方向。错误的需求分析可能导致在产品实现过程中走向错误的方向,甚至给企业造成损失。数据分析中的需求分析是数据分析环节的第一步,也是非常重要的一步,决定了后续的分析方向和方法。数据分析中的需求分析的主要内容是,根据业务、生产和财务等部门的需要,结合现有的数据情况,提出数据分析需求的整体方向和具体内容,最终和需求方达成一致意见。

(二)数据获取

数据获取是数据分析工作的基础,是指根据需求分析的结果提取、收集数据。获取的数据类型主要有两种:网络数据与本地数据。网络数据是指存储在互联网中的各类文字、图片、语音和视频等信息;本地数据是指存储在本地数据库中的生产、销售和财务等系统的数据。本地数据按照数据产生时间又可分为两部分:历史数据与实时数据。历史数据是指系统在运行过程中遗存下来的数据,其数量随系统运行时间的延长而增加;实时数据是指最近一个单位时间周期(月、周、日、小时等)内产生的数据。在数据分析过程中,具体获取哪种数据,依据需求分析的结果而定。

(三)数据预处理

数据预处理是指对数据进行合并、清洗、标准化和变换,并将其直接用于分析与建模的这一过程的总称。其中,数据合并可以将多张互相关联的表格合并为一张;数据清洗可以去掉重复、缺失、异常、不一致的数据;数据标准化可以去除特征间的量纲差异;数据变换可以通过离散化、哑变量处理等技术满足后期分析与建模的数据要求。在数据分析过程中,数据预处理的各个过程互相交叉,并没有明确的先后顺序。

(四)分析与建模

分析与建模是指通过对比分析、分组分析、交叉分析、回归分析等分析方法,以及聚类模型、分类模型、关联规则、智能推荐等模型与算法，发现数据中有价值的信息，并得出结论的过程。

分析与建模的方法按照分析目标的不同可分为几大类。如果分析目标是描述客户的行为模式，可以采用描述型数据分析方法，同时还可以考虑关联规则、序列规则、聚类模型等。如果分析目标是量化未来一段时间内某个事件发生的概率，可以使用两大预测分析模型，即分类预测模型和回归预测模型。在常见的分类预测模型中，目标变量通常都是二元分类变量，如欺诈与否、流失与否、信用好坏等。在回归预测模型中，目标变量通常都是连续型变量，常见的例子有股票价格预测、违约损失率预测等。

（五）模型评价与优化

模型评价是指对已经建立的一个或多个模型，根据模型的类别，使用不同的指标，评价其性能优劣的过程。常用的聚类模型评价指标有调整兰德指数（ARI）、调整互信息（AMI）、V-measure 评分、福尔克斯–马洛斯指数（FMI）、轮廓系数等。常用的分类模型评价指标有准确率（Accuracy）、精确率（Precision）、召回率（Recall）、F1 值（F1 Score）、接受者操作特征（ROC）曲线及其下的面积（AUC）等。常用的回归模型评价指标有平均绝对误差、均方误差、中值绝对误差、可解释方差等。

模型优化是指模型性能经过模型评价已经达到要求，但在将模型应用于实际生产环境的过程中发现其性能并不理想，继而对模型进行重构与优化的过程。在多数情况下，模型优化和分析与建模的过程基本一致。

（六）部署

部署是指将数据分析结果与结论应用到实际生产系统中的过程。根据需求的不同，部署的对象可以是一份包含现状及具体整改措施的数据分析报告，也可以是一套将模型部署到整个生产系统中的解决方案。在多数项目中，数据分析师提供的是一份数据分析报告或一套解决方案，实际执行与部署的是需求方。

任务二　Python 数据分析的工具

一、数据分析的常用工具

目前，主流的数据分析语言有 Python、R、MATLAB 三种。其中，Python 拥有丰富和强大的库。它常被称为胶水语言，能够把用其他语言（尤其是 C、C++）制作的各种模块很轻松地连接在一起，是一门更易学、更严谨的程序设计语言。R 语言则是用于统计分析、绘图的语言和操作环境，它是属于 GNU 系统的一个自由、免费、源代码开放的软件。MATLAB 的作用是进行矩阵运算、绘制函数与数据图像、实现算法、创建用户界面和连接其他编程语言的程序等，主要应用于工程计算、控制设计、信号处理与通信、图像处理、信号检测、金融建模设计与分析等领域。

二、Python 数据分析的优势

Python 是一门应用十分广泛的计算机语言，在数据科学领域具有无可比拟的优势。Python 正在逐渐成为数据科学领域的主流语言。Python 数据分析主要有以下五个方面的优势：

（1）语法简单精练。对于初学者来说，比起其他编程语言，Python 更容易上手。

（2）有很多功能强大的库。结合在编程方面的强大实力，可以只使用 Python 这一种语言去构建以数据为中心的应用程序。

（3）功能强大。从特性观点来看，Python 是一个混合体。丰富的工具集使它介于传统的脚本语言与系统语言之间。Python 不仅具备所有脚本语言简单和易用的特点，而且提供了编译语言所具有的高级软件工程工具。

（4）不仅适用于研究和原型构建，而且适用于生产系统构建。研究人员和工程技术人员使用同一种编程工具，可以给企业带来非常显著的组织效益，并降低企业的运营成本。

（5）Python 是一门胶水语言。Python 程序能够以多种方式轻易地与其他语言的组件"粘接"在一起。例如，Python 的 C 语言 API 可以帮助 Python 程序灵活地调用 C 程序。这意味着用户可以根据需要给 Python 程序添加功能，或者在其他环境系统中使用 Python。

三、Python 数据分析的常用类库

（一）IPython

IPython 是 Python 科学计算标准工具集的组成部分，它将其他所有相关的工具联系在一起，为交互式和探索式计算提供了一个强大而高效的环境。同时，它也是一个增强的 Python Shell，目的是提高编写、测试、调试 Python 代码的速度。IPython 主要用于交互式数据并行处理，是分布式计算的基础架构。

另外，IPython 还提供了一个类似于 Mathematica 的 HTML 笔记本、一个基于 Qt 框架的 GUI 控制台，具有绘图、多行编辑、语法高亮显示等功能。

（二）NumPy

NumPy 是 Numerical Python 的简称，是 Python 科学计算的基础包。NumPy 主要提供了以下内容：

（1）快速高效的多维数组对象 ndarray。

（2）对数组执行元素级计算及直接对数组执行数学运算的函数。

（3）读/写硬盘上基于数组的数据集的工具。

（4）线性代数运算、傅里叶变换及随机数生成的功能。

（5）将 C、C++、Fortran 代码集成到 Python 的工具。

除为 Python 提供快速的数组处理能力外，NumPy 在数据分析方面还有另外一个主要作用，即作为算法之间传递数据的容器。对于数值型数据，使用 NumPy 数组存储和处理数据要比使用内置的 Python 数据结构高效得多。此外，由低级语言（如 C

和 Fortran）编写的库可以直接操作 NumPy 数组中的数据，无须进行任何数据复制操作。

（三）SciPy

SciPy 基于 Python 的开源代码，是一组专门解决科学计算中各种标准问题域的模块的集合，特别是与 NumPy、Matplotlib、IPython 和 Pandas 这些核心包一起使用时。SciPy 主要包含了 8 个模块，不同的模块有不同的应用，如用于插值、积分、优化、处理图像和特殊函数等。SciPy 主要模块简介如表 1-1 所示。

表 1-1 SciPy 主要模块简介

模块名称	简介
scipy.integrate	数值积分和微分方程求解器
scipy.linalg	扩展了由 numpy.linalg 提供的线性代数求解和矩阵分解功能
scipy.optimize	函数优化器（最小化器）及根查找算法
scipy.signal	信号处理工具
scipy.sparse	稀疏矩阵和稀疏线性系统求解器
scipy.special	SPECFUN［这是一个实现了许多常用数字函数（如伽马函数）的 Fortran 库］的包装器
scipy.stats	检验连续和离散概率分布（如密度函数、采样器、连续分布函数等）的函数与方法，各种统计检验的函数与方法，以及各类描述性统计的函数与方法
scipy.weave	利用内联 C++代码加速数组计算的工具

（四）Pandas

Pandas 是 Python 数据分析的核心库，最初作为金融数据分析工具被开发出来。Pandas 为时间序列分析提供了很好的支持。它提供了一系列能够快速、便捷地处理结构化数据的数据结构和函数。Python 之所以成为强大而高效的数据分析环境与它息息相关。Pandas 兼具 NumPy 高性能的数组计算功能与电子表格和关系型数据库（如 SQL）灵活的数据处理功能。它提供了复杂精细的索引功能，以便用户便捷地完成重塑、切片和切块、聚合及选取数据子集等操作。Pandas 是本书中使用的主要工具。

（五）Matplotlib

Matplotlib 是最流行的用于绘制数据图表的 Python 库，是 Python 的 2D 绘图库。它非常适合用于创建出版物中的图表。Matplotlib 最初由约翰·D. 亨特（John D. Hunter）创建，目前由一个庞大的开发团队维护。Matplotlib 的操作比较简单，用户只需用几行代码即可生成直方图、折线图、条形图、饼图、散点图等图形。Matplotlib 提供了 pylab 模块，其中包括了 NumPy 和 Pyplot 中的许多常用函数，方便用户快速进行计算和绘图。Matplotlib 与 IPython 结合得很好，提供了一种非常好用的交互式数据绘图环境。绘制的图表也是交互式的，用户可以利用绘图窗口中工具栏内的相应工具放大图表中的某个区域，或者对整个图表进行平移浏览。

(六) scikit-learn

scikit-learn 是一个简单高效的数据挖掘和数据分析工具,可以供用户在各种环境中重复使用。而且,scikit-learn 建立在 NumPy、SciPy 和 Matplotlib 基础之上,对一些常用的机器学习算法进行了封装。目前,scikit-learn 的基本模块主要有数据预处理、模型选择、分类、聚类、数据降维和回归六个。在数据量不大的情况下,scikit-learn 可以解决大部分问题。对算法不精通的用户在执行建模任务时,并不需要自行编写所有算法,只要简单地调用 scikit-learn 库里的模块就可以。

(七) Spyder

Spyder(前身是 Pydee)是一个强大的交互式 Python 语言开发环境,提供高级的代码编辑、交互测试和调试等特性,支持 Windows、Linux 和 OS X 系统。Spyder 包含数值计算环境,得益于 IPython、NumPy、SciPy 和 Matplotlib 的支持。Spyder 可用于将调试控制台直接集成到图形用户界面的布局中。Spyder 的最大优点就是模仿 MATLAB 的"工作空间",可以很方便地观察和修改数组的值。Spyder 的界面由许多窗格构成,用户可以根据自己的喜好调整它们的位置和大小。当多个窗格出现在一个区域时,将以标签页的形式显示。Spyder 的界面包含了"Editor""Help""Variable Explorer""Files""Plots""IPython Console""History"等区域,方便用户灵活运用 Python。

四、Python 相关运用软件安装

(一) 在 Windows 系统中安装 Python

在 Windows 系统中安装 Python 的具体操作步骤如下:

第一步:双击"python-3.9.7-amd64"。(图 1-1)

安装 Python

图 1-1 Python 安装包文件夹界面

第二步:勾选 2 个复选框的内容后,单击"Install Now"。(图 1-2)

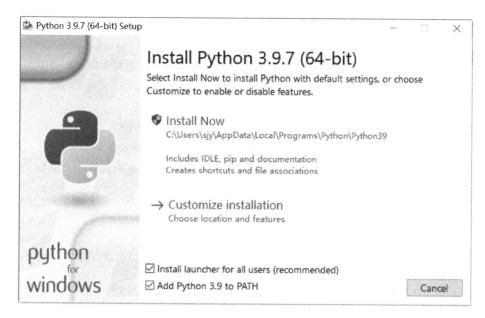

图 1-2　Python 安装界面

第三步：安装成功后，单击"Close"按钮。（图 1-3）

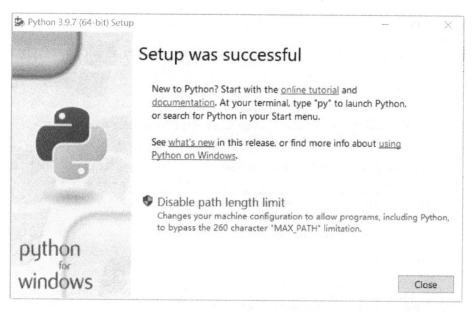

图 1-3　Python 安装成功界面

（二）在 Windows 系统中安装 Anaconda

进入 Anaconda 官方网站，下载 Windows 系统中的 Anaconda 安装包，选择 Python 3.0 以上版本。在 Windows 系统中安装 Anaconda 的具体操作步骤如下：

第一步：单击"Next"按钮进入下一步。（图 1-4）

安装 Anaconda

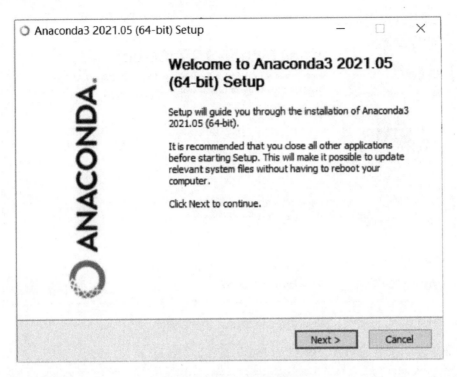

图 1-4　Anaconda 安装界面

第二步：单击"I Agree"按钮，同意最终用户许可协议并进入下一步。（图 1-5）

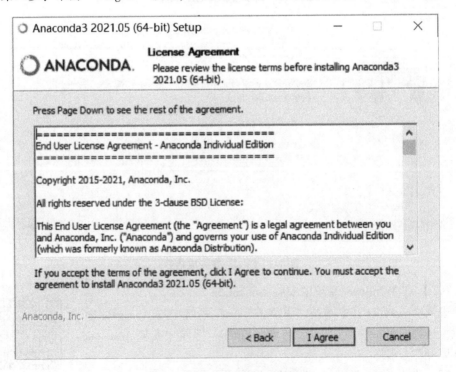

图 1-5　最终用户许可协议界面

第三步：勾选"All Users（requires admin privileges）"单选框，单击"Next"按钮后进入下一步。（图1-6）

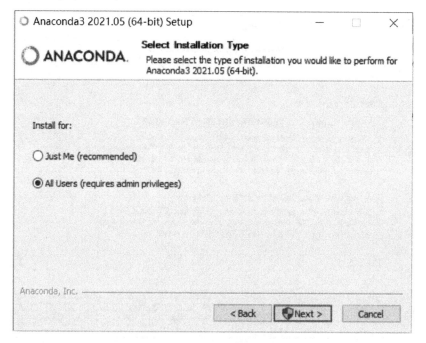

图1-6 选择安装类型界面

第四步：单击"Browse"按钮，选择在指定的路径安装Anaconda后，单击"Next"按钮进入下一步。（图1-7）

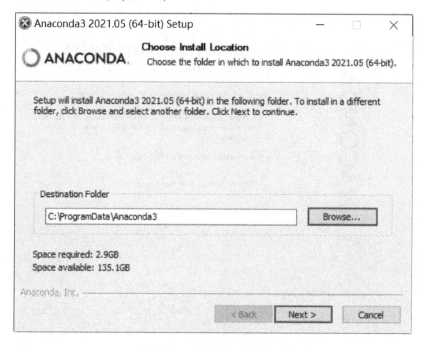

图1-7 选择安装位置界面

第五步：勾选 2 个复选框的内容后，单击"Install"按钮，等待安装结束。（图 1-8）

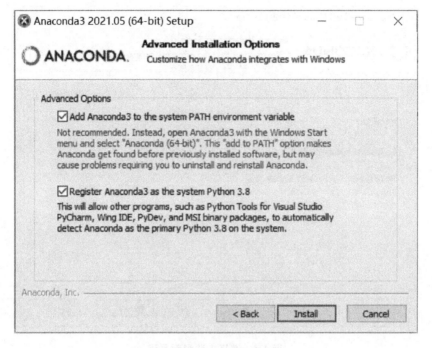

图 1-8　高级安装选项界面

第六步：单击"Finish"按钮，安装完成。（图 1-9）

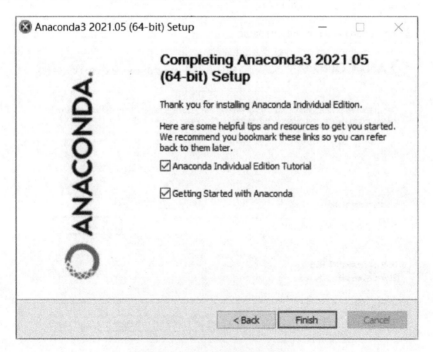

图 1-9　Anaconda 安装完成界面

（三）在 Windows 系统中安装 PyCharm、Pandas、Matplotlib

在 Windows 系统中安装 PyCharm、Pandas、Matplotlib 的具体操作步骤如下：

第一步：单击"Next"按钮进入下一步。（图 1-10）

安装 PyCharm

图 1-10　PyCharm 安装界面

第二步：勾选 4 个复选框的内容后，单击"Next"按钮进入下一步。（图 1-11）

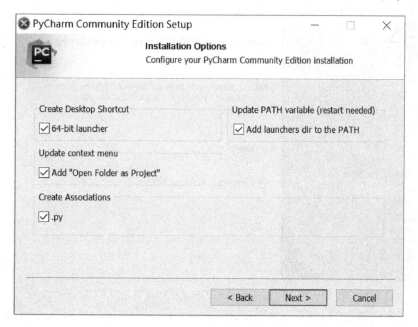

图 1-11　安装选项界面

第三步：单击"Install"按钮进入下一步。（图1-12）

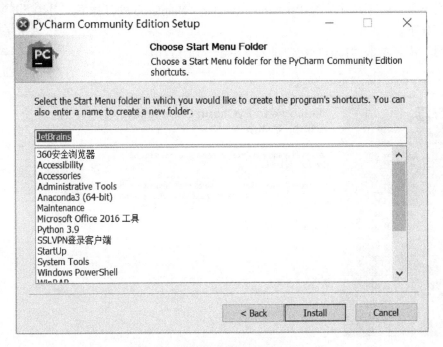

图1-12 选择开始菜单文件夹界面

第四步：勾选"I want to manually reboot later"单选框后，单击"Finish"按钮。（图1-13）

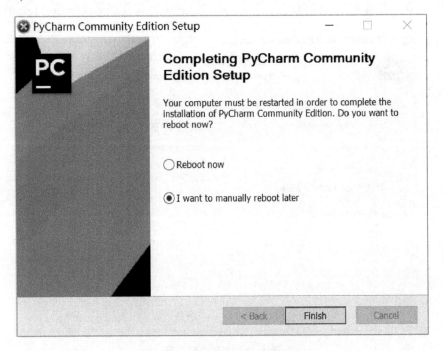

图1-13 PyCharm安装完成界面

第五步：安装好的 PyCharm 默认是英文界面，可以通过安装插件把它更改为中文界面。

打开菜单栏上的"File"，选择"Settings"→"Plugins"，单击"Marketplace"，搜索"Chinese"，然后单击"Install"安装"Chinese（Simplified）Language Pack/中文语言包"。安装完成后，重新启动 PyCharm，界面就会变为中文（也可以直接跳过这一步）。

设置中文界面

安装 Pandas 包

第六步：打开菜单栏上的"文件"，选择"设置"→"Python 解释器"，在右侧单击"+"按钮，搜索栏中输入"Pandas"，单击左下角"安装包（I）"按钮，安装完成。

第七步：安装 Matplotlib 的步骤同上。

第八步：单击左下角的"终端"标签，输入"pip install openpyxl"，单击回车键（该步骤很重要），如图 1-14 所示。

安装 Matplotlib 包

安装 Openpyxl 包

图 1-14　安装 Openpyxl 界面

思考与练习

一、单项选择题

1. 下列关于数据和数据分析的说法，正确的是（　　）。
   A. 数据就是数据库中的表格
   B. 文字、声音、图像这些都是数据
   C. 数据分析不可能预测未来几天的天气变化
   D. 数据分析的数据只能是结构化的

2. 下列关于数据分析流程的说法，错误的是（　　）。
   A. 需求分析是数据分析最重要的一部分
   B. 数据预处理是能够建模的前提
   C. 分析与建模时只能使用数值型数据
   D. 模型评价能够评价模型的优劣

3. 下列关于分析与建模流程的说法，错误的是（　　）。
   A. 传统的统计对比分析不属于分析与建模流程

B. 分析与建模的模型选择要根据需求确定

C. 分析与建模时可以选择多个模型同时分析

D. 分析与建模是数据分析工作的核心

4. 下列关于模型评价与优化的说法,正确的是(   )。

A. 模型构建完成后就可以使用

B. 模型评价的目的是确认模型的有效性

C. 模型评价结果良好,模型一定可用,不需要重构

D. 所有模型评价方法都相同

5. 下列不属于数据分析应用场景的是(   )。

A. 产品销量分析   B. 码头货物吞吐量预测

C. 计算机硬盘使用寿命预测   D. 某人一生的命运预测

6. 下列不属于 Python 优势的是(   )。

A. 语法简洁,程序开发速度快

B. 拥有大量的第三方库,能够调用 C、C++、Java 语言

C. 程序的运行速度在所有计算机语言中最快

D. 开源免费

二、多项选择题

1. 下列关于 Python 数据分析库的描述,错误的有(   )。

A. NumPy 的在线安装不需要其他任何辅助工具

B. SciPy 的主要功能是绘制可视化图表

C. Pandas 能够完成数据整理工作

D. scikit-learn 包含所有算法

2. 下列属于 Anaconda 主要特点的有(   )。

A. 包含了众多流行的科学、数学、工程、数据分析的 Python 包

B. 完全开源免费

C. 支持 Python 2.6、2.7、3.4、3.5、3.6,可自由切换

D. 额外的加速和优化是免费的

三、操作题

在自用计算机上完成 Python 的发行版 Anaconda 安装。

项目二

数据处理与数据可视化基础

任务描述

本项目的任务是理解利用 Pandas 进行数据合并、Excel 文件读写、缺失值检查与处理及利用 Matplotlib 进行条形图、折线图绘制的基本语法,掌握 Pandas 数据处理和 Matplotlib 数据可视化的基本操作,为后面各项目的学习奠定基础。

学习目标

1. 了解数据合并的概念和种类。
2. 掌握横向和纵向堆叠合并、主键合并、重叠合并的基本语法。
3. 了解利用 Pandas 读写 Excel 文件的基本操作。
4. 了解处理缺失值的方法。
5. 掌握检查与处理缺失值的基本语法。
6. 了解 Pyplot 基础语法。
7. 掌握条形图、折线图绘制的基本操作。

技能目标

1. 知道不同的人学习数据处理与数据可视化时最关心哪些问题。
2. 通过学习数据处理与数据可视化基础,我懂得了什么。

任务一　Pandas 数据处理基础

一、合并数据

(一)堆叠合并

堆叠就是简单地把两张表拼在一起,也被称为轴向连接。按照连接轴的方向不同,堆叠可分为横向堆叠和纵向堆叠。

1. 横向堆叠

横向堆叠，即将两张表在 x 轴向上拼接在一起，可以使用 concat 函数完成。concat 函数的基本语法如下。

```
pandas.concat(objs,axis=0,join='outer',join_axes=None,ignore_index=False,keys=None,
levels=None,names=None,verify_integrity=False,copy=True)
```

concat 函数的常用参数及其说明如表 2-1 所示。

表 2-1 concat 函数的常用参数及其说明

参数名称	说明
objs	接收多个 Series、DataFrame、Panel 的组合。表示参与连接的 Pandas 对象的列表的组合。无默认
axis	接收 0 或 1。表示连接的轴向。默认为 0
join	接收 inner 或 outer。表示其他轴向上的索引是按交集（inner）还是并集（outer）进行合并。默认为 outer
join_axes	接收 index 对象。表示用于其他 $n-1$ 条轴的索引，不执行并集/交集运算
ignore_index	接收 boolean。表示是否不保留连接轴上的索引，产生一组新索引 range（total_length）。默认为 False
keys	接收 sequence。表示与连接对象有关的值，用于形成连接轴向上的层次化索引。默认为 None
levels	接收包含多个 sequence 的 list。表示在指定 keys 参数后，指定用作层次化索引各级别上的索引。默认为 None
names	接收 list。表示在设置了 keys 和 levels 参数后，用于创建分层级别的名称。默认为 None
verify_integrity	接收 boolean。检查新连接的轴是否包含重复项。如果发现重复项，则引发异常。默认为 False

当 axis=1 时，concat 函数做行对齐，然后将不同列名的两张或多张表合并。

（1）当两张表索引不完全相同时，可以使用 join 参数选择是内连接还是外连接。在内连接的情况下，仅仅返回索引重叠部分；在外连接的情况下，则显示索引的并集部分，不足的地方则使用空值填补。索引不完全相同时的横向堆叠外连接示例如图 2-1 所示，具体实现如代码 2-1 所示。

索引不完全相同时的横向堆叠外连接

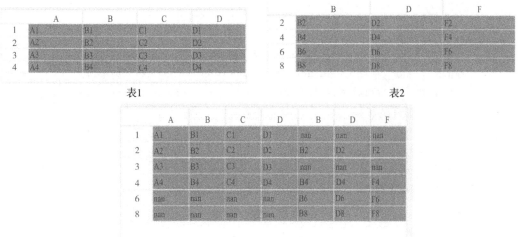

表1　　　　　　　　　　　　　　表2

合并后的表3

图 2-1　索引不完全相同时的横向堆叠外连接示例

代码 2-1　索引不完全相同时的横向堆叠外连接

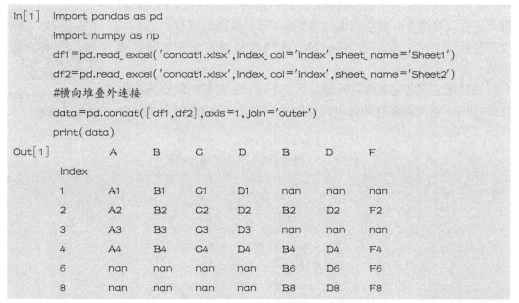

（2）当两张表索引完全相同时，不论 join 参数的取值是 inner 还是 outer，结果都是将两张表完全按照 x 轴拼接起来，具体实现如代码 2-2 所示。

索引完全相同时的
横向堆叠

代码 2-2　索引完全相同时的横向堆叠

```
In[2]   import pandas as pd
        import numpy as np
```

```
              detail=pd.read_csv('detail.csv',encoding='gbk')
              df1=detail.iloc[:,:10]#取出detail的前10列数据
              df2=detail.iloc[:,10:]#取出detail 10列后的数据
              print('合并df1的大小为%s,df2的大小为%s.'%(df1.shape,df2.shape))
              print('内连接横向合并后的数据框大小为:',pd.concat([df1,df2],axis=1,join=
                  'inner').shape)
              print('外连接横向合并后的数据框大小为:',pd.concat([df1,df2],axis=1,join=
                  'outer').shape)
Out[2]        合并df1的大小为(10037,10),df2的大小为(10037,9)。
              内连接横向合并后的数据框大小为:(10037,19)
              外连接横向合并后的数据框大小为:(10037,19)
```

2. 纵向堆叠

纵向堆叠,即将两张表在 y 轴向上拼接在一起,同样可以使用 concat 函数完成。

使用 concat 函数时,在默认情况下,即 axis=0 时,concat 函数做列对齐,将不同行索引的两张或多张表纵向合并。在两张表列名不完全相同的情况下,可以使用 join 参数:取值为 inner 时,返回的仅仅是列名的交集所代表的列;取值为 outer 时,返回的是列名的并集所代表的列。

列名完全相同时的纵向堆叠

在两张表列名完全相同的情况下,不论 join 参数的取值是 inner 还是 outer,结果都是将两张表完全按照 y 轴拼接起来,具体实现如代码 2-3 所示。

代码 2-3　列名完全相同时的纵向堆叠

```
In[3]         import pandas as pd
              import numpy as np
              detail=pd.read_csv('detail.csv',encoding='gbk')
              df3=detail.iloc[:1500,:]#取出detail的前1500行数据
              df4=detail.iloc[1500:,:]#取出detail 1500行后的数据
              print('合并df3的大小为%s,df4的大小为%s.'%(df3.shape,df4.shape))
              print('内连接纵向合并后的数据框大小为:',pd.concat([df3,df4],
                  axis=0,join='inner').shape)
              print('外连接纵向合并后的数据框大小为:',pd.concat([df3,df4],
                  axis=0,join='outer').shape)
Out[3]        合并df3的大小为(1500,19),df4的大小为(8537,19)。
              内连接纵向合并后的数据框大小为:(10037,19)
              外连接纵向合并后的数据框大小为:(10037,19)
```

除 concat 函数外,append 方法也可用于纵向合并两张表。但使用 append 方法实现纵向堆叠有一个前提条件,那就是两张表的列名要完全一致。append 方法的基本

语法如下（了解一下）。

```
pandas.DataFrame.append(self,other,ignore_index=False,verify_integrity=False)
```

append 方法的常用参数及其说明如表 2-2 所示。

表 2-2　append 方法的常用参数及其说明

参数名称	说明
other	接收 DataFrame 或 Series。表示要添加的新数据。无默认
ignore_index	接收 boolean。如果输入 True，会对新生成的 DataFrame 使用新的索引（自动产生），而忽略原来数据的索引。默认为 False
verify_integrity	接收 boolean。如果输入 True，当 ignore_index 为 False 时，会检查添加的数据索引是否冲突，若冲突，则添加失败。默认为 False

（二）主键合并

主键合并，即通过一个或多个键将两个数据集的行连接起来，类似于 SQL 中的 join。针对两张包含不同字段的表，将其根据某几个字段一一对应拼接起来，结果集的列数为两个原数据集的列数和减去连接键的数量。

Pandas 库中的 merge 函数和 join 方法都可以实现主键合并，但两者的实现方式并不相同。

merge 函数的基本语法如下。

```
pandas.DataFrame.merge(left,right,how='inner',on=None,left_on=None,right_on=None,
left_index=False,right_index=False,sort=False,suffixes=('_x','_y'),copy=True,indicator=
False)
```

和 SQL 中的 join 一样，merge 函数也有左连接（left）、右连接（right）、内连接（inner）和外连接（outer）。但与 SQL 中的 join 相比，merge 函数有其独到之处，如可以在合并过程中对数据集中的数据进行排序等。根据 merge 函数中的参数说明，按照需求修改相关参数，即可以多种方法实现主键合并。merge 函数的常用参数及其说明如表 2-3 所示。

表 2-3　merge 函数的常用参数及其说明

参数名称	说明
left	接收 DataFrame 或 Series。表示要添加的新数据 1。无默认
right	接收 DataFrame 或 Series。表示要添加的新数据 2。无默认
how	接收 inner、outer、left、right。表示数据的连接方式。默认为 inner
on	接收 string 或 sequence。表示两个数据合并的主键（必须一致）。默认为 None
left_on	接收 string 或 sequence。表示 left 参数接收数据用于合并的主键。默认为 None
right_on	接收 string 或 sequence。表示 right 参数接收数据用于合并的主键。默认为 None

续表

参数名称	说明
left_index	接收 boolean。表示是否将 left 参数接收数据的 index 作为连接主键。默认为 False
right_index	接收 boolean。表示是否将 right 参数接收数据的 index 作为连接主键。默认为 False
sort	接收 boolean。表示是否根据连接键对合并后的数据进行排序。默认为 False
suffixes	接收 tuple。指定 left 和 right 参数接收数据中相同列名的后缀。默认为('_x','_y')

除使用 merge 函数外，join 方法也可以实现部分主键合并功能。但使用 join 方法时，两个主键的名字必须相同，其基本语法如下。

```
pandas.DataFrame.join(self,other,on=None,how='left',lsuffix='',rsuffix='',sort=False)
```

join 方法的常用参数及其说明如表 2-4 所示。

表 2-4　join 方法的常用参数及其说明

参数名称	说明
other	接收 DataFrame、Series 或包含了多个 DataFrame 的 list。表示参与连接的其他 DataFrame。无默认
on	接收列名或包含列名的 list 或 tuple。表示用于连接的列名。默认为 None
how	接收待定 string。取值为 inner 时，表示内连接；取值为 outer 时，表示外连接；取值为 left 时，表示左连接；取值为 right 时，表示右连接。默认为 left
lsuffix	接收 string。表示用于追加到左侧重叠列名的后缀。无默认
rsuffix	接收 string。表示用于追加到右侧重叠列名的后缀。无默认
sort	接收 boolean。根据连接键对合并后的数据进行排序。默认为 False

（三）重叠合并

数据处理和分析过程中偶尔会出现两份数据的内容几乎一致的情况，但是某些特征在其中一张表上是完整的，而在另一张表上是缺失的。这时，除使用将数据一对一比较，然后进行填充的方法外，还有一种方法就是重叠合并。重叠合并在其他工具或语言中并不常见，但 Pandas 库的开发者希望 Pandas 能够解决几乎所有的数据分析问题，因此提供了 combine_first 方法，用于数据的重叠合并。

combine_first 方法的基本语法如下。

```
pandas.DataFrame.combine_first(other)
```

combine_first 方法的常用参数及其说明如表 2-5 所示。

表 2-5　combine_first 方法的常用参数及其说明

参数名称	说明
other	接收 DataFrame。表示参与重叠合并的另一个 DataFrame。无默认

二、读写 Excel 文件

Excel 是微软公司的办公软件 Microsoft Office 的组件之一，可以对数据进行处理、统计分析等操作，广泛地应用于管理、财务和金融等领域。Excel 文件保存按照程序版本的不同分为以下两种：① Excel 2007 之前的版本（不包括 Excel 2007）默认保存的文件扩展名为 .xls；② Excel 2007 之后的版本默认保存的文件扩展名为 .xlsx。

（一）读取 Excel 文件

Pandas 提供了 read_excel 函数来读取"xls""xlsx"两种 Excel 文件，其基本语法如下。

```
pandas.read_excel(io, sheet_name=0, header=0, names=None, index_col=None, dtype=None)
```

read_excel 函数和 read_table 函数的部分参数相同。read_excel 函数的常用参数及其说明如表 2-6 所示。

表 2-6　read_excel 函数的常用参数及其说明

参数名称	说明
io	接收 string。表示文件路径。无默认
sheet_name	接收 string、int。表示 Excel 表内数据的分表位置。默认为 0
header	接收 int 或 sequence。表示将某行作为列名，取值为 int 时，代表将该行作为列名；取值为 sequence 时，代表多重索引。默认为 0
names	接收 array。表示列名。默认为 None
index_col	接收 int、sequence 或 False。表示索引列的位置，取值为 sequence 时，代表多重索引。默认为 None
dtype	接收 dict。表示写入的数据类型（列名为 key，数据格式为 values）。默认为 None

（二）保存 Excel 文件

将文件保存为 Excel 文件，可以使用 to_excel 函数。其基本语法如下。

```
pandas.DataFrame.to_excel(excel_writer, sheet_name='Sheet1', na_rep='', header=True, index=True, index_label=None, mode='w', encoding=None)
```

to_excel 函数和 to_csv 函数的常用参数基本一致，区别之处在于，to_excel 函数指定保存文件的文件路径参数名称为 excel_writer，并且没有 sep 参数；to_excel 函数增加了一个 sheet_name 参数，用来指定保存的 Excel Sheet 的名称，默认为 Sheet1。

（三）确认 Excel 文件保存位置

（1）可以将文件直接复制到 PyCharm 对应的 pythonProject 文件夹中，示例如图 2-2、图 2-3 所示。

（2）也可以将 Excel 文件移至 C 盘或 D 盘。在文件名前加"C:/"或"D:/"，以便找到文件位置。（图 2-4）

图 2-2　PyCharm 位置

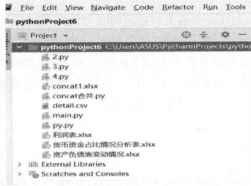

图 2-3　对应的 pythonProject 文件夹

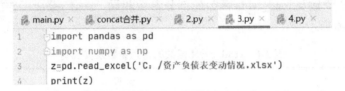

图 2-4　文件命名方式

（四）确保 Excel 文件格式正确

数据表格式要正确，表中不能出现多余空格与空行，否则读取不到相应的 Excel 文件。删除单元格中字与字之间的多余空格，如"营业收入"四个字要连着，中间不能出现空格，同时要删除表格中的多余空行（图 2-5）。

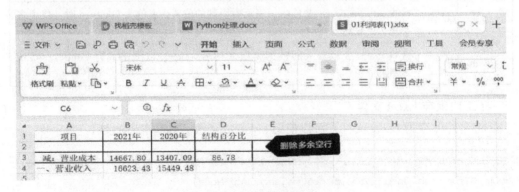

图 2-5　删除多余空行

（五）确保读取与保存的 Excel 文件名一致

如果在 PyCharm 中读取的文件名与保存的文件名不一致，将读取不到相应文件，无法执行任务。

> 提示：图 2-6 运行正确，图 2-7 由于文件名前多了"01"两个数字就无法读取。

图 2-6 文件名一致时运行正确

图 2-7 文件名不一致时运行错误

三、检测与处理缺失值

（一）删除法

删除法是指将含有缺失值的特征或记录删除。删除法分为删除观测记录和删除特征两种，它属于通过减少样本量来换取信息完整

使用 dropna 方法删除缺失值

度的一种方法，是最简单的缺失值处理方法之一。Pandas 提供了简便的删除缺失值的方法 dropna。通过参数控制，该方法既可以删除观测记录，也可以删除特征。dropna 方法的基本语法如下。

```
pandas.Dataframe.dropna(self, axis=0, how='any', thresh=None, subset=None, inplace=False)
```

dropna 方法的常用参数及其说明如表2-7 所示。

表2-7　dropna 方法的常用参数及其说明

参数名称	说明
axis	接收 0 或 1。表示轴向，0 为删除观测记录（行），1 为删除特征（列）。默认为 0
how	接收特定 string。表示删除的形式。取值为 any 时，表示只要有缺失值存在就执行删除操作；取值为 all 时，表示当且仅当全部为缺失值时才执行删除操作。默认为 any
subset	接收 array。表示进行去重的列/行。默认为 None，表示所有列/行
inplace	接收 boolean。表示是否在原表上进行操作。默认为 False

使用 dropna 方法对菜品订单进行缺失值处理，如代码2-4 所示。

代码2-4　使用 dropna 方法删除缺失值

```
In[4]  import pandas as pd
       import numpy as np
       detail=pd.read_csv('detail.csv',encoding='gbk')
       print('去除缺失的列前 detail 的形状为:',detail.shape)
       print('去除缺失的列后 detail 的形状为:',detail.dropna(axis=1,how='any').shape)
Out[4] 去除缺失的列前 detail 的形状为:(10037,19)
       去除缺失的列后 detail 的形状为:(10037,11)
```

当 how 参数取值为 any 时，删除了一个特征，说明这个特征存在缺失值。若 how 参数不取 any 这个默认值，而是取 all，则只有整个特征全部为缺失值时，才会执行删除操作。

（二）替换法

替换法是指用一个特定的值替换缺失值。特征可分为数值型和类别型，两者出现缺失值时的处理方法是不同的。缺失值所在特征为数值型时，通常使用均值、中位数和众数等描述其集中趋势的统计量来代替缺失值；缺失值所在特征为类别型时，则使用众数来替换缺失值。Pandas 提供了缺失值替换的方法 fillna，其基本语法如下。

使用 fillna 方法替换缺失值

```
pandas.DataFrame.fillna(value = None, method = None, axis = None, inplace = False, limit = None)
```

fillna 方法的常用参数及其说明如表 2-8 所示。

表 2-8　fillna 方法的常用参数及其说明

参数名称	说明
value	接收 scalar、dict、Series 或 DataFrame。表示用来替换缺失值的值。无默认
method	接收特定 string。取值为 backfill 或 bfill 时，表示使用下一个非缺失值来填补缺失值；取值为 pad 或 ffill 时，表示使用上一个非缺失值来填补缺失值。默认为 None
axis	接收 0 或 1。表示轴向。默认为 1
inplace	接收 boolean。表示是否在原表上进行操作。默认为 False
limit	接收 int。表示填补缺失值个数上限，超过则不进行填补。默认为 None

用常量 –99 填补缺失值，如代码 2-5 所示。填补之后，logicprn_name 特征中的缺失值不复存在。

代码 2-5　使用 fillna 方法替换缺失值

```
In[5]  import pandas as pd
       import numpy as np
       detail=pd.read_csv('detail.csv',encoding='gbk')
       detail=detail.fillna(-99)
       print('detail 每个特征缺失的数目为：\n',detail.isnull().sum())
Out[5] detail 每个特征缺失的数目为：
       detail_id              0
       order_id               0
       dishes_id              0
       logicprn_name          0
       parent_class_name      0
       dishes_name            0
       itemis_add             0
       counts                 0
       amounts                0
       cost                   0
       place_order_time       0
       discount_amt           0
       discount_reason        0
       kick_back              0
       add_inprice            0
       add_info               0
       bar_code               0
```

```
picture_file    0
emp_id          0
dtype: int64
```

任务二 Matplotlib 数据可视化基础

一、了解 Pyplot 基础语法

（一）创建画布与子图

第一部分的主要作用是创建出一张空白画布，并选择是否将整张画布划分为多个部分，以方便在同一幅图上绘制多个图形。当只需绘制一幅简单的图形时，这部分内容可以省略。在 Pyplot 中创建画布及创建并选中子图的常用函数如表 2-9 所示。

表 2-9　在 Pyplot 中创建画布及创建并选中子图的常用函数

函数名称	函数作用
plt.figure	创建一张空白画布，可以指定画布大小、像素
figure.add_subplot	创建并选中子图，可以指定子图的行数、列数和选中图片的编号

（二）添加画布内容

第二部分是绘图的主体部分。其中，添加标题、添加坐标轴名称、绘制图形等步骤是并列的，没有先后顺序，可以先绘制图形，也可以先添加各类标签。但是，添加图例一定要在绘制图形之后。在 Pyplot 中添加各类标签和图例的常用函数如表 2-10 所示。

表 2-10　在 Pyplot 中添加各类标签和图例的常用函数

函数名称	函数作用
plt.title	在当前图形中添加标题，可以指定标题的名称、位置、颜色、字体大小等参数
plt.xlabel	在当前图形中添加 x 轴名称，可以指定 x 轴名称的位置、颜色、字体大小等参数
plt.ylabel	在当前图形中添加 y 轴名称，可以指定 y 轴名称的位置、颜色、字体大小等参数
plt.xlim	指定当前图形 x 轴的范围，只能确定一个数值区间，而无法使用字符串标识
plt.ylim	指定当前图形 y 轴的范围，只能确定一个数值区间，而无法使用字符串标识
plt.xticks	指定 x 轴刻度的数目与取值
plt.yticks	指定 y 轴刻度的数目与取值
plt.legend	指定当前图形的图例，可以指定图例的大小、位置、标签等参数

（三）保存与显示图形

第三部分主要用于保存与显示图形，这部分内容的常用函数只有两个，并且参数很少，如表 2-11 所示。

表2-11　在Pyplot中保存与显示图形的常用函数

函数名称	函数作用
plt.savafig	保存绘制的图形，可以指定图形的分辨率、边缘的颜色等参数
plt.show	在本机显示图形

二、绘制条形图、折线图

（一）绘制条形图

条形图（Bar Chart）是统计报告图的一种，由一系列高度不等的纵向条纹或线段表示数据分布的情况，一般用横轴表示数据所属类别，用纵轴表示数量或占比。从条形图中可以发现分布表无法显示的数据模式、样本的频率分布和总体的分布。

绘制条形图

（1）在Pyplot中绘制条形图的函数为bar，其基本语法如下。

matplotlib.pyplot.bar(left,height,width = 0.8,bottom = None,hold = None,data = None, ** kwargs)

（2）bar函数的常用参数及其说明如表2-12所示。

表2-12　bar函数的常用参数及其说明

参数名称	说明
left	接收array。表示x轴数据。无默认
height	接收array。表示x轴所代表数据的数量。无默认
width	接收0~1的float。指定条形图宽度。默认为0.8
color	接收特定string或包含颜色字符串的array。表示条形图颜色。默认为None

（3）使用bar函数绘制流动比率条形图，如代码2-6所示。

代码2-6　流动比率条形图绘制

```
In[6]   import numpy as np
        import pandas as pd
        import matplotlib.pyplot as plt
        a=pd.read_excel('流动比率表.xlsx',index_col=0)
        print(a)
        plt.show()
        x=['2018','2019','2020','2021']
        plt.bar(x,a.loc['流动比率',:])
        plt.xlabel('年份')
        plt.ylabel('流动比率')
        plt.show()
```

> **提示**：在编写代码过程中，如果出现错误，需要进行以下操作：
> （1）检查英文标点字符的转化是否正确，是否存在多余空格。
> （2）如果代码输入正确，但运行出现错误，可将多余应用关闭，并重新启动 PyCharm 软件。

（4）案例原始表（代码 2-6 用到的流动比率表），如表 2-13 所示。

表 2-13 流动比率表

项目	2018 年	2019 年	2020 年	2021 年
流动资产/万元	1 613 193.00	2 053 925.00	3 395 834.00	4 109 046.00
流动负债/万元	184 573.00	201 604.00	539 249.00	730 450.00
流动比率	8.74	10.19	6.30	5.63

（5）实现：流动比率条形图。（图 2-8）

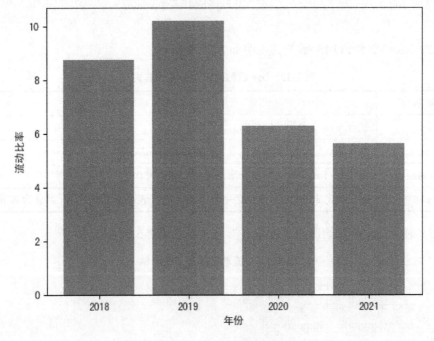

图 2-8 流动比率条形图

（二）绘制折线图

折线图（Line Chart）是一种将数据点按照顺序连接起来的图形，可以看成是将散点图按照 x 轴坐标顺序连接起来的图形。折线图的主要功能是查看因变量 y 随着自变量 x 改变的趋势，最适合用于显示随时间（根据常用比例设置）变化的连续数据，同时还可以看出数量的差异、增长趋势的变化等。

绘制折线图

(1) 在 Pyplot 中绘制折线图的函数为 plot，其基本语法如下。

```
matplotlib.pyplot.plot(*args, **kwargs)
```

(2) plot 函数在官方文档的语法中只要求输入不定长参数，实际可以输入的参数主要如表 2-14 所示。

表 2-14 plot 函数的常用参数及其说明

参数名称	说明
x,y	接收 array。表示 x 轴和 y 轴对应的数据。无默认
color	接收特定 string。指定线条的颜色。默认为 None
linestyle	接收特定 string。指定线条的类型。默认为 "-"
marker	接收特定 string。表示绘制的点的类型。默认为 None
alpha	接收 0~1 的小数。表示点的透明度。默认为 None

其中，color 参数的 8 种常用颜色的缩写如表 2-15 所示。

表 2-15 color 参数的 8 种常用颜色缩写

颜色缩写	代表的颜色	颜色缩写	代表的颜色
b	蓝色	m	品红
g	绿色	y	黄色
r	红色	k	黑色
c	青色	w	白色

(3) 使用 plot 函数绘制流动比率折线图，如代码 2-7 所示。

代码 2-7 流动比率折线图绘制

```
In[7]  import numpy as np
       import pandas as pd
       import matplotlib.pyplot as plt
       a=pd.read_excel('流动比率表.xlsx',index_col=0)
       print(a)
       plt.show()
       x=['2018','2019','2020','2021']
       plt.plot(x,a.loc['流动比率',:])
       plt.xlabel('年份')
       plt.ylabel('流动比率')
       plt.ylim(0,12)
       plt.show()
```

(4) 实现：流动比率折线图。（图 2-9）

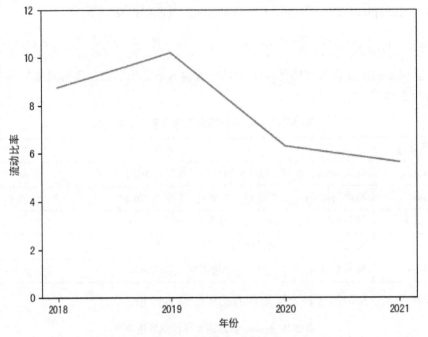

图 2-9 流动比率折线图

思考与练习

一、单项选择题

1. 数据质量包含的要素是（   ）。
   A. 准确性、完整性   B. 一致性、可解释性
   C. 时效性、可信性   D. 以上所有要素

2. 下列关于数据预处理过程的描述，正确的是（   ）。
   A. 数据清洗包括数据标准化、数据合并和缺失值处理
   B. 数据合并按照合并轴方向主要分为左连接、右连接、内连接和外连接
   C. 数据预处理过程主要包括数据清洗、数据合并、数据标准化和数据转换，它们之间存在交叉，没有严格的先后关系
   D. 数据标准化的主要对象是类别型的特征

3. 下列关于缺失值检测的说法，正确的是（   ）。
   A. null 和 notnull 可以对缺失值进行处理
   B. dropna 方法既可以删除观测记录，也可以删除特征
   C. fillna 方法中用来替换缺失值的值只能是数据框
   D. Pandas 库中的 interpolate 模块包含了多种插值方法

4. 下列关于绘图标准流程的说法，错误的是（   ）。
   A. 绘制最简单的图形可以不用创建画布
   B. 添加图例可以在绘制图形之前
   C. 添加 x 轴、y 轴的标签可以在绘制图形之前

D. 修改 x 轴、y 轴的标签和绘制图形没有先后顺序
5. 下列说法正确的是（   ）。
A. 散点图不能在子图中绘制
B. 散点图的 x 轴刻度必须为数值
C. 折线图可以用来查看特征间的趋势关系
D. 箱线图可以用来查看特征间的相关关系

二、操作题

自定义一个能够自动实现缺失值填补的函数。

项目三

Python 在财务数据分析中的应用

任务描述

本项目的任务是了解大数据对会计行业的影响，了解 Python 数据类型，掌握 Python 数据类型转换和数据运算的操作，掌握财务大数据分析的操作步骤，为后面各项目的学习奠定基础。

学习目标

1. 了解大数据对会计行业的影响。
2. 了解 Python 的三种数据类型。
3. 掌握 Python 数据类型转换的函数与数据运算的符号。
4. 掌握财务大数据分析的操作步骤。

技能目标

1. 知道不同的人学习 Python 在财务数据分析中的应用时最关心哪些问题。
2. 通过学习 Python 在财务数据分析中的应用，我懂得了什么。

项目导入

2023年，上海国家会计学院在中国会计学会会计信息化专业委员会的学术支持下，联合金蝶软件、浪潮通软、用友网络、元年科技、汉得信息、中兴新云等专业机构，共同发起"2023年影响中国会计行业的十大信息技术评选"活动。数电发票、会计大数据分析与处理技术、财务云、流程自动化、电子会计档案、中台技术、新一代 ERP、数据治理技术、商业智能（BI）、数据挖掘最终当选。社会各界正积极探索信息技术在会计领域的应用模式和规律，利用新一代信息技术开展各种会计信息化应用探索，促进会计信息化工作创新发展。

> **请思考**
>
> 1. 会计大数据分析与处理技术将对财务人员产生怎样的影响？
> 2. 你知道的会计大数据分析与处理技术有哪些？

任务一 大数据对会计行业的影响

一、大数据与财务会计

随着大数据分析技术的进步，有两个重要趋势影响着财务会计。

其一，越来越多的非结构化数据被整合到财务信息系统中。例如，文本、音频、视频等数据与传统数据紧密结合在一起。这就要求财务会计师必须掌握大数据分析技术，以便处理大量可用数据，包括自动挖掘数据（如顾客购买、点击跟踪及用户评论、点击数据分析等）。

其二，公允价值评估是受到大数据实质性影响的一个领域。专门从事各种来源数据收集及评估的数据服务公司，利用大数据评估资产与负债的公允价值，以减少公允价值评估中的主观假设。

二、大数据与管理会计

大数据同样也对管理会计提出挑战。管理会计师正在学习和掌握数据科学和分析技术，以改善组织绩效，提高组织的数据治理和分析能力。

一份题为"洞察到影响，释放大数据机遇"的报告，透露了三个相关影响。其一，86%的被调查从业人员认为"他们的企业正在从数据中获得有价值的见解"。其二，会计专业人员必须由企业数据分析支持者转变为业务合作者，为企业创造价值，同时建立基于数据而不仅仅是基于管理意见的决策文化。其三，随着越来越多的企业将敏感数据放在"云"上，而"云"上的数据易于受黑客攻击，这就要求管理会计师必须掌握计算机及网络相关安全技术。

根据美国管理会计师协会（IMA）的研究，企业部署大数据技术的速度甚至超过了其他一些热门技术，与竞争对手相比，使用前沿数据分析方法与技术的企业可以拥有显著的优势。随着大数据分析工具的发展，所有组织（无论规模大小）都必须走数据分析之路，以保持竞争力。

数据可视化技能对于管理会计师而言至关重要。管理会计师的重要作用在于充当数据科学家与企业管理层之间的桥梁。管理会计师应以可行的方式将数据分析结果传达给企业管理层。

大数据分析也可以改善企业绩效管理系统。例如，制造业企业的财务和会计团队可以从金融数据服务提供商那里获得基准指标，以衡量企业的业绩是否低于行业平均水平，或者坏账率是否高于行业平均水平。

通过大数据分析，企业可以实施全面管理系统来代替传统的管理系统。例如，企业可以利用大数据分析新的激励政策或绩效管理措施是否有效，以提高员工效率。

三、大数据与审计

审计师正面临来自常规业务的大量结构化数据（如总账或交易数据Excel表格）和来自非传统数据源（如新闻媒体、电子邮件和社交媒体）的大量非结构化数据（如数据库中的电子邮件、语音或自由文本字段、Wi-Fi传感器、电子标签等）的挑战。

审计过程正逐渐从基于样本的审计转变为由数据驱动的全面审计，在大数据和预测分析的帮助下，审计师能够更好地进行风险识别和预测未来的风险，建议客户采取必要举措。

随着一系列大数据分析工具的出现，审计师可以通过大数据分析来降低审计成本并提高盈利能力。例如，用自动化审计来代替人工审计。

借助大数据技术的自动数据收集和基于规则的分析技术来识别错误。审计师可以分析结构化和非结构化数据，以识别潜在的交易异常（如未经授权的支出）、行为方式（如分期付款以绕过交易限额）和进行未来趋势预测；将数据分析集成到审计流程中，以便提高审计质量。下面三个示例可以说明大数据分析将如何影响审计工作。

（1）由于交易数据的数字化和数据分析成本的降低，全面审计将比传统采样更为可行。

（2）审计师需要使用文本分析技术来管理非结构化数据，如财务报告的管理讨论和分析财务报告中的文本部分。

（3）利用大数据技术开发标准化的数据模型，企业管理层、内部审核员和外部审核员可以利用数据模型进行审计增强分析，这将进一步提高审核过程的及时性和有效性。

四、大数据与会计标准

大数据时代也有可能极大地改变会计标准。一些人认为当前的会计标准是时代的产物，高昂的传输成本和缓慢的数据收集速度可能已经过时。在大数据时代，会计准则应侧重数据而不是表示。2015年，美国学者约翰·P. 克拉海尔（John P. Krahel）和安永（Ernst & Young Global Limited）退休的合伙人威廉·R. 泰特拉（William R. Titera）提出，会计标准必须能处理数据库的内容及被授权的数据提取集，但不得处理特定的账户披露规则。

由于大数据时代的会计标准要求会计人员对可用数据负有更多责任，未来的会计准则必须在披露需求与保护敏感数据之间取得平衡。IT公司信息时代（Information Age）预测，到2024年，基于标准的信息数据将在公开交易市场上出售和交易。会计师需要采用信息数据资产价值的概念。早在20世纪90年代，美国咨询公司高德纳（Gartner）的道格拉斯·B. 莱尼（Douglas B. Laney）就创造了"信息经济学"，并将信息经济学和信息原理描述为一种资产，需要在账簿中对其进行管理、估价和核算。这一假设正在成为现实。

任务二　Python 数据类型与数据运算

一、数字

数字可以分为整数和浮点数两种。

（一）整数

整数，相当于数学中的整数，包括正整数、0、负整数。整数的英文是 integer，简写为 int。代码 3-1 中的数字都是整数。

代码 3-1　将整数赋值给变量

```
In[1]  a=1
       b=0
       c=-15250
```

（二）浮点数

浮点数，相当于数学中的小数，不受长度限制，比整数多一个小数点。浮点数的英文是 float，与整数不同，浮点数没有简写。代码 3-2 中的数字都是浮点数。

代码 3-2　将浮点数赋值给变量

```
In[2]  a=1.0
       b=21.9
       c=0.0
       d=-90.
```

二、字符串

字符串，是由一个个字符连接起来的组合。组成字符串的字符可以是数字、字母、符号、汉字等。字符串的内容须置于引号内，引号可以是单引号、双引号或三引号，且必须是英文状态下的引号（代码 3-3）。Python 三引号允许一个字符串跨多行，字符串中可以包含换行符、制表符及其他特殊字符，其写法是一对连续的单引号或双引号（通常都是成对使用）。字符串的英文是 string，简写为 str。

字符串应用

代码 3-3　字符串应用

```
In[3]  print('hello.accountant')
       print("您好,会计")
```

```
Out[3]   hello.accountant
         您好,会计
In[4]    entry='''借:货币资金 3000
         贷:银行存款 3000'''
         print(entry)
Out[4]   借:货币资金 3000
         贷:银行存款 3000
```

(一) 字符串截取

字符串是一种字符的序列,序列中的每个元素都会分配一个数字,称为索引值,也叫下标。图3-1所示的字符串是"PYTHON",一个字符的长度为1。从左到右索引视为正索引,默认从0开始;从右到左索引视为负索引,默认从-1开始。

正索引	0	1	2	3	4	5
字符串	P	Y	T	H	O	N
负索引	-6	-5	-4	-3	-2	-1

图3-1 字符串"PYTHON"

通过公式 name_new = name [开始索引:结束索引],就可以读取字符串中的任意片段。具体看代码3-4,就可以很好地理解。

代码3-4 字符串按位截取

```
In[5]    s='中国建设银行'
         print(s[0])
         print(s[-1])
Out[5]   中
         行
```

截取的字符串包含左边界,也就是开始索引的位置,但不包含右边界,也就是结束索引的位置。

那如果只写开始索引或结束索引可以运行吗?我们来看代码3-5的运行结果。

代码3-5 字符串范围截取

```
In[6]    s='中国建设银行'
         print(s[0:]) #结束字符位可以为空,表示取到尾
         print(s[:6]) #开始字符位可以为空,表示取到头
Out[6]   中国建设银行
         中国建设银行
```

(二) 字符串合并

字符串合并使用运算符"+",可以使用运算符"+"进行多个字符串的连接(代码3-6)。

代码3-6　字符串合并

```
In[7]   a='财务报表编制'
        b='分析'
        print(a+b)#两个字符串赋值给对应的变量,然后变量相加
        print(a+'分析')#变量和字符串也可以用运算符"+"连接起来
Out[7]  财务报表编制分析
        财务报表编制分析
```

除字符串截取、合并外，在Python中还可以使用字符串的内建函数对指定的字符串进行处理。

三、运算符

运算符的作用是通过给出的一个或多个值来产生另一个值。举个简单的例子，1+2=3。例中，"1"和"2"称为操作数，"+"称为运算符。运算符用于对变量和值执行操作。Python计算常用的运算符有算术运算符、赋值运算符和比较运算符。

（一）算术运算符（表3-1）

表3-1　算术运算符

运算符	描述	示例	结果
+	加	$x+y$	13
-	减	$x-y$	7
*	乘	$x*y$	30
/	除	x/y	3.33…
%	相除取余	$x\%y$	1
//	相除取整商	$x//y$	3
**	幂	$x**y$	1 000

（二）赋值运算符（表3-2）

表3-2　赋值运算符

运算符	示例	等同于
=	$x=5$	$x=5$
+=	$x+=3$	$x=x+3$
-=	$x-=3$	$x=x-3$
*=	$x*=3$	$x=x*3$
/=	$x/=3$	$x=x/3$
%=	$x\%=3$	$x=x\%3$
//=	$x//=3$	$x=x//3$
**=	$x**=3$	$x=x**3$

（三）比较运算符（表3-3）

表3-3　比较运算符

运算符	描述	示例	结果
==	等于	x==y	False
!=	不等于	x!=y	True
>	大于	x>y	True
<	小于	x<y	False
>=	大于或等于	x>=y	True
<=	小于或等于	x<=y	False

四、数据类型转换

字符串（str）、整数（int）、浮点数（float）这三种数据类型之间是可以相互转换的。

（一）str函数

str函数可以将其他数据类型转换成字符串，这就意味着不管是整数还是浮点数，只要放到括号里，这个数据就能变成字符串类型（代码3-7）。

代码3-7　str函数应用

```
In[8]    a='会计'
         b=7
         print(a+str(b))
Out[8]   会计7
```

我们只需通过str函数就可以将整数7转换成字符串7，然后以运算符"+"成功拼接两个字符串。

（二）int函数

int函数可以将符合整数规范的字符串类数据转换成整数（代码3-8）。言下之意，文字形式、小数形式的字符串是不能用int函数强制转换的。

代码3-8　int函数应用

```
In[9]    a='5000'#整数字符串
         b='2000'#整数字符串
         print(int(a)+int(b))
Out[9]   7000
```

> 提示：浮点数形式的字符串不能使用int函数，但浮点数是可以被int函数强制转换的。用int函数对浮点数进行取整处理时，计算机可不是同我们平时对小数四舍五入的处理方法一样，它直接抹零，输出整数部分。

(三) float 函数

float 函数可以将整数和数字形式的字符串转换成浮点数（代码 3-9）。

代码 3-9　float 函数应用

```
In[10]   a='5000'#整数字符串
         b='5000.0'#浮点数字符串
         c=5000#整数
         print(float(a)+float(b)+float(c))
Out[10]  15000.0
```

任务三　财务大数据分析的操作步骤

一、明确思路

明确数据分析的目的及思路是确保数据分析过程有效进行的首要条件。它可以为数据的收集、处理和分析提供清晰的方向指引。可以说，思路是整个数据分析流程的起点，目的不明确将导致方向性错误。目的明确后，就要建立分析框架，把分析目的分解成若干个不同的分析要点，即如何具体开展数据分析、需要从哪几个角度进行分析、采用哪些分析指标等。只有明确了分析目的，分析框架才能跟着确定下来，最后还要确保分析框架的体系化，使分析更具说服力。在数据分析工作开始之前，必须从业务角度了解项目目标和需求，明确需要分析的问题或达成的目标。这一步其实就是具体化分析的内容，把一个需要进行数据分析的事件拆解成一个个小的指标，这样一来，就不会觉得数据分析无从下手了。而且，拆解一定要体系化，也就是逻辑化。简单来说，就是先分析什么、后分析什么，使各个分析点之间具有逻辑联系。所以，体系化就是让你的分析框架具有说服力。可以参照的方法论有用户行为理论、PEST 分析法、5W2H 分析法等。

二、收集数据

收集数据是指按照确定的数据分析框架收集相关数据的过程，它为数据分析提供了素材和依据。这里所说的数据包括第一手数据和第二手数据，第一手数据主要指可直接获取的数据，第二手数据主要指经过加工整理后得到的数据。一般来说，数据来源主要有以下几种。

（一）数据库

每个企业都有自己的业务数据库，存放自企业成立以来产生的相关业务数据。这类业务数据库就是庞大的数据资源，需要加以有效利用。

（二）公开出版物

可以用于数据收集的公开出版物包括《中国统计年鉴》《中国社会统计年鉴》

《中国人口普查年鉴》《世界经济年鉴》《世界发展报告》等年鉴或报告。

（三）互联网

随着互联网的发展，网络上发布的数据越来越多，特别是搜索引擎可以帮助我们快速找到所需要的数据，如国家及地方统计局网站、行业组织网站、政府机构网站、传播媒体网站、大型综合门户网站等都可能有我们需要的数据。

（四）市场调查

市场调查是指运用科学的方法，有目的地系统收集、记录、整理有关市场营销的信息和资料，分析市场情况，了解市场现状及其发展趋势，为市场预测和营销决策提供客观、正确的数据资料。市场调查可以弥补其他数据收集方式的不足。

三、处理数据

处理数据是指对收集到的数据进行加工整理，形成适合数据分析的样式，它是数据分析前必不可少的阶段。数据处理的基本目的是从大量的、杂乱无章的、难以理解的数据中抽取并推导出对解决问题有价值、有意义的数据。数据处理主要包括数据清洗、数据转换、数据提取、数据计算等方法。一般拿到手的数据都要进行一定的处理才能用于后续的数据分析工作，即使再"干净"的原始数据也需要先进行一定的处理。

（一）数据清洗

我们可以使用多种工具来组织数据。当处理一个小的数据集时，可以使用Excel，但对于更复杂的工作，可能需要使用更严格的工具来探索和准备数据，这时可以使用R语言、Python语言、BI等工具来帮助我们清洗数据。

浏览数据集的同时，查找数据集中的错误。它可能是遗漏的数据、逻辑上没有意义的数据、重复的数据，甚至是输入错误的数据。我们需要把数据集中这些"脏数据"清洗掉，让数据变得规范、有效，以保证后续的数据分析得出可靠的结论。

（二）数据合并

数据可能分布在多个数据集中，需要通过公共字段（如日期或账号）将数据连接在一起。在某些情况下，相同的字段可能出现在多个数据集中，如业务日期。在此阶段，需要考虑未来的数据分析需求，以衡量是否合并数据集。

四、分析数据

分析数据是指利用适当的分析方法与工具，对处理过的数据进行分析，提取有价值的信息，形成有效结论的过程。由于数据分析多是通过软件完成的，这就要求数据分析师不仅要掌握各种数据分析方法，还要熟悉数据分析软件的操作。数据挖掘其实就是一种高级的数据分析方法，就是从大量的数据中挖掘出有用的信息，它是根据用户的特定要求，从海量的数据中找出所需的信息，以满足用户需求。

五、展示数据

一般情况下，数据是以表格和图形的形式呈现的，我们常说用图表说话就是这个意思。常用的数据图包括饼图、条形图、折线图、散点图、雷达图等，当然我们可以对这些数据图进行进一步的加工整理，使之变为我们所需要的图形，如金字塔图、矩阵图、漏斗图等。大多数情况下，人们更愿意接受图形这种数据展示方式，因为它更加有效和直观。

六、撰写报告

数据分析报告是对整个数据分析过程的一个总结与呈现，通过报告，把数据分析的起因、过程、结果及建议完整地呈现出来，供决策者参考。一份好的数据分析报告，首先要有一个好的分析框架，并且要图文并茂、层次清楚，能够让读者一目了然；其次要形成明确的结论，没有明确结论的分析称不上分析，同时也失去了报告的意义，因为我们最初就是为寻找或求证一个结论才进行分析的，所以千万不要舍本求末；最后一定要给出建议或解决方案。

思考与练习

多项选择题

1. 财务大数据分析的操作步骤包括（　　）。
   A. 明确思路　　　B. 收集数据　　　C. 处理数据　　　D. 分析数据
   E. 展示数据　　　F. 撰写报告
2. 数据类型转换用到的函数包括（　　）。
   A. str 函数　　　B. int 函数　　　C. float 函数　　　D. vlookup 函数
3. 大数据对会计行业的影响包括（　　）。
   A. 大数据与财务会计　　　　　　　B. 大数据与管理会计
   C. 大数据与审计　　　　　　　　　D. 大数据与会计标准

项目四 财务数据分析基本理论

任务描述

本项目的任务是了解财务数据分析的概念、意义、内容和要求,理解财务数据分析的目的,掌握财务数据分析的基本方法与基本步骤,为后面各项目的学习奠定基础。

学习目标

1. 理解财务数据分析的意义。
2. 知道财务报表的构成要素。
3. 理解财务数据分析的服务对象。
4. 掌握财务数据分析所需的基础理论。
5. 掌握财务数据分析的常用方法。

技能目标

1. 知道财务报表使用者看财务报表时最关心哪些问题。
2. 透过三张财务报表,我看到了什么。

项目导入

拿到一份财务报表,每个人关注的重点和分析的目的各不相同:

(1) 政府职能部门:统计、监管、税收。
(2) 上级公司:计划、预算、决策。
(3) 本公司:总结、检讨、调整。
(4) 金融机构:评估、信贷。
(5) 股东:财务状况、经营业绩、投资回报。
(6) 公众(证券市场的潜在投资者):分析、预测、投资。
(7) 保险公司:承保、理赔。

请思考

1. 比较各财务报表使用者的目的有何不同。
2. 上市公司的老总拿到一份财务报表后最关心哪些指标?

任务一 认识财务数据分析

一、财务数据分析的概念

财务数据分析又称财务分析,是通过收集、整理企业财务报表中的有关数据,并结合其他相关补充信息,对企业的财务状况、经营成果和现金流量进行综合比较和评价,为财务报表使用者提供管理决策和控制依据的一项管理工作。财务数据分析的对象是企业的各项基本活动。财务数据分析就是从财务报表中获取符合财务报表使用者分析目的的信息,认识企业活动的特点,评价其业绩,发现其问题。

二、财务数据分析的意义

财务数据能够全面反映企业的财务状况、经营成果和现金流量情况,但财务报表中的数据并不能直接或全面反映企业的财务状况,特别是不能说明企业经营状况的好坏和经营成果的优劣。只有将企业的财务指标与有关的数据进行比较,才能说明企业实际的财务状况究竟如何,因此要进行财务数据分析工作。做好财务数据分析工作,可以正确评价企业的财务状况、经营成果和现金流量情况,揭示企业未来的盈利和风险;可以检查企业预算的完成情况,考核经营管理人员的业绩,为建立健全合理的激励机制提供帮助。具体来说,财务数据分析的意义有以下几点:

(1) 有利于企业内部的经营管理。企业经营管理人员可以利用财务报表提供的数据,检查、分析企业财务计划的完成情况,找到经营管理上的薄弱环节,制定改进措施;同时,企业经营管理人员还可以利用财务报表提供的数据预测未来,为企业决策提供必要的数据,为编制下期财务计划提供必要的参考资料。

(2) 可以对企业经营管理人员的经营绩效做出正确的评估。在市场经济条件下,资产的所有权与经营权分离。一般而言,投资者投入企业的经济资源由专职的经营管理人员控制和使用,投资者往往不直接管理企业的生产经营活动,但可以通过考核和监督经营管理人员的业绩和受托责任的履行情况来维护自身的经济利益,这就需要借助于财务数据来了解企业的资产是否发生减值和毁损、资本是否实现保值和增值、盈利能力是否达到预定目标等。财务数据可以揭示企业的财务状况和会计期间内的经营业绩、现金流量的有关信息,从而对企业经营管理人员的经营绩效做出正确的评估。

(3) 从财务角度出发,为决策者提供支持,帮助其进行投资和信贷决策。在市场经济条件下,企业生产经营所需的各项资金主要来自投资者的投资和债权人的贷款，投资和信贷都伴随着与其收益相当的风险。投资者在做出投资决策前，必须了解企业的资金使用情况，合理预测企业的经营前景与盈利能力，保证获得合理的投资回报。债权人在做出贷款决策前，必须预测企业的短期和长期偿债能力与支付能力，保证到期能及时、足额收回本息。投资者和债权人获得上述信息的最有效方法之一就是利用企业编制的财务报表。

（4）可以快速识别财务数据中可能存在的造假成分，加强对企业的领导和监督。企业的主管部门可以通过财务数据掌握企业的生产经营情况，检查企业对国家有关法规、方针、政策的执行情况，引导企业发展，适度地对企业进行间接调控；财税部门可以通过财务数据检查企业税款计算是否正确，是否及时、足额上缴国库；银行部门可以通过财务数据检查、分析企业贷款的使用情况，判断企业是否能到期足额偿还本息。

（5）通过现金流量表分析企业的利润水平，可以了解和评价企业获取现金及现金等价物的能力，并据此预测企业未来的现金流量。

（6）通过分析资产负债表，可以了解企业的财务状况，对企业的偿债能力、资本结构是否合理、流动资金是否充足等做出判断。

（7）通过分析利润表，可以了解企业的盈利能力、盈利状况、经营效率，对企业在行业中的竞争地位、持续发展能力等做出判断。

三、财务数据分析的内容

财务报表是对企业财务状况、经营成果和现金流量的结构性描述，提供了最重要的财务信息，但财务数据分析绝不是直接使用财务报表中的数据计算一些财务比率，然后得出分析结论，而应当先尽力阅读财务报表及其附注，明确每个项目数据的含义和编制过程，掌握财务报表数据的特性和结构。财务数据分析一般分为以下三个部分：

（1）财务数据质量分析。财务数据质量分析就是对财务状况质量、经营成果质量和现金流量质量进行分析，关注财务报表中的数据与企业实际经营状况的吻合程度、不同期间数据的稳定性、不同企业数据总体的分布状况等。

（2）财务数据趋势分析。在取得多期比较财务报表的情况下，可以进行趋势分析。趋势分析是企业依据其连续期间的财务报表，以某一年或某一期间（称为基期）为基础，计算每期各项目相对于基期同一项目的变动状况，观察该项目的变化趋势，揭示各期企业经济行为的性质和发展方向。

（3）财务数据结构分析。财务数据结构分析是指分析财务报表各项目之间的相互关系。通过财务数据结构分析，可以从整体上了解企业资产的组成、利润形成的过程和现金流量的来源，深入探究企业资产的具体构成项目及其成因，有利于更准确地评价企业的财务能力。例如，通过观察流动资产在总资产中所占的比例，可以了解企业当前是否面临较大的流动性风险，是否对长期投资投入过少，是否影响了资产整体的获利能力，等等。

财务数据分析的内容，主要包括以下几个方面：

（1）偿债能力分析。偿债能力是关系到企业财务风险的重要内容，企业使用债务融资，可以获得财务杠杆利益，提高净资产收益率，但随之而来的是财务风险的增加，如果陷入财务危机，企业相关利益人都会受到损害，所以应当关注企业的偿债能力。偿债能力分为短期偿债能力和长期偿债能力，两者的衡量标准不同，企业既要关注即将到期的债务，还应对未来的远期债务有一定的规划。另外，企业的偿债能力不仅与债务结构相关，还与企业未来的获利能力联系紧密，所以在分析时应结合其他部分的能力分析。

（2）盈利能力分析。盈利能力又称获利能力，是指企业获取利润的能力。首先，利润的大小直接关系到企业所有相关利益人的利益，企业存在的目的就是最大限度地获取利润，所以盈利能力分析是财务数据分析中最重要的一部分；其次，盈利能力还是评估企业价值的基础，可以说企业价值的大小取决于企业未来获取利润的能力；最后，盈利能力指标还可用于评价企业管理层的业绩。在盈利能力分析中，应当明确企业盈利的主要来源和结构、影响企业盈利能力的因素、企业盈利能力未来的可持续状况等。

（3）营运能力分析。营运能力主要是指企业资产利用效率的高低、循环速度的快慢。如果企业资产利用效率高、循环速度快，那么企业可以较少的投入获取较多的收益，减少资金的占用和积压。营运能力分析不仅可以影响企业的盈利能力，还可以反映企业生产经营、市场营销等方面的情况，通过营运能力分析，可以发现企业资产利用和循环的不足，挖掘资产潜力。一般而言，营运能力分析包括流动资产营运能力分析、固定资产营运能力分析和总资产营运能力分析。

（4）发展能力分析。企业发展的内涵是企业创造价值的潜力，是企业通过自身的生产经营，不断扩大积累而形成的发展潜能。企业发展不仅仅是规模的扩大，更重要的是获利能力的提高，一般认为是净收益的增长。同时，企业发展能力还受到企业的经营能力、制度环境、人力资源、分配制度等诸多因素的影响，所以在分析企业发展能力时，还要测度这些因素对企业发展能力的影响。总之，对企业发展能力的评价是一个全方位、多角度的评价过程。

（5）财务综合分析。在以上对企业各个方面进行深入分析的基础上，最后应当给企业相关利益人提供一个总体的评价结果，否则仅仅凭借某个方面的优劣难以评价一个企业的总体状况。财务综合分析就是解释各种财务能力之间的相互关系，得出企业整体财务状况的结论，说明企业总体目标的实现情况。财务综合分析采用的具体方法有杜邦分析法等。

四、财务数据分析对财务信息的要求

财务信息是进行财务数据分析的基础，没有及时、完备、准确的信息，要保证财务数据分析的正确性是不可能的。为了保证财务数据分析的质量与效果，企业的财务信息必须满足以下要求。

（一）真实性、可靠性

企业应当以实际发生的交易或事项为依据进行会计确认、计量和报告，如实反映

符合确认和计量要求的各项会计要素及其他相关信息，保证会计信息真实可靠、内容完整。企业提供的会计信息应当与财务报表使用者的经济决策需要相关，有助于财务报表使用者对企业过去、现在的情况做出评价，对企业未来的情况做出预测。企业提供的会计信息应当清晰明了，便于财务报表使用者理解和使用。企业提供的会计信息应当具有可比性：同一企业不同时期发生的相同或相似的交易或事项，应当采用相同的会计政策，不得随意变更，确需变更的，应当在附注中说明；不同企业发生的相同或相似的交易或事项，应当采用规定的会计政策，确保会计信息口径一致、相互可比。企业应当按照交易或事项的经济实质进行会计确认、计量和报告，不应仅以交易或事项的法律形式为依据。企业提供的会计信息应当反映与企业财务状况、经营成果和现金流量等有关的所有重要交易或事项。企业对交易或事项进行会计确认、计量和报告时，应当保持应有的谨慎，不应高估资产或收益，低估负债或费用。

（二）完整性、系统性

所谓财务信息的完整性，是指财务信息必须在数量上和种类上满足财务数据分析的需要。缺少分析所需要的某方面信息，势必影响分析结果的正确性。财务信息的系统性，一方面是指财务信息要具有连续性，尤其是定期财务信息，一定不能当期分析结束后就将信息丢掉，而应保持信息的连续性，为趋势分析奠定基础；另一方面是指财务信息的分类和保管要具有科学性，以方便不同目的的财务数据分析。

（三）准确性、及时性

财务信息的准确性是保证财务数据分析结果正确性的关键，分析者基本上不可能从不准确的财务信息中得出正确的分析结论。财务信息的准确性既受信息本身正确性的影响，又受资料整理过程准确性或信息使用准确性的影响。分析者尤其要对企业外部信息的范围、计算方法等有全面准确的了解，在分析时应结合企业具体情况进行数据处理，否则可能影响分析的质量。财务信息的及时性是指根据不同的财务数据分析目的和要求，能及时提供分析所需要的信息。定期财务信息的及时性决定着定期财务数据分析的及时性。对于已经发生的交易或事项，企业应当及时进行会计确认、计量和报告，不得提前或延后。只有及时编报财务报表，才能保证财务数据分析的及时性。对于不定期财务信息，企业也要注意及时收集和整理，以便在需要时能及时提供，保证满足临时财务数据分析的需要。特别是对于有关决策的分析而言，财务数据分析的及时性尤其重要，因为一旦错过时机，财务数据分析就会失去意义。

（四）充分性、相关性

企业对外披露的财务信息具有某些类似公共产品的性质，而公共产品往往存在市场供给不足的问题，解决这一问题的途径便是通过监管加以干预。在财务信息披露过程中，居于主导地位、常为人们所关注的是作为供给方的企业，但在规范企业信息披露行为的同时，也不能忽视财务信息使用者的需求。来自需求方的反馈信息不仅为强制披露指明了方向，而且会影响企业自愿披露的财务信息的内容和数量。只有把供给方和需求方联合起来加以考虑，才能使输出的财务信息是有效信息。也就是说，财务信息披露的第一要求是解决财务信息的供给与需求匹配问题。财务信息披露的第二要求是考虑有效信息的收益与成本原则。有效信息的收益一是改善资本配置的效果，使使用者重新快速地配置资源，从而提高整个社会的福利；二是保护消费者和公众的利益，有利于考核企业对受托社会责任的履行情况。有效信息的成本是指企业披露财务信息的成本，包括处理和提供信息的成本、由信息披露引起的诉讼成本、信息披露导致竞争劣势所产生的成本等。完善的信息披露制度是搞好财务数据分析的重要前提条件，因此要建立健全信息市场，完善信息网络，使财务信息使用者能充分、及时地取得各种财务信息。

财务信息的相关性包括两层含义：一是知道各种财务信息的用途，如资产负债表能提供哪些信息，用这些信息可进行什么分析，利润表的信息可用于何种分析；二是知道要达到一定的分析目的需要什么信息，如进行企业偿债能力分析所需要的主要信息是资产负债表数据，进行盈利能力分析所需要的主要信息是利润表数据。只有明确了这两点，才能保证财务信息收集与整理的准确性、及时性。

任务二 财务数据分析的目的

从财务数据分析中受益的主要是财务报表使用者，即企业的利益相关者。他们拿到财务报表后，要对其进行分析，以获取对自己有用的信息。财务数据的使用者很多，包括投资者、债权人、经营者、政府机构和其他与企业有利益关系的人。他们使用财务数据的目的不同，因而需要不同的信息，采用不同的分析程序。

一、投资者分析财务数据的目的

这里的投资者是指企业的权益投资人，即普通股股东。企业对权益投资人并不存在偿还的承诺。权益投资人对企业进行投资的目的是增加自己的财富，他们的财富表现为所有者权益的价格，即股价。影响股价的因素很多，都是他们所关心的，包括偿债能力、获利能力及风险等。按照公司法的规定，普通股股东是剩余权益的所有者，企业偿付各种债务之后的一切收益都属于普通股股东。正因为如此，企业要由普通股股东或其代理人来管理和控制。与此同时，普通股股东也是企业风险的最后承担者。在正常经营过程中，企业只有在支付债权人的利息和优先股股利之后，才能分配普通股股利。一旦企业清算，其资产必须先用来清偿债务及保障优先股股东的权益，然后才能分配给普通股股东。普通股股东不仅要承担企业的一切风险，而且是债权人和优先股股东的屏障。

权益投资人的主要决策包括：决定是否投资于某企业；决定是否转让已持有的股份；考查经营者的业绩，以决定是否更换主要的管理者；决定股利分配政策。由于普通股股东的权益是剩余权益，因此他们对财务数据分析的重视程度会超过其他利益相关者。权益投资人进行财务数据分析，是为了在竞争性的投资机会中做出选择。他们进行财务数据分析，主要是为了了解企业当前和长期的收益水平；企业收益是否容易受重大变动的影响；企业当前的财务状况如何；企业资本结构决定的风险和报酬如何；与其他竞争者相比，企业处于何种地位；等等。

二、债权人分析财务数据的目的

债权人是指借款给企业并得到企业还款承诺的人。借款都是有时间限制的，或者说借款只是"暂时"的融资来源。债权人期望企业在一定期限内偿还本金和利息，自然关心企业是否具有偿还债务的能力。债权人有多种提供资金的方式，其提供资金的目的也不尽相同。债权人大体可分为两种：一种是提供商业信用的赊销商；另一种是提供融资服务的金融机构。

提供商业信用的赊销商也叫商业债权人，他们在向企业提供商品或服务时，往往为扩大销售量而允许企业在一个合理的期限内延期付款。这个期限根据行业惯例确定。为了尽早收回款项，商业债权人可以为企业提供现金折扣，如果企业延期还款，商业债权人经常得不到延期的利息。商业债权人的利润直接来源于销售的毛利，而不是借款的利息，因此他们只关心企业是否有到期支付货款的现金，而不关心企业是否盈利。

提供融资服务的金融机构也叫非商业债权人，他们向企业提供融资服务，并得到企业的承诺——在未来的特定日期偿还借款并支付利息。融资服务的主要形式是贷款，包括短期贷款和长期贷款。企业也可以通过在证券市场上公开发行债券来获得长期借款，但目前在我国企业发行债券受到严格限制，并非经常可以采用这种方式。此外，还有融资租赁等筹资方式。

债权人可分为短期债权人和长期债权人。短期债权是指授信期不超过1年的信用，如银行短期贷款、商业信用、短期债券等。长期债权是指授信期在1年以上的信用，如银行长期贷款、长期债券、融资租赁等。短期债权人主要关心企业当前的财务状况和企业流动资产的流动性、周转率。他们希望企业的实物资产能顺利地转换为现金，以便偿还到期债务。长期债权人主要关心企业的长期获利能力和资本结构。企业的长期获利能力是其偿还本金和利息的决定性因素。资本结构可以反映长期债务的风险。

短期信用和长期信用的共同特点是，企业需要在特定的时间支付特定数额的现金给债权人。偿付的金额和时间不因企业经营业绩的好坏而改变。但是，一旦企业运营不佳或发生意外，陷入财务危机，债权人的利益就会受到威胁。因此，债权人必须事先审慎分析企业的财务数据，并且给予企业持续性的关注。

债权人的主要决策包括：决定是否给企业提供信用；决定是否提前收回债权。债权人要在财务数据中寻找借款企业有能力定期支付利息和到期偿还本金的证明。他们进行财务数据分析，主要是为了了解企业为什么需要额外筹集资金，企业还本付息所需资金的可能来源是什么，企业对以前的短期和长期借款是否按期偿还，企业将来在哪些方面还需要借款，等等。

三、经营者分析财务数据的目的

经营者是指被所有者聘用的、对企业资产和负债进行管理的人。经营者关心企业的财务状况、盈利能力和持续发展能力。他们管理企业，要随时根据变化的情况调整企业的经营，而财务数据分析是他们监控企业运营的有力工具之一。他们可以根据需要随时获取各种财务信息和其他相关数据，因而能全面地、连续地进行财务数据分析。

经营者可以获取外部使用者无法得到的内部信息。但是，他们对公开财务数据的重视程度并不亚于外部使用者。由于存在被解雇的威胁，他们不得不从外部使用者（债权人和权益投资人）的角度看待企业。他们通过财务数据分析，发现有价值的线索，设法改善经营业绩，使财务数据能让投资者和债权人满意。他们进行财务数据分析，主要是为了改善财务数据。经营者的财务数据分析属于内部分析，因为他们可以获取财务报表之外的企业内部的各种信息；其他人员的财务数据分析属于外部分析。

四、政府机构分析财务数据的目的

政府机构也是企业财务数据的使用者，包括税务部门、国有企业的管理部门、证券监管机构、财政部门和社会保障部门等，他们使用财务数据是为了履行自己的监督管理职责。我国的政府机构既是财务报表编制规范的制定者，又是财务信息的使用者。税务部门通过财务数据分析，可以审查企业纳税申报数据的合法性；国有企业的管理部门通过财务数据分析，可以评价国有企业的政策的合理性；证券监管机构通过财务数据分析，可以评价上市公司遵守法律法规和市场秩序的情况；财政部门通过财务数据分析，可以审查企业遵守会计法规、财务报表编制规范的情况；社会保障部门通过财务数据分析，可以评价职工的收入和就业情况。

任务三　财务数据分析的基本方法

财务数据分析的主要依据是财务报表，但是以金额表示的各项财务数据并不能说明除本身以外的更多问题。因此，必须根据需要，采用一定的方法，将这些财务数据加以适当的重新组合或搭配，剖析相互之间的因果关系或关联程度，观察其发展变化趋势，推断其可能导致的结果，从而达到分析的目的。

一、比重分析法

比重分析法是在同一财务报表中，通过计算同类项目在整体中的权重或份额及同类项目之间的比例来揭示它们之间的结构关系。它通常反映财务报表各项目的纵向关系。需要注意的是，比重分析法只在同类性质的项目之间使用，即进行比重计算的各项目具有相同的性质。对性质不同的项目进行比重分析是没有实际意义的，也是不能计算的。例如，计算某一负债项目占总资产的比重。首先，负债不是资产的构成要素，因此在理论上就不能说资产中有多少负债，也不能计算负债对资产的权重。其次，以某一负债项目除以总资产，也很难说明这一负债的偿债能力。总资产不仅要用于偿还这一负债，还要用于偿还其他负债。最终这一负债能否偿还，还要看资产与它的对称性。如果总资产用于偿还其他债务后，没有多余，或者虽有多余，但在变现时间上与偿债期不一致,这一负债都是不能偿还的。

在财务报表结构分析中,比重分析法可用于计算:各项资产占总资产的比重;各项负债占总负债的比重;各项所有者权益占所有者权益总额的比重;各项业务或产品利润、收入、成本占总利润、总收入、总成本的比重;单位成本各构成项目占单位成本的比重;各类存货占总存货的比重;利润分配各项目占总分配额或总利润的比重;资金来源或资金运用各项目占总资金来源或总资金运用的比重;等等。

二、比率分析法

比率分析法是通过计算两个不同类但具有一定依存关系的项目之间的比例来揭示它们之间的内在结构关系。它通常反映财务报表各项目的横向关系。在财务报表结构分析中,通常在以下两个场合适用比率分析法:同一财务报表的不同类项目之间,如流动资产与流动负债;不同财务报表的有关项目之间,如营业收入与存货。

整体而言,比率分析法中常用的比率有以下几种:

(1) 反映企业资产流动状况的比率,也称短期偿债能力比率。它主要是通过流动资产和流动负债的关系来反映的,包括流动比率和速动比率。

流动比率是流动资产与流动负债的比值,其计算公式为

$$流动比率 = 流动资产 \div 流动负债$$

流动比率表明企业每一元流动负债有多少流动资产作为偿付保证,流动比率越大,说明企业对短期债务的偿付能力越强。

比流动比率进一步的有关变现能力的比率指标为速动比率,也称酸性测试比率。速动比率是流动资产扣除存货的部分与流动负债的比值。速动比率的计算公式为

$$速动比率 = (流动资产 - 存货) \div 流动负债$$

速动比率也是衡量企业短期偿债能力的指标。速动资产是指那些可以立即转换为现金来偿付流动负债的流动资产,所以速动比率比流动比率更能表明企业的短期偿债能力。

(2) 反映企业资产管理效率的比率,也称资产周转率。它主要是通过周转额与资产额的关系来反映的,主要包括应收账款周转率、存货周转率、固定资产周转率等。

(3) 反映企业权益状况的比率。对企业的权益主要是债权权益和所有者权益。债权权益使企业所有者能够以有限的资本金取得对企业的控制权;而所有者权益资本越多,债权就越有保障,否则债权人就要承担大部分的经营风险。因此,对于债权权益的拥有者来说,最关心的是总资产中负债的比率;对于所有者权益的拥有者来说,最关心的是投资收益状况,主要包括价格与收益比率、市盈率、股利分配率、股利与市价比率、每股市价与每股账面价值比率等。

(4) 反映企业经营成果的比率,也称盈利能力比率。它主要是通过企业的利润与周转额和投入成本或占用资产的关系来反映的。

(5) 反映企业偿付债务费用的比率,也称资金来源和资金运用的比率。它主要通过企业长期资金来源数与长期资金运用数,以及短期资金来源数与相应的资金运用

数的比较，评估两方的相称性，揭示营运资金增加的结构性原因。

三、比较分析法

比较分析法是财务数据分析最常用也是最基本的方法，是将主要项目或指标数值及其变化与设定的标准进行对比，以确定差异，进而分析和判断企业的财务状况及经营成果的一种方法。比较分析法在财务数据分析中的作用主要表现在：通过比较分析，可以发现差异，找出产生差异的原因，进一步判定企业的财务状况和经营成果；通过比较分析，可以确定企业生产经营活动的收益性和企业资金投向的安全性。比较的对象一般有计划数、上期数、历史最高水平、国内外先进行业水平、主要竞争对手情况等。按比较对象的不同，比较分析法可分为绝对数比较分析法、绝对数增减变动比较分析法和百分比增减变动比较分析法。

（1）绝对数比较分析法。绝对数比较分析法是将各有关财务报表项目的数额与比较对象进行比较。绝对数比较分析一般通过编制比较财务报表进行，包括比较资产负债表和比较利润表。比较资产负债表是将两期或两期以上的资产负债表项目的绝对数予以并列，直接观察资产、负债和所有者权益每一项目增减变化的绝对数。比较利润表是将两期或两期以上的利润表项目的绝对数予以并列，直接观察利润表每一项目增减变化的绝对数。

（2）绝对数增减变动比较分析法。仅通过上述绝对数对资产负债表、利润表和现金流量表进行比较，财务报表使用者很难获得各项目增减变动的明确概念。为了使比较进一步明晰化，可以在比较财务报表中增加绝对数"增减金额"一栏，以便计算各有关财务报表项目的数额与比较对象之间的差额，借以帮助财务报表使用者获得比较明确的增减变动数字。

（3）百分比增减变动比较分析法。通过计算增减变动百分比，并列示在比较财务报表中，可以反映不同年度增减变动的相关性，使财务报表使用者能一目了然，便于其更好地了解有关财务状况。

使用比较分析法时，要注意对比指标之间的可比性，这是用好比较分析法的必要条件，否则就不能正确地说明问题，甚至会得出错误的结论。所谓对比指标之间的可比性，是指相互比较的指标，必须在指标内容、计价基础、计算口径、时间长度等方面保持高度的一致。如果是企业之间进行同类指标比较，还要注意企业之间的可比性。此外，计算相关指标变动百分比虽然能在一定程度上反映相关指标的增长率，但也有一定的局限性，这主要是因为变动百分比的计算受基数的影响，具体表现在以下几个方面：

① 如果基数为负数，将出现变动百分比的符号与绝对增减金额的符号相反的结果。

② 如果基数为零，不管实际金额是多少，变动百分比永远为无穷大。

③ 如果基数太小，绝对金额较小的变动可能会引起较大的变动百分比，容易引起误解。

解决变动百分比上述问题的办法是：若基数为负数，则取按公式计算出的变动百分比的相反数；若基数为零或太小，则放弃使用变动百分比分析法，仅分析绝对金额变动情况。

四、趋势分析法

趋势分析法是将企业两期或连续数期财务报表中的相同项目进行对比分析，确定其增减变动的方向、数额和幅度，以反映企业的财务状况和经营成果的变动趋势，进而对企业未来的发展前景做出正确的推断。它是财务数据分析的一种比较重要的方法。趋势分析的主要目的是：了解引起变动的主要项目；判断变动趋势的性质是有利还是不利；预测未来的发展趋势。

五、水平分析法

水平分析法是仅就同一会计期间的有关数据资料所做的分析，其作用在于客观评价企业当期的财务状况、经营成果和现金流量的变动情况。但这种分析所依据的资料和所得出的结论并不能说明企业各项业务的成绩、能力和发展变化情况。

六、垂直分析法

垂直分析法是将当期的有关数据资料和上述水平分析中所得到的数据，与本企业过去时期的同类数据资料进行对比，以分析企业各项业务的绩效、成长及发展趋势。通过垂直分析，可以了解企业的经营是否有发展进步及其发展进步的程度和速度。因此，必须把上述的水平分析与垂直分析结合起来，才能充分发挥财务数据分析的积极作用。

七、连环替代法

连环替代法是将分析指标分解为可以计量的因素，并根据各因素之间的依存关系，依次用各因素的比较值（通常为实际值）代替基准值（通常为标准值或计划值），据此测定各因素对分析指标的影响。

连环替代法的运用一般可以分为以下五个步骤：

(1) 确定分析对象，求出实际指标与基准指标的差异数。

(2) 确定分析指标与其影响因素之间的数量关系，建立函数模型。

(3) 按照从基准值到实际值的顺序依次替换各因素，并计算出替代结果。

(4) 根据各因素替代的结果，进行比较分析，得出各因素的影响程度。

(5) 检验。将各因素变动对分析指标的影响值相加，如果等于分析对象，说明分析结果可能是正确的；如果不等于分析对象，说明分析结果是错误的。

连环替代法的计算步骤是连环性的，不能跳跃，否则会影响计算结果。

建立函数模型：

假定某财务指标 N 由 A、B、C 三个因素的乘积构成，其基准指标和实际指标与三个因素的关系如下：

基准指标：$N_0 = A_0 \times B_0 \times C_0$

实际指标：$N_1 = A_1 \times B_1 \times C_1$

首先，确定分析对象为：实际指标－基准指标＝$N_1 - N_0$。

其次，将基准指标中的所有影响因素依次用实际值进行替换，计算过程如下：

基准指标：$N_0 = A_0 \times B_0 \times C_0$ ①

第一次替换：$N_2 = A_1 \times B_0 \times C_0$ ②

②－①＝$N_2 - N_0$，即为 A_0 变为 A_1 对财务指标 N 的影响值。

第二次替换：$N_3 = A_1 \times B_1 \times C_0$ ③

③－②＝$N_3 - N_2$，即为 B_0 变为 B_1 对财务指标 N 的影响值。

第三次替换：$N_1 = A_1 \times B_1 \times C_1$ ④

④－③＝$N_1 - N_3$，即为 C_0 变为 C_1 对财务指标 N 的影响值。

将以上各因素变动的影响加以综合，其影响值等于实际指标与基准指标的差异数，即

$$(N_2 - N_0) + (N_3 - N_2) + (N_1 - N_3) = N_1 - N_0$$

【例题】 ABC 公司本年度甲产品的原材料消耗情况如表 4-1 所示。

表 4-1 甲产品原材料消耗情况

项目	产品产量/件	单位产品消耗量/(千克/件)	材料单价/(元/件)	材料费用总额/元
基准数	1 600	34	20	1 088 000
实际数	1 700	32	22	1 196 800
差异数	+100	-2	+2	+108 800

（1）确定分析对象：实际数－基准数＝1 196 800－1 088 000＝108 800（元）。

（2）建立分析指标与其影响因素之间的函数关系式：

材料费用总额＝产品产量×单位产品消耗量×材料单价

（3）计算各因素对分析指标的影响程度：

基准数：1 600×34×20＝1 088 000（元） ①

替换一：1 700×34×20＝1 156 000（元） ②

替换二：1 700×32×20＝1 088 000（元） ③

替换三：1 700×32×22＝1 196 800（元） ④

②－①＝1 156 000－1 088 000＝68 000（元），表示产品产量增加的影响。

③－②＝1 088 000－1 156 000＝－68 000（元），表示单位产品消耗量下降的影响。

④－③＝1 196 800－1 088 000＝108 800（元），表示材料单价上升的影响。

三个因素共同的影响值＝68 000－68 000＋108 800＝108 800（元）

上述分析表明，材料费用总额的变动受三个因素的影响，其中，产品产量增加导致材料费用总额增加 68 000 元，单位产品消耗量下降使材料费用总额下降 68 000 元，材料单价上升导致材料费用总额增加 108 800 元。这里，产品产量增加导致材料费用总额增加属于正常情况；单位产品消耗量下降使材料费用总额下降是利好消息，说明企业要么进行了技术革新，要么在节支方面颇有成效；材料单价上升是不利因素，但

企业应进一步分析，找出导致材料单价上升的主客观因素，以便更好地控制材料费用总额。

运用连环替代法时，必须注意以下几个问题：

第一，因素分解的关联性。构成经济指标的因素必须在客观上与该指标存在因果关系，并要能够反映形成该指标差异的内在原因，否则就失去其存在的价值，不仅分析无法进行，即使得出分析结果，也不能对生产经营活动起指导作用。也就是说，经济意义上的因素分解与数学意义上的因素分解不同，不是在数学算式上相等就行，而是要看其经济意义。例如，用下面两个等式分解影响材料费用总额的因素，从数学上看都是成立的。

材料费用总额＝产品产量×单位产品材料费用

材料费用总额＝工人数量×每人消耗材料费用

但从经济意义上说，只有前一个因素分解式是正确的，后一个因素分解式在经济上没有任何意义。因为其无法说明工人数量和每人消耗材料费用到底是增加有利还是减少有利。

第二，因素替代的顺序性。替代各因素时，必须根据各因素的依存关系，按一定顺序依次替代，不可随意颠倒，这里特别要强调的是不存在乘法交换律。如何确定正确的替代顺序，是一个理论上和实践中都没有得到很好解决的问题。传统的方法是先数量指标，后质量指标；先实物量指标，后价值量指标；先主要因素，后次要因素；先分子，后分母。但需要说明的是，无论采用哪种排列方法，都缺乏坚实的理论基础。一般来说，排列在前的因素对经济指标的影响不受其他因素影响或受其他因素影响较小，排列在后的因素对经济指标的影响中含有其他因素共同作用的成分。从这个角度来看，为了分清责任，将对经济指标影响较大的并能明确责任的因素放在前面可能会好一些。

第三，顺序替代的连环性。在运用连环替代法进行因素分析时，计算每个因素变动的影响都是在前一次计算的基础上进行的，并且是采用连环比较的方法确定因素变动的影响结果。因为只有保持计算程序上的连环性，才能使各因素的影响之和等于分析指标变动的差异，也就是每次替代所形成的新的结果要与前一次替代的结果比较（环比）而不能都与基期指标比较（定基比），否则不仅各因素的影响之和不等于总差异，而且计算出的各因素的影响也与现实相去甚远，这是因为每次替代的结果同时掺杂了其他因素的影响。

第四，计算结果的假定性。由于连环替代法计算的各因素变动的影响会因替代顺序的不同而有一定的差别，因此计算结果难免带有假定性，即它不可能使每个因素的计算结果都达到绝对的准确，而且现实中各因素是同时产生影响的，而不是先后产生影响的，我们确定的顺序只是假定某个因素先发生，某个因素后变化。它只是在某种假定前提下的影响结果，离开了这种假定前提条件，也就不会是这种影响结果。为此，分析时应力求使这种假定合乎逻辑，并具有实际的经济意义。这样，计算结果的假定性才不至于妨碍分析的有效性。

任务四 财务数据分析的基本步骤

财务数据分析的关键是收集到足够的、与决策相关的财务资料,进行分析并解释这些资料间的关系,发现财务报表异常的线索,做出确切的判断,得出正确的分析结论。根据这一思路,财务数据分析的基本步骤可以概括为:

(1) 收集与决策相关的各种重要财务资料,包括定期财务报告、审计报告、招股说明书、上市公告书和临时报告、相关产业政策、行业发展背景、税收政策等。

(2) 整理并审查所收集的财务资料,通过一定的分析手段揭示各项信息间隐含的重要关系,发现分析的线索。

(3) 研究重要的财务报表线索,结合相关资讯,分析内在关系,解释现象,推测经济本质。

(4) 做出判断,为决策提供依据。

思考与练习

一、单项选择题

1. 财务数据分析的总体评价内容应当是( )。
   A. 资产负债表分析　　　　　　　B. 现金流量表分析
   C. 利润表分析　　　　　　　　　D. 财务综合分析

2. 趋势分析的主要依据是( )。
   A. 企业连续期间的财务报表分析
   B. 企业财务状况质量的分析
   C. 企业财务结构的分析
   D. 财务报表各项目之间的相互关系分析

3. 结构分析是指( )。
   A. 企业财务状况质量的分析
   B. 财务报表各项目之间的相互关系分析
   C. 企业连续期间的财务报表分析
   D. 企业财务数据的趋势分析

4. 分析企业连续数期财务报表所采用的方法是( )。
   A. 结构分析法　　B. 比率分析法　　C. 连环替代法　　D. 趋势分析法

5. 财务数据分析的最终目的是( )。
   A. 阅读财务数据　　　　　　　　B. 做出某种判断
   C. 支持决策　　　　　　　　　　D. 解析财务报表

6. 可以考察企业未来财务状况的分析方法是( )。
   A. 垂直分析法　　B. 趋势分析法　　C. 比较分析法　　D. 比率分析法

7. 趋势分析属于（　　）。
   A. 内部分析　　　B. 外部分析　　　C. 动态分析　　　D. 静态分析
8. 将主要项目或指标数值及其变化与设定的标准进行对比分析的方法是（　　）。
   A. 比率分析法　　B. 比较分析法　　C. 因素分析法　　D. 平衡分析法
9. 质量分析是指（　　）。
   A. 企业财务数据的趋势分析
   B. 财务报表各项目之间的相互关系分析
   C. 企业连续期间的财务报表分析
   D. 企业财务状况质量、经营成果质量和现金流量质量的分析
10. 一般来说，企业成熟期的债务融资比率（　　）。
    A. 较高　　　　　　　　　　　　　B. 与其他时期没有差异
    C. 较低　　　　　　　　　　　　　D. 不确定
11. 下列方法，常用于趋势分析的是（　　）。
    A. 比较分析法　　　　　　　　　　B. 比率分析法
    C. 连环替代法　　　　　　　　　　D. 定比动态分析法

二、多项选择题

1. 财务数据分析评价基准的种类包括（　　）。
   A. 经验基准　　B. 计划基准　　C. 行业基准　　D. 历史基准
   E. 目标基准
2. 按照是否由企业会计系统提供，财务信息可分为（　　）。
   A. 会计信息　　B. 外部信息　　C. 非会计信息　　D. 内部信息
   E. 市场信息
3. 按照信息来源的不同，财务信息可分为（　　）。
   A. 会计信息　　B. 外部信息　　C. 非会计信息　　D. 内部信息
   E. 市场信息
4. 财务数据分析的基本方法有（　　）。
   A. 比较分析法　　B. 比率分析法　　C. 因素分析法　　D. 趋势分析法
   E. 指标分析法
5. 按照比较基准的不同，比较分析法可分为（　　）。
   A. 与竞争对手比较　　　　　　　　B. 与目标基准比较
   C. 与历史基准比较　　　　　　　　D. 与行业基准比较
   E. 与计划基准比较

三、计算分析题

A公司生产甲产品，产品产量、单位产品材料消耗量、材料单价及材料费用总额的有关资料如表4-2所示。

表 4-2　甲产品材料消耗有关资料

项目	上月数	本月数
产品产量/件	100	120
单位产品材料消耗量/(千克/件)	30	25
材料单价（元/千克）	20	22
材料费用总额/元	60 000	66 000

要求：运用连环替代法分析产品产量、单位产品材料消耗量及材料单价对材料费用总额的影响。

四、综合实践训练题

财务分析人员应具备什么能力？

现在，很多公司都设置了财务分析职位，以下结合本人做财务分析工作几年来的体会，谈一下做好财务分析工作需要哪些技能、思考方法和行为习惯。

1. 熟悉公司的业务

从全局看，包括熟悉公司的市场战略、长短期目标、客户、供应商、产品、竞争对手、营销方式与渠道等；从公司内部看，包括熟悉公司的组织结构、人员、流程、政策、制度、生产工艺步骤、研发和服务等。财务分析人员要经常与各业务部门的同事沟通和合作，这种对业务的熟悉让我们在与其沟通时不说外行话，让人感觉我们很专业。对业务的熟悉程度决定了对业务控制的参与深度和对业务支持的力度，财务分析人员需要长期学习和积累与公司业务相关的知识。

2. 掌握公司的会计系统和会计政策

财务分析最主要的信息来源是会计数据，为了用好这些数据，我们要对数据的收集、整理和加工过程及其标准有一定的了解。财务分析人员有时也扮演损益控制者的角色，需要向会计部门提供一些特殊业务费用计提或冲销依据，对记账科目，收入、成本、费用的确认原则，政策的充分理解是支持这项工作的基础。另外，作为业务控制的一部分，财务分析人员还要经常检查会计记账的合理性和准确性，这就要求财务分析人员了解会计工作的系统、流程和方法。

3. 掌握各种分析所需的软件工具和系统

财务分析很大一部分工作是收集数据和出具报告，我们可以向数据的生产部门索要数据，但更多的时候，我们是通过共享的系统和实用的工具自己来取得数据，我们只需要安装能够查询数据的系统或工具，就可以自己按需要取得数据。比如，公司会计用的 ERP 系统，我们可以自己进系统进行查询来获取会计数据；又如，所有的销售预测和过程数据都在 CRM 系统里，我们可以用通用的 BI 软件来定义和读取所需要的销售数据。在很多情况下，财务分析人员是公司里仅次于 IT 部门技术员的信息系统专家。

4. 独立思考的能力

因为财务分析人员整天都与数据和信息打交道，所以对这些数字的理性思考和判断成为做好财务分析工作的必备能力之一。是否能够运用所积累的业务常识和职业敏感性来判断数字的真实性和可靠性，是决定一个财务分析人员水平高低的重要因素。比如，老板经常会一眼看出你所做报告的错误之处，然后告诉你为什么是错的，这是因为老板对数字太敏感了。所以，对于某项重要的数据，财务分析人员要对其合理性和真实性进行思考，必要时追索原始文件，如合同、发票。对于一些重要的、基础性的数据，财务分析人员要熟记在心里，如预算的收入、毛利、主要客户和产品的收入与盈利情况、主要产品价格、标准成本及一些重要的费用（如推广费、广告费、工资等）。在其他部门或老板问你相关问题时，自信而准确地说出这些数据及你对它们的理解会给人以非常专业的印象。

5. 叙述的能力

财务分析是信息的中转站，在收集到零散的信息后，要把它们加工整合后传递给需要的人。这项工作需要很强的叙述能力，主要包括说和写的能力，说是指把一件事说清楚、说明白，写是指用书面语言把一件事表达清楚。财务分析人员有时更像一个讲故事的人，高层的决策者依据你所讲的故事做出判断和行动，你说得是否清楚、准确、明白决定了别人对你工作的印象。

6. 解决问题的能力

财务分析工作有时会面临临时性或突发性的事件及要求，有很多是以前没有接触过或没有处理过的，需要了解情况、掌握信息、提出解决方案、跟踪落实情况。其中，提出解决方案是对一个人分析问题和决策能力的考验。我初做财务分析工作时，遇到拿不准的事情，经常到上司那里请示，一般他都会和我一起来了解情况、分析问题、共同处理，后来再有这种情况时，他会先问我："你有什么想法和办法？"这一下就把我问住了，因为我没有仔细研究和充分考虑过这个问题。他就说，每个人都是自己专业领域的专家，你自己经过思考和研究得出的方案也许就是最好的解决方案。现在再有问题时，我都是做好充分的调研并拿出自己的方案后再去找上司请示。

7. 把握全局的能力

有时老板做的事情或决定做下属的很难理解，经他一解释才明白为什么会这样想和这样做。这一方面与老板掌握的信息有关，另一方面与其看问题的角度和高度有关，站得越高，看问题就越全面，他会把与此事相关的点一一考虑到，然后分析什么是最重要的，做这个决定会影响到什么。当然，这也是其经验积累的结果，如果我们在考虑问题时也能站在更高的基点上，就会发现很多原来没有考虑到的东西，我们的全局观也会在这个过程中逐渐形成。

8. 运用 Excel 工具的能力

尽管现在越来越多的公司在使用高级的系统实现信息共享，但 Excel 目前仍是用得最多的也是最好用的分析和信息交流工具之一，用好 Excel 会在很大程度上提高我们的效率，让我们从数字的事务中解脱出来，做更有价值的事。另外，我们的报告大多以 Excel 表格出现，熟练使用 Excel 工具会让我们的报告更准确、更快速、更漂亮地送到我们的用户手中，用户的满意度一定会大大提高。

 案例思考题

    1. 案例中的财务分析人员做财务分析的主要服务对象是谁？要站在谁的立场上分析问题？

    2. 掌握公司的会计系统和会计政策对财务分析有何意义？

    3. 为什么说熟悉公司的业务是财务分析的基础？熟悉公司的业务应掌握哪些方面的内容？

    4. 财务分析人员应具备的职业道德有哪些？

    5. 要想做好财务分析工作，应具备什么样的能力？

项目五

Python 在资产负债表阅读与分析中的应用

任务描述

本项目的任务是掌握阅读企业资产负债表的方法，熟练掌握资产负债表结构分析和趋势分析方法，学会利用财务报表附注信息理解财务数据的经济含义，熟悉资产负债表提供的信息内容，能够透过财务报表数据理解企业的经济活动。

学习目标

1. 掌握资产负债表结构分析、水平分析和垂直分析方法。
2. 掌握资产负债表主要项目分析的内容。
3. 掌握阅读资产负债表的方法。
4. 理解财务报表之间的内在联系。

技能目标

1. 能进行资产负债表结构分析、水平分析和垂直分析。
2. 能正确分析资产负债表主要项目的内容。

项目导入

L 公司 2022 年度与 2023 年度部分资产负债表项目数据如表 5-1 所示。

表 5-1　资产负债表（部分）

编制单位：L 公司　　　　　　　　　　　　　　　　　　　　　　　　　单位：万元

项目	2022 年	2023 年
货币资金	85 732	93 290
交易性金融资产	7 600	8 200
应收票据	6 590	5 900
应收账款	16 800	16 500

续表

项目	2022 年	2023 年
预付款项	17 000	13 400
存货	122 381	130 550
其他流动资产	25 202	32 179
流动资产合计	281 305	300 019
长期投资	3 437	5 000
固定资产净额	541 900	533 950
无形资产及其他	67 220	68 600
非流动资产合计	612 557	607 550
资产总计	893 862	907 569
短期借款	86 000	70 000
应付账款	46 500	36 400
应付职工薪酬	15 400	12 600
应交税费	8 462	4 600
流动负债合计	156 362	123 600
长期借款	100 000	150 000
实收资本（或股本）	500 000	500 000
资本公积	26 481	28 963
盈余公积	15 874	16 894
未分配利润	95 145	88 112
负债和所有者权益总计	893 862	907 569

请思考

1. L 公司的资产总额 2023 年度与 2022 年度相比有何变化？

2. L 公司 2023 年度变化最大的资产项目是什么？变化最小的资产项目又是什么？

3. L 公司的资产构成以什么项目为主？说出最主要的三个资产项目。

4. L 公司的存货项目 2023 年度与 2022 年度相比有何变化？

5. L 公司的资金来源中，占比最大的项目是什么？L 公司 2023 年度变化最大的权益项目是什么？

6. 结合资产负债表中的信息，对 L 公司的财务状况做简要评述。

任务一　资产负债表结构分析

初步了解企业的行业背景之后，就需要仔细阅读企业的财务报表，财务报表的阅读过程是趋势分析、结构分析、比较分析三种方法的综合应用过程，也是主表阅读与附注阅读相结合的分析过程。只有有了这一基本认识，对企业的各项财务指标分析才能深入透彻。

一、资产负债表的结构与内容

资产负债表是反映企业在某一时点财务状况的会计报表。它是根据"资产=负债+所有者权益"的会计等式，依照一定的分类标准和次序，把企业一定日期的资产、负债和所有者权益项目予以适当安排，按一定的要求编制而成的。我国新会计准则规定的企业资产负债表的基本格式见表5-2。

为了方便起见，本书所有示例都以ABC公司为例加以说明。

ABC公司成立于1989年，于1993年10月向社会公开发行股票，并于同年11月在上海证券交易所上市。上市三十多年来，ABC公司取得了长足的发展，主营业务收入由上市初的6.8亿元增长到2018年的165.09亿元，在股本大幅扩张的情况下，2018年实现每股收益0.20元。同时，ABC公司由原先只生产冰箱这一个产品扩展到目前涉及冰箱、空调、冰柜、系列小家电、滚筒洗衣机、电脑板、注塑件、电子商务等业务。良好的业绩使ABC公司逐渐为广大投资者所认同，成为证券市场蓝筹绩优股的典型代表。

ABC公司上市之前，生产用资金主要靠自身积累及银行贷款，但随着公司的快速发展，其所能提供的资金已不能满足公司正常发展的需要。ABC公司抓住1993年国家大力发展证券市场之机，通过公开发行股票募集资金3.69亿元，分别投资于出口冰箱技术改造项目、出口冰箱配套设施改造项目、无氟冰箱技术引进项目、多规格定尺料精密冲裁中试基地项目、大型精密注塑中试基地项目等。这些项目的实施使ABC公司的生产能力及产品的技术含量大幅提高，为以后冰箱生产上规模奠定了基础。

ABC公司上市之后，充分发挥上市公司优势，积极利用资本市场整合市场资源，在公开发行股票后，又先后在1996年、1997年、1998年和2001年进行了四次再融资，整合了市场资源，极大地促进了公司的发展。

在保持高速增长的同时，ABC公司狠抓产品质量，整合经营产品（目前空调、冰箱、冰柜是其主要经营产品），完善了白色家电概念，提高了公司在行业中的地位，实施了产品多元化战略，降低了经营风险。表5-2是ABC公司2021年12月31日的资产负债表。

从表5-2可以看出，资产负债表的结构是左右平衡关系，左边反映企业的各类资产，即企业的资产总额及各项资产的分布；右边反映企业的负债和所有者权益，即谁对企业的资产拥有权利和利益，左右两边总额相等。

简单地说，资产负债表左边反映资产的存放形式，右边反映资产的来源渠道。左右两边按照不同分类反映同一事物，因此处于平衡状态。

表5-2 资产负债表

编制单位：ABC公司　　　　　　　　2021年12月31日　　　　　　　　单位：百万元

资产	年末数	年初数	负债和所有者权益	年末数	年初数
流动资产：			流动负债：		
货币资金	670.23	715.08	短期借款	7.00	0.00
交易性金融资产	0.00	0.00	交易性金融负债	0.00	0.00
应收票据	1 063.35	896.51	应付票据	0.00	0.00
应收账款	1 012.35	958.04	应付账款	333.08	324.64
预付款项	148.63	375.61	预收款项	29.57	138.74
应收股利	0.04	0.01	应付职工薪酬	23.19	34.01
应收利息	0.00	0.00	应交税费	7.73	123.20
其他应收款	71.87	161.32	应付利息	0.00	0.00
存货	878.11	851.21	应付股利	72.09	50.22
一年内到期的非流动资产	0.00	0.00	其他应付款	110.70	112.64
其他流动资产	0.00	0.00	一年内到期的非流动负债	138.36	0.00
流动资产合计	3 844.58	3 957.78	其他流动负债	0.00	0.00
			流动负债合计	721.72	783.45
非流动资产：			非流动负债：		
可供出售金融资产	0.00	0.00	长期借款	0.00	138.36
持有至到期投资	0.00	0.00	应付债券	0.00	0.00
长期应收款	68.41	74.54	长期应付款	455.70	458.22
长期股权投资	1 259.78	1 379.99	专项应付款	1.37	8.51
投资性房地产	0.00	0.00	预计负债	0.00	0.00
固定资产	1 506.54	1 597.26	递延所得税负债	0.00	0.00
在建工程	29.77	22.94	其他非流动负债	0.00	0.00
工程物资	0.00	0.00	非流动负债合计	457.07	605.09
固定资产清理	0.00	0.00	负债合计	1 178.79	1 388.54
无形资产	67.16	73.40	所有者权益：		
开发支出	0.00	0.00	实收资本（或股本）	1 196.46	1 196.46
商誉	0.00	0.00	资本公积	2 933.72	2 933.72
长期待摊费用	1.24	1.14	减：库存股	0.00	0.00
递延所得税资产	0.00	0.00	盈余公积	1 323.14	1 197.96
其他非流动资产	0.00	0.00	其中：公益金	547.95	486.46
非流动资产合计	2 932.90	3 149.27	未分配利润	145.37	390.37
			所有者权益合计	5 598.69	5 718.51
资产总计	6 777.48	7 107.05	负债和所有者权益总计	6 777.48	7 107.05

资产负债表的项目数据很多，怎样才能从中归纳出对分析决策有用的信息呢？通常的阅读步骤是由粗到细，先了解总括，再了解大类项目，然后逐层分解，最后到具体项目。

在阅读表5-2时，我们可以先抓住最主要的信息，即资产、负债和所有者权益的总额。资产总额反映企业的生产结构和经营规模，即是企业生产经营能力的集中反映。负债总额表明企业承担债务的多少，是企业运用自有资金、利用外部资金情况的反映。所有者权益总额是企业的自有资金，是企业自主经营、自负盈亏能力的反映。财务数据分析首先要对企业这个三方面的总量有一个基本的了解，弄清企业资产是多少，负债是多少，自有资金是多少，了解这三个方面的组成是掌握企业财务状况的起点，也是我们进一步分析企业资本结构、偿债能力的基础。因此，可以将表5-2简化成表5-3的形式。

表5-3 ABC公司简单资产负债表　　　　　　　　　　　单位：百万元

项目	年末数	年初数	项目	年末数	年初数
资产合计	6 777.48	7 107.05	负债合计	1 178.79	1 388.54
			所有者权益合计	5 598.69	5 718.51

因此，我们得到了ABC公司*的第一印象：2021年年初ABC公司资产总额约71亿元，其中，来自债权人的权益约14亿元，来自股东的权益约57亿元，年末资产总额比年初下降了约3.3亿元，这是负债和所有者权益分别减少约2.1亿元和1.2亿元造成的。为了更加深入地了解ABC公司资产规模的变化情况，我们还可以多收集几年的数据，如表5-4所示。

表5-4 ABC公司历年资产与权益数据　　　　　　　　　单位：百万元

项目	2017年	2018年	2019年	2020年	2021年
资产总计	6 942.41	7 394.14	7 372.71	7 107.05	6 777.48
负债合计	2 010.23	2 304.19	1 983.74	1 388.54	1 178.79
所有者权益合计	4 932.18	5 089.95	5 388.97	5 718.51	5 598.69

从表5-4可以看出，ABC公司从2019年起资产总额呈缓慢下降趋势，主要是由于负债规模在逐渐缩小，而所有者权益除2021年略有减少以外，其他年份都有所增加。结合前面的公司背景资料可以看出，ABC公司在经历了上市后连续的股本扩张之后，从2017年起进入稳定发展阶段，经营条件基本稳定，债务逐渐减少，自有资金略有增加，但自有资金的增加额小于负债的减少额，所以ABC公司的资产总额出现下降趋势。自有资金逐年增加说明ABC公司的资本实力增强，发展前景广阔。但2021年所有者权益的突然减少应是下面分析的重点。

───────────────

* 为了分析方便，本书在部分指标的分析中选取了多期数据，这些数据均来自ABC公司历年的财务报表，此后，不再一一说明。

二、资产负债表结构分析的内容

企业的行业特点是指企业的资产和负债因企业所处行业的不同而表现出来的区别于其他行业的组成特点;企业的经营管理特点是指企业的资金占用和资金来源所反映出来的企业供产销、投资和筹资等方面的特点;企业的发展重点是指企业资金重点投入的环节和负债来源的主渠道。这些特点都通过企业的资产负债结构表现出来。而企业的支付能力和偿债能力由企业的资金结构即企业资产、负债和所有者权益的结构决定。通常,在进行支付能力和偿债能力分析之前,要对企业资金的组成和结构进行分析。

(一) 资产负债表总括结构分析

1. 资产结构分析

(1) 基础知识。

资产是指企业过去的交易或事项形成的、由企业拥有或控制的、预期会给企业带来经济利益的资源。一项资源符合资产定义,还必须同时满足以下两个条件,才可确认为资产,在资产负债表中列示:① 与该资源有关的经济利益很可能流入企业;② 该资源的成本或价值能够可靠地计量。

资产负债表中的资产项目是按照其流动速度自上而下排列的,流动性越强的越靠上。所谓资产的流动性,是指资产转变为现金的难易程度,转变越容易,流动性越强;转变越难,流动性越弱。

根据流动性的不同,资产可分为流动资产和非流动资产。流动资产是指可以在一年或超过一年的一个营业周期内变现、出售或耗用的资产。在资产负债表中,流动资产项目包括货币资金、交易性金融资产、应收票据、应收账款、其他应收款、存货、一年内到期的非流动资产等。流动资产是企业在生产经营过程中必不可少的资产,如缺少货币资金,企业就难以购买材料、难以发放工资、难以购置设备等;如缺少原材料,企业就会停工待料。所以,流动资产犹如企业的血液,必须充足、流动畅通,企业才能健康发展。除流动资产外,企业的其他资产统称非流动资产,主要包括可供出售金融资产、持有至到期投资、长期应收款、长期股权投资、投资性房地产、固定资产、在建工程、工程物资、固定资产清理、无形资产、递延所得税资产等。非流动资产的形成往往需要投入大量的资金,并且非流动资产发挥作用的时间较长,在短时间内不会变现,一旦形成就不易调整或变换。一般情况下,我们应根据各类资产的特点和作用及它们的构成做初步的结构分析。通过这种分析,我们能大致了解企业资产的基本构成情况,认识企业生产经营和管理上的优势与不足,并为进一步分析这些优势与不足形成的原因提供资料。

(2) 任务要求。

以 ABC 公司的资产数据为例,分析 ABC 公司流动资产和非流动资产在总资产中所占的比重,并提出改进建议。任务所需指标、数据表如表 5-5 所示。

表 5-5 任务所需指标、数据表

具体指标	流动资产	数据表	资产负债表
	非流动资产		资产结构分析表

(3) 任务资料。（表 5-6）

表 5-6 ABC 公司资产结构分析表

项目	绝对数/百万元			比重/%		
	2019 年	2020 年	2021 年	2019 年	2020 年	2021 年
流动资产合计	4 000.43	3 957.78	3 844.58			
非流动资产合计	3 372.28	3 149.27	2 932.90			
资产总计	7 372.71	7 107.05	6 777.48			

注：比重=各项目/资产总计。

(4) 任务实施。

第一步：打开 Python 界面，把"资产结构分析表"拖入项目中。（图 5-1）

图 5-1 Python 界面

第二步：单击"文件"→"新建"，新建 Python 文件。（图 5-2）

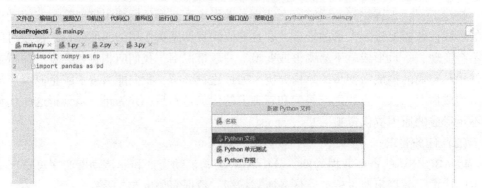

图 5-2 新建 Python 文件界面

第三步：输入以下代码后单击"运行"按钮，得出比重。（代码 5-1）

代码 5-1　资产构成分析

```
import numpy as np
import pandas as pd
a=pd.read_excel('./资产结构分析表.xlsx')
print(a)
b=a.dropna(axis=1,how='all')
print(b)
c=b.set_index('项目')
print(c)
c.loc['2021年比重/%']=c.loc['流动资产合计']/c.loc['资产总计']*100
print(c.loc['2021年比重/%'])
c.loc['2021年比重/%']=c.loc['非流动资产合计']/c.loc['资产总计']*100
print(c.loc['2021年比重/%'])
```

（5）任务结果。

根据代码运行结果，整理得到表 5-7。

表 5-7　ABC 公司资产结构分析表

项目	绝对数/百万元			比重/%		
	2019年	2020年	2021年	2019年	2020年	2021年
流动资产合计	4 000.43	3 957.78	3 844.58	54.26	55.69	56.73
非流动资产合计	3 372.28	3 149.27	2 932.90	45.74	44.31	43.27
资产总计	7 372.71	7 107.05	6 777.48	100.00	100.00	100.00

（6）任务趋势图。（代码 5-2）

代码 5-2　流动资产比重趋势图绘制

```
import numpy as np
import pandas as pd
import matplotlib.pyplot as plt
a=pd.read_excel('资产结构分析表.xlsx',index_col=0)
print(a)
plt.show()
x=['2019','2020','2021']
plt.bar(x,a.loc['流动资产合计','比重/%':])
plt.xlabel('年份')
plt.ylabel('流动资产比重/%')
plt.show()
```

流动资产比重趋势图（图 5-3）如下：

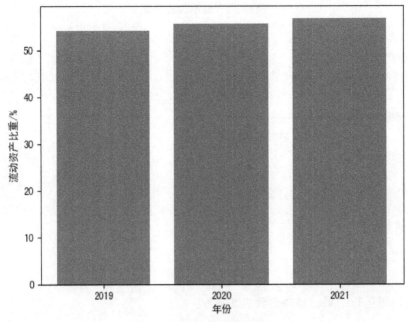

图 5-3　流动资产比重趋势图

（7）任务数据分析。

从表 5-7 可以看出，ABC 公司的资产结构三年来基本稳定，流动资产以每年近 1 个百分点的速度增加，非流动资产则呈反方向变动，说明 ABC 公司三年来整体生产经营条件基本稳定，资产的流动性增强，风险降低，但这种变动情况与 ABC 公司的生产经营环境是否相适应，具体的资产项目又是怎样的变动情况，还要深入阅读资产负债表进行进一步分析。

2. 资本结构分析

资本结构通常是指企业的全部资金来源中负债和所有者权益所占的比重。企业的全部资金来源于两个方面：一是借入资金，即负债，包括流动负债和非流动负债；二是自有资金，即所有者权益。负债是指企业过去的交易或事项形成的、预期会导致经济利益流出企业的现时义务。一项义务符合负债定义，还必须同时满足以下两个条件，才可确认为负债，在资产负债表中列示：① 与该义务有关的经济利益很可能流出企业；② 未来流出的经济利益的金额能够可靠地计量。所有者权益是指企业资产扣除负债后由所有者享有的剩余权益，公司的所有者权益又称股东权益。

资本结构无论是对于债权人、投资者还是经营者来说都是十分重要的。企业资本结构不同，面临的偿债压力、财务风险就有所不同。

对于债权人来说，通过资本结构分析，可以了解负债和所有者权益在企业全部资金来源中所占的比重，判断企业债权的保障程度，评价企业的偿债能力，从而为决策提供依据。

对于投资者来说，通过资本结构分析，可以了解负债在企业全部资金来源中所占的比重，评价企业的偿债能力，判断其投资所承担的财务风险的大小，以及负债对投资报酬的影响，从而为投资决策服务。

对于经营者来说，通过资本结构分析，可以评价企业偿债能力的强弱和承担风险能力的大小，发现企业经营中存在的问题，采取措施调整资本结构，最终实现资本结构最优化。

资本结构分析，可通过简单地编制资本结构分析表来实现。表 5-8 是 ABC 公司的资本结构分析表。从表 5-8 可以看出，ABC 公司资金来源以所有者权益为主，且所有者权益在全部资金来源中的占比逐年上升，从 2019 年的 73.09% 上升到 2021 年的 82.61%，说明 ABC 公司自有资金充足，财务风险低，筹措资金能力很强。

表 5-8 ABC 公司资本结构分析表

项目	绝对数/百万元			比重/%		
	2019 年	2020 年	2021 年	2019 年	2020 年	2021 年
负债合计	1 983.74	1 388.54	1 178.79	26.91	19.54	17.39
所有者权益合计	5 388.97	5 718.51	5 598.69	73.09	80.46	82.61
负债和所有者权益总计	7 372.71	7 107.05	6 777.48	100.00	100.00	100.00

3. 资产结构与资本结构适应性分析

资产结构与资本结构适应性是指企业资本结构与企业当前及未来经营和发展活动相适应的情况。

从企业资金来源的期限构成角度来看，企业资金来源中的所有者权益部分，基本属于永久性资金来源；企业资金来源中的负债部分，则有流动负债与非流动负债之分。一般情况下，企业筹集资金的用途，决定筹集资金的类型：企业增加永久性流动资产或非流动资产，应当通过长期资金来源（包括所有者权益和非流动负债）来解决；季节性、临时性原因造成的流动资产中的波动部分，则应由短期资金来源来解决。如果企业的资金来源不能与资金的用途相配比，在用长期资金来源支持短期波动性流动资产的情形下，由于企业长期资金来源的资金成本相对较高，企业的效益将会下降；在用短期资金来源支持长期资产和永久性流动资产的情形下，由于企业的长期资产和永久性流动资产的周转时间相对较长，企业可能经常会面临急迫的短期偿债的压力。也就是说，企业资金来源的期限构成与企业资产结构相适应时，企业的资本结构质量较好；反之，企业的资本结构质量较差。

企业的资产结构与资本结构可分为保守结构、稳健结构、平衡结构和风险结构四种类型。

（1）保守结构。在这一结构形式中，无论资产负债表左边的资产结构如何，资产负债表右边的资金来源全部是长期资金，长期负债与所有者权益的比例高低不影响这种结构形式。保守结构的资产负债表形式如表 5-9 所示。

表 5-9 资产负债表（保守结构）

流动资产	临时性占用流动资产	长期负债
	永久性占用流动资产	
长期资产		所有者权益

从表 5-9 可以看出，保守结构形式的主要标志是企业全部资产的资金需要都依靠长期资金来满足。其结果是：① 企业风险极低；② 资金成本较高；③ 筹资结构弹性弱。

（2）稳健结构。在这一结构形式中，长期资产的资金需要依靠长期资金来满足，流动资产的资金需要则依靠长期资金和短期资金共同满足，长期资金和短期资金在满足流动资产的资金需要方面的比例不影响这种结构形式。稳健结构的资产负债表形式如表 5-10 所示。

表 5-10 资产负债表（稳健结构）

流动资产	临时性占用流动资产	流动负债
	永久性占用流动资产	长期负债
长期资产		所有者权益

从表 5-10 可以看出，稳健结构形式的主要标志是企业流动资产的一部分资金需要依靠流动负债来满足，另一部分资金需要依靠长期负债来满足。其结果是：① 足以使企业保持相当优异的财务信誉，通过流动资产的变现足以满足偿还短期债务的需要，企业风险较小；② 企业可以通过调整流动负债与长期负债的比例，使负债成本达到企业目标标准，相对于保守结构形式而言，稳健结构形式的负债成本较低，并具有可调性；③ 无论是资产结构还是资本结构，都具有一定的弹性，特别是当临时性资产需要减少或消失时，可通过偿还短期债务或进行短期证券投资来调整，一旦临时性资产需要再产生，又可重新举借短期债务或出售短期证券来满足其所需。这是一种为企业所普遍采用的资产结构与资本结构。

（3）平衡结构。在这一结构形式中，以流动负债满足流动资产的资金需要，以长期负债和所有者权益满足长期资产的资金需要，长期负债与所有者权益的比例如何不是判断这种结构形式的标志。平衡结构的资产负债表形式如表 5-11 所示。

表 5-11 资产负债表（平衡结构）

流动资产	流动负债
长期资产	长期负债
	所有者权益

从表 5-11 可以看出，平衡结构形式的主要标志是流动资产的资金需要全部依靠流动负债来满足。其结果是：① 同样高的资产风险与筹资风险中和后，使企业风险均衡；② 负债政策要依据资产结构变化进行调整；③ 存在潜在的风险。这一结构形式以资产变现时间和数量与偿债时间和数量相一致为前提，一旦二者出现时间上的差异或数量上的差异，如销售收入未能按期取得现金、应收账款没能足额收回、短期证券以低于购入成本出售等，企业就有可能出现资金周转困难，甚至有可能陷入财务危机。

这一结构形式只适用于经营状况良好、具有较好成长性的企业，但要特别注意这一结构形式的非稳定性特点。

（4）风险结构。在这一结构形式中，流动负债不仅用于满足流动资产的资金需要，而且还用于满足部分长期资产的资金需要。这一结构形式不因流动负债在多大程度上满足长期资产的资金需要而改变。风险结构的资产负债表形式如表5-12所示。

表5-12 资产负债表（风险结构）

流动资产	流动负债
长期资产	长期负债
	所有者权益

从表5-12可以看出，风险结构形式的主要标志是以短期资金满足部分长期资产的资金需要。其结果是：① 财务风险较大，较高的资产风险与较高的筹资风险不能匹配，这是因为流动负债和长期资产在流动性上并不对称，要是通过长期资产的变现来偿还短期内到期的债务，必然会给企业带来沉重的偿债压力，从而要求企业极大地提高资产的流动性；② 相对于其他结构形式，风险结构形式的负债成本最低；③ 企业存在"黑字破产"的潜在危险，由于企业时刻面临偿债压力，一旦市场出现变动或有意外事件发生，就可能引发企业资产经营风险，使企业因资金周转不灵而陷入财务困境，造成企业因不能偿还到期债务而"黑字破产"。这一结构形式只适用于处在发展壮大时期的企业，而且只能在短期内采用。

结合表5-2、表5-7、表5-8的数据来看，ABC公司的资产结构与资本结构适应性良好，流动资产的资金需要，大概有20%由流动负债满足，其他则由永久性资金满足，一般不会出现短期偿债压力，说明ABC公司的资本结构质量较好，财务风险较小，属于上述稳健结构形式，这也显现出ABC公司的资本结构安排相对保守一些。

（二）资产负债表大类项目结构分析

1. 流动资产结构分析

流动资产是指可以在一年或超过一年的一个营业周期内变现、出售或耗用的资产。在资产负债表中，流动资产项目包括货币资金、交易性金融资产、应收票据、应收账款、预付款项、应收股利、其他应收款、存货、一年内到期的非流动资产等。

在流动资产中，各类资产的功用和变现能力也是不同的，要想深入了解企业的资产状况，还需进一步分析流动资产的构成情况。

货币资金是指企业在生产经营过程中拥有的、以货币形态存在的那部分资金，它可立即作为支付手段并被普遍接受，因而最具流动性。货币资金一般包括企业的库存现金、银行结算户存款、外埠存款、银行汇票存款、银行本票存款、信用卡存款、信用证保证金存款等。

应收票据是指企业因销售商品或提供劳务等而收到的商业汇票，包括商业承兑汇票和银行承兑汇票。

应收账款是指企业在生产经营过程中因销售商品或提供劳务而应向购货单位或接受劳务单位收取的款项。

预付款项是指购货单位根据购货合同的规定，预先付给供货单位的货款，预付的货款既可以是部分货款，也可以是全部货款。预付款项的支付是购货单位履行购货合同义务的行为，债务人需用商品偿还该项债权。

应收股利是指企业因股权投资而应收取的现金股利及应收其他单位的利润，包括企业购入股票时实际支付的款项中所包含的已宣告发放但尚未领取的现金股利和企业因对外投资而应分得的现金股利。

其他应收款是指除应收票据、应收账款和预付款项以外的其他各种应收、暂付款项。

存货是指企业在生产经营过程中为销售或耗用而储存的各种有形资产，包括各种原材料、燃料、包装物、低值易耗品、委托加工材料、在产品、产成品和商品等。凡是企业盘点日法定所有权属于企业的物品，不论其存放地点或处于何种状态，都应被视为企业的存货。不同行业的企业，其存货的内容和分类有所不同。例如，制造业的企业，其存货一般包括原材料、委托加工材料、包装物、低值易耗品、在产品、自制半成品和产成品等；而商品流通业的企业，其存货一般包括商品、材料物资、低值易耗品和包装物等。作为企业资产的重要组成部分，存货一般在一年内或一个营业周期内可以出售或被生产耗用，因此被视为流动资产。适量的存货对于企业维持正常的生产经营活动具有重要意义，但是过多的存货会使企业积压资金，增加仓储保管费，而存货不足又往往造成企业停工待料或失去销售机会。

流动资产各项目的作用可用企业资金循环过程图（图5-4）来说明，虚线部分是固定资产的循环。

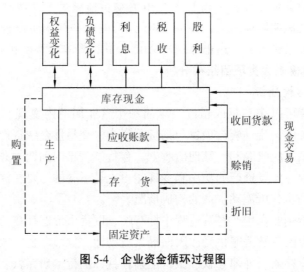

图5-4　企业资金循环过程图

如图5-4所示，存货销售使库存现金和应收账款增加。当应收账款实际收到时，库存现金会再次增加。随后，这笔资金又被用于购买新的存货，支付生产费用，如工资、租金、保险费、水电杂费等。企业要维持日常生产，不仅须拥有适当的流动资产，而且要保证资金循环的顺利进行。在其他条件不变的情况下，如果应收账款收回太慢，企业会因财力不足而不能按时购买存货或支付费用；如果存货销售过慢，资金会大量积压，企业也会因现金短缺而陷入困境。不同生产经营特点的企业，表现出不同的流动资产结构，分析时应结合企业的生产经营特点判断流动资产构成与企业生产经营的协调性。

一般情况下，我们可以编制流动资产结构分析表来具体分析。编制流动资产结构分析表时，一般可选择流动资产合计数作为基数。ABC公司的流动资产结构分析表如表5-13所示。

表5-13　ABC公司流动资产结构分析表

项目	绝对数/百万元			比重/%		
	2019年	2020年	2021年	2019年	2020年	2021年
货币资金	829.60	715.08	670.23	20.74	18.07	17.43
应收票据	957.95	896.51	1 063.35	23.94	22.65	27.66
应收账款	613.15	958.04	1 012.35	15.33	24.20	26.33
预付款项	750.55	375.61	148.63	18.76	9.49	3.87
应收股利	0.00	0.01	0.04	0.00	0.00	0.00
其他应收款	247.18	161.32	71.87	6.18	4.08	1.87
存货	602.00	851.21	878.11	15.05	21.51	22.84
流动资产合计	4 000.43	3 957.78	3 844.58	100.00	100.00	100.00

从表5-13可以看出，ABC公司的流动资产以货币资金、应收票据、应收账款、预付款项和存货为主，三年来结构稍有变化，货币资金和预付款项的比重逐年下降，应收账款和存货的比重逐年上升。结合ABC公司的其他资料可知，ABC公司近几年的营业收入是逐年增加的，营业收入的增加带来应收账款的增加基本属于正常现象。预付款项减少，一种可能是由于近几年ABC公司总是从固定的几家供应商采购原材料，在与供应商的博弈中占据了上风，在生产规模逐步扩大的情况下，采购规模扩大，而预付款规模下降；另一种可能是生产冰箱的主要原材料近年来价格逐渐上涨，ABC公司采取了减少原材料采购量的经营策略。总之，预付款项发生变化，说明企业的经营环境有所改变。下一步分析的重点应是货币资金、应收票据、应收账款、预付款项和存货等项目。

2. 非流动资产结构分析

非流动资产主要包括可供出售金融资产、持有至到期投资、投资性房地产、长期股权投资、长期应收款、固定资产、在建工程、工程物资、固定资产清理、商誉、无形资产、递延所得税资产和其他非流动资产。

可供出售金融资产、持有至到期投资属于企业的非生产经营性长期资产，这些资产持有时间在一年以上，会给企业带来投资收益，不直接参与企业的生产经营活动。

投资性房地产是指企业为赚取租金或资本增值或两者兼有而持有的房地产，包括已出租的土地使用权、持有并准备增值后转让的土地使用权、已出租的建筑物。

长期股权投资是指企业为使资产多样化、扩大企业规模或兼并其他企业而进行的、期限超过一年的投资。

长期应收款是指企业融资租赁产生的应收账款和采用递延方式分期收款、实质上具有融资性质的销售商品或提供劳务等经营活动产生的应收账款。

固定资产包括企业的厂房、机器设备、运输工具等。它们是企业用来生产产品与提供劳务的资本商品，使用期限通常在一年以上。

商誉特指企业合并所形成的企业拥有独特的优势而具有高于一般水平的获利能力的资产。对于因合并形成的商誉，企业至少在每年年度终了时进行减值测试；对于商誉测试的减值部分，应计入当期损益。

无形资产是指企业拥有或控制的、没有实物形态的、可辨认的非货币性资产。可辨认是指可分离用于出售、转移、授予许可、租赁、交换，或者源自合同或其他法定权利。一项资产符合无形资产定义，还必须同时满足以下两个条件，才可确认为无形资产，在资产负债表中列示：① 与该无形资产有关的经济利益很可能流入企业；② 该无形资产的成本能够可靠地计量。

一般情况下，我们可以编制非流动资产结构分析表来具体分析。编制非流动资产结构分析表时，一般选择非流动资产合计数作为基数。ABC 公司的非流动资产结构分析表如表 5-14 所示。

表 5-14 ABC 公司非流动资产结构分析表

项目	绝对数/百万元			比重/%		
	2019 年	2020 年	2021 年	2019 年	2020 年	2021 年
长期应收款	101.52	74.54	68.41	3.01	2.37	2.33
长期股权投资	1 446.55	1 379.99	1 259.78	42.90	43.81	42.95
固定资产	1 704.48	1 597.26	1 506.54	50.54	50.72	51.37
在建工程	37.74	22.94	29.77	1.12	0.73	1.02
无形资产	80.56	73.40	67.16	2.39	2.33	2.29
长期待摊费用	1.43	1.14	1.24	0.04	0.04	0.04
非流动资产合计	3 372.28	3 149.27	2 932.90	100.00	100.00	100.00

从表 5-14 可以看出，ABC 公司的非流动资产结构三年来基本稳定，占比较大的是长期股权投资和固定资产，长期股权投资是 ABC 公司为实现多元化经营而对其他同类企业的控股投资，三年来投资数额逐渐减少。固定资产总额逐年减少，但比重基本稳定，说明 ABC 公司近几年没有大规模的新投资，注重内涵发展。具体还应结合财务报表附注信息，详细了解 ABC 公司的股权投资和固定资产投资情况。ABC 公司没有投资性房地产、持有至到期投资等非生产性资产，说明 ABC 公司致力主业，以生产主营产品为主。ABC 公司的无形资产占比基本保持在 2%，且无形资产数额呈逐年下降趋势，说明无形资产的价值随着逐年摊销而减少，这可能是因为近几年 ABC 公司在无形资产方面没有更多的投入。长期股权投资和固定资产项目应是下一步分析的重点。

3. 负债结构分析

负债结构是指各项负债占总负债的比重。通过负债结构分析，可以了解企业各项负债的数额，进而判断企业的负债主要来自何方、偿还的紧迫程度如何，揭示企业抵抗破产风险及融资的能力。

流动负债占总负债的比重，可以反映一个企业依赖短期债权人的程度。流动负债占总负债的比重越大，说明企业对短期资金的依赖性越强，企业面临的偿债压力也就越大，这必然要求企业加快营业周转或资金周转；相反，流动负债占总负债的比重越小，说明企业对短期资金的依赖性越弱，企业面临的偿债压力也就越小。对这个比重的分析，短期债权人最为重视。企业持有太多的流动负债，有可能使短期债权人面临到期难以收回资金的风险，从而使短期债权人的债权保障程度降低；在企业不会遇到因短期债务到期不能偿还本息而破产清算的情况下，企业保持较高的流动负债比重，可以使所有者获得杠杆利益，降低融资成本。

对流动负债占总负债的比重，应确定一个合理的水平。其衡量标志是在企业不发生偿债风险的前提下，尽可能多地利用流动负债融资，因为流动负债融资成本通常低于非流动负债。同时，还应考虑资产的流动性。如果企业的流动资产回收快，流动负债融资就可以多一些；相反，流动负债融资就应少一些。

非流动负债占总负债的比重，可以反映一个企业在生产经营过程中借助外来长期资金的程度。根据 ABC 公司资产负债表的有关资料，编制 ABC 公司的负债结构分析表，如表 5-15 所示。

表 5-15　ABC 公司负债结构分析表

项目	绝对数/百万元			比重/%		
	2019 年	2020 年	2021 年	2019 年	2020 年	2021 年
流动负债合计	1 392.26	783.45	721.72	70.18	56.42	61.23
非流动负债合计	591.48	605.09	457.07	29.82	43.58	38.77
负债总计	1 983.74	1 388.54	1 178.79	100.00	100.00	100.00

从表 5-15 可以看出，ABC 公司的负债以流动负债为主，流动负债占总负债的比重在 55%~75%，长期负债基本稳定且比重较小，说明 ABC 公司近几年没有举借新的长期负债，这与前面分析的 ABC 公司的资产结构比较稳定相吻合，说明 ABC 公司确实处于扩张之后的相对稳定发展时期。

4. 流动负债结构分析

通过流动负债结构分析，可以了解企业流动负债各项目的结构变动情况，进而分析企业流动负债的构成及其变动是否合理，以及会对企业的生产经营活动产生什么影响。在流动负债中，一般借入的款项有明确的偿还期，到期必须偿还，具有法律上的强制性；而欠供应商的款项，大多没有明确的支付期，何时支付、支付多少并不具有强制性，分析时应根据负债的性质及前述流动资产结构分析确定企业的支付能力，判断企业的财务状况。ABC 公司的流动负债结构分析表如表 5-16 所示。

表 5-16　ABC 公司流动负债结构分析表

项目	绝对数/百万元			比重/%		
	2019 年	2020 年	2021 年	2019 年	2020 年	2021 年
短期借款	645.00	0.00	7.00	46.33	0.00	0.97
应付票据	20.00	0.00	0.00	1.44	0.00	0.00
应付账款	239.86	324.64	333.08	17.23	41.44	46.15
预收款项	51.41	138.74	29.57	3.69	17.71	4.10
应付职工薪酬	44.37	34.01	23.19	3.19	4.34	3.21
应交税费	102.35	123.20	7.73	7.35	15.73	1.07
应付股利	70.29	50.22	72.09	5.05	6.41	9.99
其他应付款	218.98	112.64	110.70	15.72	14.37	15.34
一年内到期的非流动负债	0.00	0.00	138.36	0.00	0.00	19.17
流动负债合计	1 392.26	783.45	721.72	100.00	100.00	100.00

从表 5-16 可以看出，ABC 公司的流动负债以应付账款为主，2021 年应付账款占流动负债总额的 46.15%，有上升趋势。ABC 公司的短期借款在 2019 年达到 6.45 亿元，到 2020 年就全部还清了，但 2021 年有一笔即将到期的负债 1.383 6 亿元需要偿还，还有一笔 700 万元的新的短期借款。总的来说，ABC 公司面临的短期偿债压力不是很大。应付账款和预收款项项目是下一步分析的重点。

5. 非流动负债结构分析

非流动负债的利率高、期限长，一般适用于购建固定资产、进行长期投资等，不适合用来满足流转经营中的资金需要。因为固定资产、长期投资的周转时间长、变现速度慢，需要可以长期使用的资金；而流转经营中的资金只能用来购置流动资产、支付工资等，其周转速度快，并且资金占用的波动比较大，有时资金紧张，需要通过举债来筹集，有时资金又会闲置，应通过交易性金融资产的投资加以充分利用。将非流动负债用于短期流转，会使资金成本上升，得不偿失。而将非流动负债用于购置固定资产，可以扩大企业的生产能力，提高产品质量，降低产品成本，提高企业的市场竞争力，从而为企业带来更多的利润。

非流动负债结构分析，可以通过编制非流动负债结构分析表进行。ABC 公司的非流动负债结构分析表如表 5-17 所示。

表 5-17　ABC 公司非流动负债结构分析表

项目	绝对数/百万元			比重/%		
	2019 年	2020 年	2021 年	2019 年	2020 年	2021 年
长期借款	138.36	138.36	0.00	23.39	22.86	0.00
长期应付款	446.87	458.22	455.70	75.55	75.73	99.70
专项应付款	6.25	8.51	1.37	1.06	1.41	0.30
非流动负债合计	591.48	605.09	457.07	100.00	100.00	100.00

从表 5-17 可以看出，ABC 公司的非流动负债以长期借款和长期应付款为主，

2021年年末长期借款比年初减少了1.383 6亿元，主要原因是此笔长期借款在一年内到期，将其转入了一年内到期的非流动负债中。长期应付款是指企业除长期借款和应付债券以外的其他各种长期应付款项，如采用补偿贸易方式引进国外设备的价款、从国外进口大型设备的价款、应付融资租入固定资产的租赁费等。ABC公司的长期应付款占非流动负债总额的比重一直较高，应重点分析。

6. 所有者权益结构分析

所有者权益包括投资者对企业投入的资本及形成的资本公积、盈余公积和未分配利润等。所有者权益变动的原因主要有增加（或减少）注册资本、资本公积发生增减变动、留存收益发生增减变动等。通过所有者权益构成及增减变动分析，可以进一步了解企业对负债偿还的保证程度和企业积累资金和融通资金的能力与潜力。ABC公司的所有者权益结构分析表如表5-18所示。

表5-18　ABC公司所有者权益结构分析表

项目	绝对数/百万元			比重/%		
	2019年	2020年	2021年	2019年	2020年	2021年
实收资本（或股本）	797.66	1 196.46	1 196.46	14.80	20.92	21.37
资本公积	3 173.01	2 933.72	2 933.72	58.88	51.30	52.40
盈余公积	1 071.70	1 197.96	1 323.14	19.89	20.95	23.63
其中：公益金	469.57	486.46	547.95	8.71	8.51	9.79
未分配利润	346.60	390.37	145.37	6.43	6.83	2.60
所有者权益合计	5 388.97	5 718.51	5 598.69	100.00	100.00	100.00

从表5-18可以看出，ABC公司的所有者权益结构基本稳定，实收资本在2020年增加近4亿元后，占所有者权益总额的比重由原来的14.80%上升到20.92%；资本公积一直是所有者权益的主体，比重维持在50%以上；盈余公积的比重基本维持在20%左右；未分配利润的比重由2019年的6.43%下降到2021年的2.60%，具体原因可以到所有者权益变动表或财务报表附注中寻找。ABC公司的所有者权益结构显示出公司较强的资本实力。

任务二　资产负债表水平分析

一、基础知识

（一）资产负债表水平分析的含义

资产负债表水平分析就是采用水平分析法，将资产负债表的实际数与选定的标准进行比较，编制出资产负债表水平分析表，在此基础上进行评价。资产负债表水平分析的目的是从总体上概括了解资产、权益的变动情况，揭示资产、负债和所有者权益变动的差异，分析差异产生的原因。

资产负债表水平分析要根据分析的目的来选择比较的标准（基期）。若分析的目的在于揭示资产负债表的实际变动情况，分析产生实际差异的原因，比较的标准应选择资产负债表上的上年实际数；若分析的目的在于揭示资产负债表的预算或计划执行情况，分析影响资产负债表预算或计划执行情况的因素，比较的标准应选择资产负债表上的预算数或计划数。

资产负债表水平分析要计算某项目的变动额和变动率。

$$某项目的变动率 = \frac{某项目的变动额}{某项目基期数额} \times 100\%$$

资产负债表水平分析除要计算某项目的变动额和变动率以外，还要计算该项目变动对总资产或总权益（负债和所有者权益总额）的影响程度，以便确定影响总资产或总权益的重点项目，为进一步分析指明方向。

$$某项目变动对总资产（或总权益）的影响 = \frac{某项目的变动额}{总资产（或总权益）基期数额} \times 100\%$$

（二）资产负债表水平分析评价

企业的总资产表明企业资产的存量规模，随着企业生产经营规模的变动，企业资产的存量规模也处在变动之中。资产存量规模过小，将难以满足企业生产经营的需要，影响企业生产经营活动的正常进行；资产存量规模过大，将造成资产闲置，使资金周转缓慢，影响资产的利用效率。企业通过举债或吸取投资来满足企业资产的资金需要，从而产生了债权人、投资者对企业资产的两种不同要求。资产、权益分别列示在资产负债表的左右两边，反映企业的基本财务状况，对资产负债表变动情况的分析评价也应当从这两个方面进行。

1. 从投资或资产角度分析评价

从投资或资产角度分析评价主要从以下几个方面进行：

（1）分析总资产的变动情况及各类、各项资产的变动情况，揭示资产变动的主要方面，从总体上了解企业经过一定时期经营后资产的变动状况。

（2）发现变动幅度较大或对总资产变动影响较大的重点类别和重点项目。分析时，首先要发现变动幅度较大的资产类别或资产项目，特别是发生异常变动的资产项目；其次要把对总资产变动影响较大的资产项目作为分析重点。某资产项目变动自然会引起总资产发生同方向变动，但不能仅考虑该资产项目的变动幅度，还要考虑该资产项目在总资产中所占的比重。当某资产项目变动幅度较大时，如果该资产项目在总资产中所占的比重较小，那么该资产项目变动对总资产变动就不会有太大影响；相反，即使某资产项目变动幅度较小，只要该资产项目在总资产中所占的比重较大，其对总资产变动的影响程度也就较大。

（3）注意考察资产规模变动与所有者权益总额变动的适应程度，进而评价企业财务结构的稳定性和安全性。在资产负债表上，资产总额等于负债和所有者权益总额之和，若资产总额的增长幅度大于所有者权益总额的增长幅度，则表明企业债务负担加重，这虽然可能是由企业筹资政策变动引起的，但可能会引起偿债保证程度下降，偿债压力加大。一般来说，为了保证企业财务结构的稳定性和安全性，资产规模变动应与所有者权益总额变动相适应。

2. 从筹资或权益角度分析评价

从筹资或权益角度分析评价主要从以下几个方面进行：

（1）分析权益总额的变动情况及各类、各项筹资的变动情况，揭示权益变动的主要方面，从总体上了解企业经过一定时期经营后权益的变动状况。

（2）发现变动幅度较大或对权益总额变动影响较大的重点类别和重点项目，为进一步分析指明方向。

二、任务要求

以 ABC 公司的资产负债表数据为例，分析 ABC 公司资产负债表项目的变动额和变动率，并提出改进建议。任务所需指标、数据表如表 5-19 所示。

表 5-19　任务所需指标、数据表

具体指标	各项目的变动率	数据表	资产负债表
	各项目变动对总资产（或总权益）的影响		

注：某项目的变动率 = $\dfrac{\text{某项目的变动额}}{\text{某项目基期数额}} \times 100\%$；

某项目变动对总资产（或总权益）的影响 = $\dfrac{\text{某项目的变动额}}{\text{总资产（或总权益）基期数额}} \times 100\%$。

三、任务资料

ABC 公司 2020 年 12 月 31 日与 2021 年 12 月 31 日的资产负债表数据如表 5-20 所示。

表 5-20　ABC 公司资产负债表数据　　　　　　　　　　　　单位：百万元

项目	2020 年	2021 年	项目	2020 年	2021 年
流动资产：			流动负债：		
货币资金	715.08	670.23	短期借款	0.00	7.00
应收票据	896.51	1 063.35	应付账款	324.64	333.08
应收账款	958.04	1 012.35	预收款项	138.74	29.57
预付款项	375.61	148.63	应付职工薪酬	34.01	23.19
应收股利	0.01	0.04	应交税费	123.20	7.73
其他应收款	161.32	71.87	应付股利	50.22	72.09
存货	851.21	878.11	其他应付款	112.64	110.70
流动资产合计	3 957.78	3 844.58	一年内到期的非流动负债	0.00	138.36
非流动资产：			流动负债合计	783.45	721.72
长期应收款	74.54	68.41	非流动负债：		
长期股权投资	1 379.99	1 259.78	长期借款	138.36	0.00
固定资产	1 597.26	1 506.54	长期应付款	458.22	455.70
在建工程	22.94	29.77	专项应付款	8.51	1.37
无形资产	73.40	67.16	非流动负债合计	605.09	457.07

续表

项目	2021年	2020年	项目	2021年	2020年
长期待摊费用	1.14	1.24	负债合计	1 388.54	1 178.79
非流动资产合计	3 149.27	2 932.90	所有者权益：		
资产总计	7 107.05	6 777.48	实收资本（或股本）	1 196.46	1 196.46
			资本公积	2 933.72	2 933.72
			盈余公积	1 197.96	1 323.14
			其中：公益金	486.46	547.95
			未分配利润	390.37	145.37
			所有者权益合计	5 718.51	5 598.69
			负债和所有者权益总计	7 107.05	6 777.48

四、任务实施

第一步：打开 Python 界面，把"资产负债表变动情况"拖入项目中。

第二步：单击"文件"→"新建"，新建 Python 文件。

第三步：输入以下代码后单击"运行"按钮，得出项目变动额、变动率。(代码5-3)

资产负债表
水平分析演示

代码5-3　资产负债表项目变动分析

```
import numpy as np
import pandas as pd
z=pd.read_excel('./资产负债表变动情况.xlsx')
print(z)
z.set_index('项目',inplace=True)
z.loc['货币资金','2021年比2020年变动额']=z.loc['货币资金','2021年']-z.loc['货币资金','2020年']
z.loc['货币资金','2021年比2020年变动率']=(z.loc['货币资金','2021年']-z.loc['货币资金','2020年'])/z.loc['货币资金','2020年']*100
print(z.loc['货币资金','2021年比2020年变动额'])
print(z.loc['货币资金','2021年比2020年变动率'])
```

用以上方法计算出资产负债表其他项目的变动额和变动率。

五、任务结果

根据代码运行结果，整理得到表5-21。

表5-21　ABC 公司资产负债表变动情况　　　　　　　　　　单位：百万元

项目	2020年	2021年	2021年比2020年	
			变动额	变动率/%
流动资产：				

续表

项目	2020年	2021年	2021年比2020年	
			变动额	变动率/%
货币资金	715.08	670.23	-44.85	-6.27
应收票据	896.51	1 063.35	166.84	18.61
应收账款	958.04	1 012.35	54.31	5.67
预付款项	375.61	148.63	-226.98	-60.43
应收股利	0.01	0.04	0.03	300.00
其他应收款	161.32	71.87	-89.45	-55.45
存货	851.21	878.11	26.90	3.16
流动资产合计	3 957.78	3 844.58	-113.20	-2.86
非流动资产:				
长期应收款	74.54	68.41	-6.13	-8.22
长期股权投资	1 379.99	1 259.78	-120.21	-8.71
固定资产	1 597.26	1 506.54	-90.72	-5.68
在建工程	22.94	29.77	6.83	29.77
无形资产	73.40	67.16	-6.24	-8.50
长期待摊费用	1.14	1.24	0.10	8.77
非流动资产合计	3 149.27	2 932.90	-216.37	-6.87
资产总计	7 107.05	6 777.48	-329.57	-4.64
流动负债:				
短期借款	0.00	7.00	7.00	
应付账款	324.64	333.08	8.44	2.60
预收款项	138.74	29.57	-109.17	-78.69
应付职工薪酬	34.01	23.19	-10.82	-31.81
应交税费	123.20	7.73	-115.47	-93.73
应付股利	50.22	72.09	21.87	43.55
其他应付款	112.64	110.70	-1.94	-1.72
一年内到期的非流动负债	0.00	138.36	138.36	
流动负债合计	783.45	721.72	-61.73	-7.88
非流动负债:				
长期借款	138.36	0.00	-138.36	
长期应付款	458.22	455.70	-2.52	-0.55
专项应付款	8.51	1.37	-7.14	-83.90
非流动负债合计	605.09	457.07	-148.02	-24.46
负债合计	1 388.54	1 178.79	-209.75	-15.11
所有者权益:				
实收资本(或股本)	1 196.46	1 196.46	0.00	0.00
资本公积	2 933.72	2 933.72	0.00	0.00
盈余公积	1 197.96	1 323.14	125.18	10.45

续表

项目	2020 年	2021 年	2021 年比 2020 年	
			变动额	变动率/%
其中：公益金	486.46	547.95	61.49	12.64
未分配利润	390.37	145.37	−245.00	−62.76
所有者权益合计	5 718.51	5 598.69	−119.82	−2.10
负债和所有者权益总计	7 107.05	6 777.48	−329.57	−4.64

注：表中除变动率列为百分数以外，其余三列均为绝对数。

六、任务趋势图（代码 5-4）

代码 5-4　货币资金变动趋势图绘制

```
import numpy as np
import pandas as pd
import matplotlib.pyplot as plt
a=pd.read_excel('资产负债表变动情况.xlsx',index_col=0)
print(a)
plt.show()
x=['2020','2021']
plt.plot(x,a.loc['货币资金','2020 年':'2021 年'])
plt.xlabel('年份')
plt.ylabel('货币资金/百万元')
plt.ylim(500,800)
plt.show()
```

货币资金变动趋势图（图 5-5）如下：

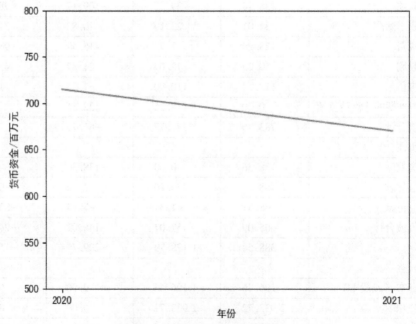

图 5-5　货币资金变动趋势图

七、任务数据分析

（一）从投资或资产角度分析

根据表 5-21，可以对 ABC 公司总资产变动情况做出以下分析评价：

ABC 公司 2021 年度总资产减少了 32 957 万元，下降幅度为 4.64%，说明 ABC 公司 2021 年度资产规模有较大的缩减，进一步分析可以发现：

（1）流动资产减少了 11 320 万元，下降幅度为 2.86%。如果仅就这一变化来看，ABC 公司资产的流动性有所减弱。其中，货币资金减少了 4 485 万元，下降幅度为 6.27%，这将对公司的偿债能力和满足资金流动性需要有所影响。当然，对于货币资金的这种变化，还应结合公司的现金需要量，从资金利用效果方面进行分析，以做出合理的评价。应收票据增加了 16 684 万元，增长幅度达 18.61%，说明应收票据的质量是可靠的，基本不存在拒付风险。应收账款增加了 5 431 万元，增长幅度为 5.67%，对此应结合公司的销售规模变动、信用政策和收账政策等进行评价。其他应收款减少了 8 945 万元，下降幅度高达 55.45%，说明公司内部控制制度执行有所加强，不必要的资金占用大幅减少。预付款项减少了 22 698 万元，下降幅度高达 60.43%，说明公司除因商业信用预付部分款项以外，向其他有关单位提供贷款、非法转移资金或抽逃资本的可能性很小。存货增加了 2 690 万元，增长幅度为 3.16%，这可能会导致公司资金占用增加，机会成本增加，但结合固定资产原值的变动情况，可以认为这种变动有助于形成现实的生产能力。

（2）长期股权投资减少了 12 021 万元，下降幅度为 8.71%，说明公司对外紧缩意图明显。

（3）固定资产减少了 9 072 万元，下降幅度为 5.68%，它是非流动资产中对总资产变动影响较大的项目之一。固定资产规模体现了一个企业的生产能力，固定资产减少说明企业未来的生产能力会有所下降。

（4）在建工程增加了 683 万元，增长幅度为 29.77%。在建工程的增加虽然对本年度的经营成果没有太大影响，但随着在建工程在今后陆续完工，有助于扩大公司的生产能力。

（5）无形资产减少了 624 万元，下降幅度为 8.50%，说明公司对无形资产的重视程度不够，这应该引起重视。

（二）从筹资或权益角度分析

根据表 5-21，可以对 ABC 公司权益总额变动情况做出以下分析评价：

（1）ABC 公司 2021 年度总负债减少了 20 975 万元，下降幅度为 15.11%。其中，流动负债下降幅度为 7.88%，主要表现为预收款项和应交税费大幅下降。一年内到期的非流动负债大幅增加给公司带来较大的偿债压力。应付账款和应付股利的增加则可能说明公司的信用状况不一定值得信赖，当然这还需要结合公司的具体情况进行分析。非流动负债下降幅度为 24.46%，主要是由长期借款减少引起的。

（2）ABC 公司 2021 年度所有者权益总额减少了 11 982 万元，下降幅度为 2.10%，主要是由未分配利润较大幅度的下降引起的，实收资本和资本公积的零增长也是所有者权益总额减少的原因之一。

值得注意的是,权益各项目的变动既可能是企业生产经营活动造成的,也可能是企业会计政策变更造成的,抑或是由会计的灵活性、随意性造成的。因此,只有结合权益各项目的变动情况分析,才能揭示权益总额变动的真正原因。

任务三 资产负债表垂直分析

一、基础知识

(一) 资产负债表垂直分析的含义

资产负债表结构反映了资产负债表各项目的关系及各项目所占的比重。资产负债表垂直分析是通过计算资产负债表各项目占总资产或总权益的比重来分析评价企业的资产结构和资本结构变动的合理程度。具体来讲,包括以下几个方面的内容:

第一,分析评价企业资产结构的变动情况及其合理性。

第二,分析评价企业资本结构的变动情况及其合理性。

第三,分析评价企业资产结构与资本结构的适应程度。

$$某项目数额占总资产(或总权益)的比重 = \frac{该期某项目数额}{该期总资产(或总权益)数额} \times 100\%$$

资产负债表垂直分析可以从静态和动态两个方面进行。从静态角度分析,就是以本期资产负债表为分析对象,分析评价其实际构成情况。从动态角度分析,就是将资产负债表的本期实际构成与选定的标准进行对比分析。对比的标准可以是上期实际数、预算数或行业的平均数或可比企业的实际数,视分析目的而定。

(二) 资产负债表垂直分析评价

资产负债表垂直分析评价可以从资产结构和资本结构两个方面进行。

1. 资产结构分析评价

企业资产结构分析评价的思路如下:

第一,从静态角度观察企业资产配置情况,特别是要关注流动资产和非流动资产的比重。分析时,可通过与行业的平均水平或可比企业的资产结构进行比较,对企业资产的流动性和风险做出判断,进而对企业资产结构的合理性做出评价。

第二,从动态角度分析企业资产结构的变动情况,对企业资产结构的稳定性做出评价,进而对企业资产结构的调整情况做出评价。

2. 资本结构分析评价

企业资本结构分析评价的思路如下:

第一,从静态角度观察企业的资本结构,衡量企业的财务实力,评价企业的财务风险,同时结合企业的盈利能力和经营风险,评价其资本结构的合理性。

第二,从动态角度分析企业资本结构的变动情况,对企业资本结构的调整情况及其对股东权益可能产生的影响做出评价。

二、任务要求

以 ABC 公司的资产负债表数据为例,分析 ABC 公司资产负债表项目比重的变动幅度,并提出改进建议。任务所需指标、数据表如表 5-22 所示。

表 5-22　任务所需指标、数据表

具体指标	各项目数额占总资产(或总权益)的比重	数据表	资产负债表
	各项目比重的变动幅度		

注:某项目数额占总资产(或总权益)的比重 = $\dfrac{\text{该期某项目数额}}{\text{该期总资产(或总权益)数额}} \times 100\%$;

某项目比重的变动幅度 = 某项目期末比重 − 某项目期初比重。

三、任务资料

ABC 公司 2019 年 12 月 31 日和 2021 年 12 月 31 日的资产负债表数据如表 5-23 所示。

表 5-23　ABC 公司资产负债表数据

项目	期初数/百万元	期末数/百万元	期初比重/%	期末比重/%
流动资产:				
货币资金	829.60	670.23	11.25	9.89
应收票据	957.95	1 063.35	12.99	15.69
应收账款	613.15	1 012.35	8.32	14.94
预付款项	750.56	148.63	10.18	2.19
应收股利	0.00	0.04	0.00	0.00
其他应收款	247.17	71.87	3.35	1.06
存货	602.00	878.11	8.17	12.96
流动资产合计	4 000.43	3 844.58	54.26	56.73
非流动资产:				
长期应收款	101.52	68.41	1.38	1.01
长期股权投资	1 446.55	1 259.78	19.62	18.59
固定资产	1 704.48	1 506.54	23.12	22.23
在建工程	37.74	29.77	0.51	0.44
无形资产	80.56	67.16	1.09	0.99
长期待摊费用	1.43	1.24	0.02	0.02
非流动资产合计	3 372.28	2 932.90	45.74	43.27
资产总计	7 372.71	6 777.48	100.00	100.00
流动负债:				
短期借款	645.00	7.00	8.75	0.10
应付票据	20.00	0.00	0.27	0.00

续表

项目	期初数/百万元	期末数/百万元	期初比重/%	期末比重/%
应付账款	239.86	333.08	3.25	4.91
预收款项	51.41	29.57	0.70	0.44
应付职工薪酬	44.37	23.19	0.60	0.34
应交税费	102.35	7.73	1.39	0.11
应付股利	70.29	72.09	0.95	1.06
其他应付款	218.98	110.70	2.97	1.63
一年内到期的非流动负债	0.00	138.36	0.00	2.04
流动负债合计	1 392.26	721.72	18.88	10.65
非流动负债：				
长期借款	138.36	0.00	1.88	0.00
长期应付款	446.87	455.70	6.06	6.72
专项应付款	6.25	1.37	0.08	0.02
非流动负债合计	591.48	457.07	8.02	6.74
负债合计	1 983.74	1 178.79	26.91	17.39
所有者权益：				
实收资本（或股本）	797.66	1 196.46	10.82	17.65
资本公积	3 173.01	2 933.72	43.04	43.29
盈余公积	1 071.70	1 323.14	14.54	19.52
其中：公益金	469.57	547.95	6.37	8.08
未分配利润	346.60	145.37	4.70	2.14
所有者权益合计	5 388.97	5 598.69	73.09	82.61
负债和所有者权益总计	7 372.71	6 777.48	100.00	100.00

四、任务实施

第一步：打开 Python 界面，把"资产负债表垂直分析表"拖入项目中。

第二步：单击"文件"→"新建"，新建 Python 文件。

第三步：输入以下代码后单击"运行"按钮，得出项目比重的变动幅度。（代码 5-5）

资产负债表
垂直分析演示

代码 5-5 资产负债表垂直分析

```
import numpy as np
import pandas as pd
a=pd.read_excel('./资产负债表垂直分析表.xlsx')
print(a)
b=a.dropna(axis=1,how='all')
print(b)
```

```
c=b.set_index('项目')
print(c)
c.loc['货币资金','变动幅度/%']=c.loc['货币资金','期末比重/%']-c.loc['货币资金',
'期初比重/%']
print(c.loc['货币资金','变动幅度/%'])
```

用以上方法计算出资产负债表其他项目比重的变动幅度。

五、任务结果

根据代码运行结果,整理得到表5-24。

表5-24 ABC公司资产负债表垂直分析表

项目	期初数/百万元	期末数/百万元	期初比重/%	期末比重/%	变动幅度/%
流动资产:					
货币资金	829.60	670.23	11.25	9.89	-1.36
应收票据	957.95	1 063.35	12.99	15.69	2.70
应收账款	613.15	1 012.35	8.32	14.94	6.62
预付款项	750.56	148.63	10.18	2.19	-7.99
应收股利	0.00	0.04	0.00	0.00	0.00
其他应收款	247.17	71.87	3.35	1.06	-2.29
存货	602.00	878.11	8.17	12.96	4.79
流动资产合计	4 000.43	3 844.59	54.26	56.73	2.47
非流动资产:					
长期应收款	101.52	68.41	1.38	1.01	-0.37
长期股权投资	1 446.55	1 259.78	19.62	18.59	-1.03
固定资产	1 704.48	1 506.54	23.12	22.23	-0.89
在建工程	37.74	29.77	0.51	0.44	-0.07
无形资产	80.56	67.16	1.09	0.99	-0.10
长期待摊费用	1.43	1.24	0.02	0.02	0.00
非流动资产合计	3 372.28	2 932.90	45.74	43.27	-2.47
资产总计	7 372.71	6 777.48	100.00	100.00	0.00
流动负债:					
短期借款	645.00	7.00	8.75	0.10	-8.65
应付票据	20.00	0.00	0.27	0.00	-0.27
应付账款	239.86	333.08	3.25	4.91	1.66
预收款项	51.41	29.57	0.70	0.44	-0.26

续表

项目	期初数/百万元	期末数/百万元	期初比重/%	期末比重/%	变动幅度/%
应付职工薪酬	44.37	23.19	0.60	0.34	-0.26
应交税费	102.35	7.73	1.39	0.11	-1.28
应付股利	70.29	72.09	0.95	1.06	0.11
其他应付款	218.98	110.70	2.97	1.63	-1.34
一年内到期的非流动负债	0.00	138.36	0.00	2.04	2.04
流动负债合计	1 392.26	721.72	18.88	10.65	-8.23
非流动负债:					
长期借款	138.36	0.00	1.88	0.00	-1.88
长期应付款	446.87	455.70	6.06	6.72	0.66
专项应付款	6.25	1.37	0.08	0.02	-0.06
非流动负债合计	591.48	457.07	8.02	6.74	-1.28
负债合计	1 983.74	1 178.79	26.91	17.39	-9.52
所有者权益:					
实收资本（或股本）	797.66	1 196.46	10.82	17.65	6.83
资本公积	3 173.01	2 933.72	43.04	43.29	0.25
盈余公积	1 071.70	1 323.14	14.54	19.52	4.98
其中：公益金	469.57	547.95	6.37	8.08	1.71
未分配利润	346.60	145.37	4.70	2.14	-2.56
所有者权益合计	5 388.97	5 598.69	73.09	82.61	9.52
负债和所有者权益总计	7 372.71	6 777.48	100.00	100.00	0.00

六、任务趋势图（代码5-6）

代码5-6　货币资金比重变动趋势图绘制

```
import numpy as np
import pandas as pd
import matplotlib.pyplot as plt
a=pd.read_excel('资产负债表垂直分析表.xlsx',index_col=0)
print(a)
plt.show()
x=['2019','2021']
plt.plot(x,a.loc['货币资金','期初比重/%':'期末比重/%'])
plt.xlabel('年份')
plt.ylabel('货币资金比重/%')
plt.ylim(8,12)
plt.show()
```

货币资金比重变动趋势图（图5-6）如下：

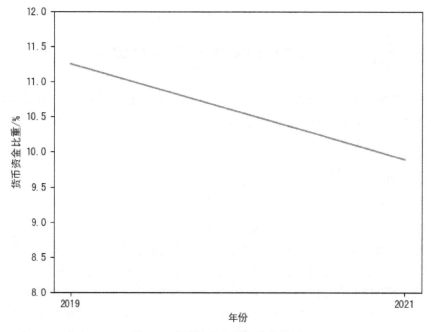

图 5-6　货币资金比重变动趋势图

七、任务数据分析

（一）资产结构分析

从表 5-24 可以看出：

（1）从静态角度分析，一般来说，流动资产变现能力较强、风险较小，而非流动资产变现能力较差、风险较大。所以，流动资产的比重较大时，企业资产的流动性较强而风险较小；非流动资产的比重较大时，企业资产弹性较差，不利于企业灵活调度资金，资产风险较大。ABC 公司期末流动资产的比重为 56.73%，非流动资产的比重为 43.27%。根据 ABC 公司的资产结构，可以认为 ABC 公司资产的流动性较强，资产风险较小。当然，一个企业的流动资产也不宜保持过多，过多的流动资产会降低企业的盈利能力。

（2）从动态角度分析，ABC 公司流动资产的比重增加了 2.47 个百分点，非流动资产的比重减少了 2.47 个百分点，结合资产各项目的结构变动情况看，ABC 公司资产结构的变动幅度不是很大，说明 ABC 公司的资产结构相对比较稳定。

（二）资本结构分析

从表 5-24 可以看出：

（1）从静态角度分析，ABC 公司期末所有者权益的比重为 82.61%，负债的比重为 17.39%，资产负债率较低，财务风险相对较小。这样的资本结构是否合适，仅凭以上分析难以做出判断，必须结合公司的盈利能力，通过资本结构优化分析，才能予以说明。

（2）从动态角度分析，所有者权益的比重增加了 9.52 个百分点，负债的比重减少了 9.52 个百分点，表明 ABC 公司的资本结构是比较稳定的，财务实力有所增强。

任务四 资产负债表主要项目分析

资产负债表的总括结构分析和大类项目结构分析,为详细分析资产负债表找到了重点,即要重点分析两类项目:一类是占比较大的项目;另一类是占比变化较大的项目。通常,重点分析的项目主要有以下几个。

一、货币资金项目分析

(一) 基础知识

在所有资产类别中,货币资金流动性最强,但同时收益也是最低的,通常情况下,只能获得银行存款的利息收益,这显然无法满足有进取心的管理者。因此,企业总存在一个货币资金存量的最优上界。储存过量货币资金的企业会被认为过于保守,但企业又必须保留一定规模的货币资金,因为货币资金是生产经营活动的血液,它使日常的支付交易得以正常进行,更重要的是现金储备使企业具备了财务灵活性,可以满足预防性和投机性的需要,在遇到未预期的投资机会时有能力去把握,对意外事件也能从容应对。

货币资金具有天然的高风险,这是由货币资金作为最具支付能力的金融工具的特性决定的,所以国家对货币资金的管理和支付范围做了严格的规定。企业良好的货币资金内部控制制度对于保护资产安全完整、防止违法犯罪具有重要意义。此外,由于银行存款是企业对吸收存款机构的债权,它同样会有信用风险。

货币资金项目分析的重点是货币资金规模的合理性。一般而言,决定企业货币资金规模的因素有以下几个方面:

(1) 企业的资产规模、业务规模。企业的资产总额越大,相应的货币资金规模就越大;企业的业务越频繁,货币资产也会越多。

(2) 企业筹集资金的能力。企业信誉好,向银行借款或发行股票、债券会比较顺利,就可以适当减少持有的货币资金数量。

(3) 企业对货币资金的运用能力。货币资金的运用也存在"效率"与"效益"的问题。企业运用货币资金的能力越强,货币资金在企业内部周转越快,企业就越没有必要保留过多的货币资金。

(4) 企业的财务战略。当企业具有较为明确的发展战略时,它就会为战略方针的落实进行财务准备,这样,存量货币资金的规模会因分析时点的不同而处于企业不同的财务战略阶段。这时,货币资金结构的差异反映的是融资行为的结果,而非生产经营活动的经济后果。

(5) 企业的行业特点。对于不同行业的企业,合理的货币资金规模会有所差异。例如,表5-25列出了2018年15家不同行业上市公司的货币资金数据,简单分析其在总资产中的占比情况,会发现不同行业上市公司之间存在的差异。

(二)任务资料(表5-25)

表5-25 2018年15家上市公司货币资金占比情况分析表

公司名称	所属行业	货币资金/百万元	资产总计/百万元	占总资产的比重/%
美的电器	电器机械及器材制造业	1 243.61	9 609.42	12.94
万科A	房地产开发与经营业	3 249.03	21 992.39	14.77
浦发银行	银行业	1 885.09	573 066.62	0.33
南玻A	非金属矿物制品业	282.22	5 523.32	5.11
格力电器	电器机械及器材制造业	572.70	12 681.20	4.52
鞍钢股份	黑色金属冶炼及压延加工业	562.34	14 289.82	3.94
上海机场	交通运输辅助业	497.95	9 572.69	5.20
一汽轿车	交通运输设备制造业	2 935.44	7 957.98	36.89
中兴商业	零售业	78.96	953.17	8.28
苏宁电器	零售业	703.28	4 327.21	16.25
沈阳机床	普通机械制造业	603.43	5 274.11	11.44
中技贸易	商业经纪与代理业	466.77	1 673.88	27.89
东阿阿胶	医药制造业	290.54	1 251.70	23.21
晨鸣纸业	造纸及纸制品业	1 006.36	17 969.41	5.60
中捷股份	专用设备制造业	487.11	1 198.94	40.63

(三)任务实施

第一步:打开Python界面,把"货币资金占比情况分析表"拖入项目中。

第二步:单击"文件"→"新建",新建Python文件。

第三步:输入以下代码后单击"运行"按钮,绘制15家上市公司货币资金占比图。(代码5-7)

货币资金
项目分析演示

代码5-7 15家上市公司货币资金占比图绘制

```
import numpy as np
import pandas as pd
import matplotlib.pyplot as plt
ra=pd.read_excel('货币资金占比情况分析表.xlsx')
print(ra)
ra.set_index('公司名称',inplace=True)
fig=plt.figure(figsize=(25,4))
plt.rcParams['font.sans-serif']=['SimHei']
plt.plot(ra.index,ra['占总资产的比重/%'])
x1=ra.index
y1=ra['占总资产的比重/%']
for a,b in zip(x1,y1):
```

```
plt.text(a,b,b,ha='center',va='bottom',fontsize=10)
plt.ylabel('货币资金占总资产的比重/%')
plt.show()
```

15家上市公司货币资金占比图（图5-7）如下：

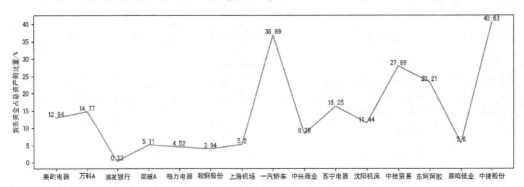

图5-7　15家上市公司货币资金占比图

（四）任务数据分析

从表5-25可以看出，货币资金占总资产的比重由最小的0.33%到最大的40.63%不等，在不同上市公司之间差异较大。专用设备制造业的中捷股份货币资金占总资产的比重特别高，从该公司的年报可知，货币资金规模扩大是销售规模扩大、资金回笼增加及短期借款增加引起的；银行业的浦发银行货币资金占总资产的比重是最小的，查看其他几家银行业的上市公司基本也是这种情况，因为银行业的资产总额特别大；从表中的情况来看，一般制造业的货币资金占比相对高一些。

分析货币资金项目时，还要关注一下附注信息，如ABC公司的货币资金附注信息如表5-26所示。

表5-26　ABC公司货币资金明细　　　　　　　　　　　单位：元

项目	2020年12月31日	2021年12月31日
库存现金	1 932.81	8 370.77
银行存款	714 828 522.15	670 143 653.39
其他货币资金	254 493.09	81 559.10
合计	715 084 948.05	670 233 583.26

从附注信息中可以了解到，ABC公司无外汇资金，所以不会受汇率变动的影响；ABC公司近期货币资金相对比较充裕，闲置的货币资金均存了半年期定期存款。

二、应收票据项目分析

应收票据是指企业持有的、尚未到期兑现的商业票据。商业票据是一种载有一定付款日期、付款地点、付款金额和付款人的无条件支付证券，也是一种可以由持票人自由转让给他人的债权凭证。票据的法律约束力和兑付力强于一般的商业信用，在结算中为企业所广泛使用。

应收票据项目分析的重点是应收票据占总资产的比重及其与销售规模、销售模式的适应性。

从表5-27中15家上市公司2018年应收票据占总资产的比重可以看出，电器、钢铁、医药等行业的上市公司应收票据规模较大，这和其销售模式是密不可分的。房地产业的万科没有应收票据，因为房地产业一般采用预收款方式销售，而银行业也没有采用应收票据结算的。总的来说，15家上市公司应收票据占总资产的比重不是很大，这与我国目前的商业信用体系不健全有很大关系。

表5-27 2018年15家上市公司应收票据占比情况分析表

公司名称	应收票据/百万元	资产总计/百万元	占总资产的比重/%
美的电器	175.85	9 609.42	1.83
万科A	0.00	21 992.39	0.00
浦发银行	0.00	573 066.62	0.00
南玻A	31.71	5 523.32	0.57
格力电器	3 887.57	12 681.20	30.66
鞍钢股份	594.77	14 289.82	4.16
上海机场	169.23	9 572.69	1.77
一汽轿车	758.05	7 957.98	9.53
中兴商业	0.00	953.17	0.00
苏宁电器	0.18	4 327.21	0.00
沈阳机床	82.59	5 274.11	1.57
中技贸易	0.25	1 673.88	0.01
东阿阿胶	161.28	1 251.70	12.89
晨鸣纸业	510.13	17 969.41	2.84
中捷股份	3.01	1 198.94	0.25

三、应收账款项目分析

应收账款是指企业在生产经营过程中因销售商品或提供劳务而应向购货单位或接受劳务单位收取的款项。

应收账款几乎是无法避免的，尽管人人都喜欢现金。信用的发展促成了交易的繁荣，从这个角度讲，应收账款对于企业的价值在于支撑其销售规模的扩大。一般来说，应收账款与销售收入存在一定的正相关关系，企业放宽信用条件，往往会刺激销售，但同时也会使应收账款增加；而企业收紧信用条件，在减少应收账款的同时又会影响到销售。但例外的情况也经常性地出现，这可能意味着企业应收账款的管理出现了异常。

应收账款项目分析的重点是应收账款的流动性,也就是对应收账款的可收回性进行分析。应收账款的分析过程是从结构分析和趋势分析中找出应收账款的变动,然后对有异常变动的应收账款的经济实质进行分析,从而对企业资产的真实风险状况进行评价。

应收账款规模与企业所处的经济环境和内部管理有密切的关系。通过应收账款结构分析及应收账款占企业流动资产的比重计算,可以发现企业外部环境及内部管理、经营策略方面的变化线索。

趋势分析同样重要,不断增加的应收账款,特别是当其增幅显著高于营业收入的增幅时,则往往意味着产品的销售已经钝化,需要依靠提供过量的信用来维持。

应收账款形成了企业资产方一个极大的风险点,因为只有最终能够转化为现金的应收账款才是有价值的,而那些无法转化为现金的应收账款就成为一纸空文。在会计上,对预期无法收回的应收账款通过提取坏账准备的会计核算方式来反映,而坏账准备的提取对企业当期的利润有很大的影响。对应收账款的分析主要从以下几个方面进行。

(一)应收账款账龄分析

应收账款的账龄是指资产负债表中的应收账款从销售实现、产生应收账款之日起,至资产负债表日止所经历的时间,简而言之,就是应收账款在账面上未收回的时间。账龄分析是应收账款的主要分析方法之一,其对企业内部管理的价值在于通过对销售绩效的测控,加快货款回笼,减少坏账损失;对于企业外部分析人员来说,则有利于财务报表使用者分析应收账款的质量状况,评价坏账损失核算方法的合理性。

一般来说,1年以内的应收账款在企业信用期限范围内;1—2年的应收账款有一定逾期,但仍属正常;2—3年的应收账款风险较大;3年以上的因经营活动形成的应收账款已经与企业的信用状况无关,其可收回性极小,可能的解决方法是债务重组。

企业一般会在财务报表附注中提供应收账款的账龄信息,如 ABC 公司的应收账款附注信息如表 5-28 所示。

表 5-28 ABC 公司应收账款明细 单位:百万元

账龄	2020 年 12 月 31 日			2021 年 12 月 31 日		
	应收账款	比例/%	坏账准备	应收账款	比例/%	坏账准备
1 年以内	980.39	97.22	49.02	1 044.98	98.06	52.25
1—2 年	0.37	0.04	0.02	19.24	1.81	0.96
2—3 年	1.04	0.10	0.05	1.41	0.13	0.07
3 年以上	26.66	2.64	1.33	0.00	0.00	0.00
合计	1 008.46	100.00	50.42	1 065.63	100.00	53.28

注:表中除比例列为百分数以外,其余列均为绝对数。

从表 5-28 可以看出,ABC 公司应收账款的账龄基本在 1 年以内,属正常信用期限范围,但 2021 年的应收账款比 2020 年增加了 5 717 万元,增长幅度达 5.67%;这样的增幅是否合适,还应结合利润表中营业收入的变动情况进行分析。由 ABC 公司的利润表可知，ABC公司2021年的营业收入比2020年增长了7.60%，说明应收账款的增长维持在正常范围内。

（二）债务人构成分析

债务人构成分析是凭借债务人的信息来判断企业应收账款的可收回性，具体包括以下几个方面的内容：

（1）**债务人的区域性分析**。由于区域经济发展水平、法治环境及特定的经济状况等条件存在差异，不同区域的企业信用状况会有所不同。

（2）**债务人的财务实力分析**。评价债务人的财务实力，需要了解债务人的财务状况。简单的方法是查阅债务人的资本实力和交易记录，用这种方法可以识别出一些皮包公司，或者根本就是虚构的公司。

（3）**债务人的集中度分析**。应收账款存在集中度风险，即某个主要债务人出现支付困难导致较大比例的债权面临无法收回的风险。只与有限的客户交易，也为销售分析提供了一些线索。

（4）**债务人的关联性分析**。这项分析主要适用于上市公司。从上市公司与债务人的关联状况来看，可以把债务人分为关联方债务人与非关联方债务人。由于关联方之间在债权债务方面的操纵色彩较强，因此对关联方债务人对上市公司债务的偿还状况应予以足够的重视。对于上市公司而言，还应重视关联方欠款问题，从2000年起，上市公司被大股东巨额占款拖垮的例子比比皆是，这无疑为投资者敲响了警钟。事实上，大股东大肆欠款，绝不仅仅是削弱上市公司资金实力那么简单，还会进一步引发错综复杂的关联关系及其掩饰下的虚造利润、侵害上市公司利益等问题，最终可能导致上市公司走向衰败。受此影响，中国证监会检查上市公司催收关联方欠款的力度也日益加大，分析时应对此问题予以关注。

对于此部分信息，ABC公司在财务报表附注中是这样披露的："应收账款中无持本公司5%（含5%）以上股份的主要股东欠款。欠款前五名金额合计为40 232万元，占应收账款期末余额的37.75%。"这说明ABC公司无关联性欠款，债务人的集中度也尚可。

（三）坏账准备分析

在对企业计提的坏账准备进行分析时，首先要阅读企业财务报表附注中关于坏账确认标准和核算方法的说明，然后结合企业的实际情况分析其合理性。以ABC公司为例，ABC公司的坏账确认标准是：因债务人破产或死亡，以其破产财产或遗产清偿后，仍然不能收回的应收款项；因债务人逾期未履行偿还义务，且有确凿证据表明确实无法收回的债权，经董事会批准，列作坏账损失。ABC公司坏账损失的核算采用备抵法。根据董事会决议，ABC公司按照应收款项（应收账款、其他应收款）余额的5%计提坏账准备；对于实际发生的坏账，按照可能损失的金额全额计提坏账准备，待董事会批准后核销。

通过阅读这部分信息，我们了解了ABC公司的坏账确认标准和核算方法，ABC公司对不同账龄的应收账款统一按5%计提坏账准备，显然失之偏颇。好在ABC公司1年以上的应收账款不是很多，对其盈利能力不会产生大的影响。

应收账款的价值在于其能转化为现金,但在转化的价值上存在着不确定性,所以可收回性表达的是应收账款的风险性质,坏账准备是应收账款的风险准备。企业管理层确定的坏账准备计提比例,实质是对企业应收账款风险程度的认识。因此,在坏账准备分析中,就不能仅仅停留在比较计提坏账准备比例的高低上,而是应将注意力集中在评价企业选择的坏账准备计提比例是否表达了企业资产所承担的真实风险。

四、存货项目分析

存货是指企业在生产经营中为销售或耗用而储备的资产。存货在流动资产中所占的比重较大,它是企业收益形成的直接基础或直接来源,加强存货管理对于加速存货资金周转、减少存货资金占用、提高收益率有着十分重要的意义。对存货项目的分析,可以从以下几个方面进行。

(一)存货真实性分析

存货是企业重要的实物资产,资产负债表上列示的存货应与库存的实物相符,待售商品应完好无损,产成品的质量应符合相应的产品质量要求,库存的原材料应属于生产所需,等等。对存货项目的分析,应结合资产负债表附注信息进行。例如,蓝田股份 2013 年 12 月 31 日存货是 279 344 857.29 元。蓝田股份 2013 年财务报告的会计报表附注"(五)会计报表主要项目注释"列示了存货明细资料,如表 5-29 所示。

表 5-29 2013 年蓝田股份存货结构   单位:元

项目	期初		期末	
	金额	跌价准备	金额	跌价准备
原材料	10 730 985.16	40 085.95	13 875 667.01	41 753.71
库存商品	1 064 540.82	5 725.11	44 460.85	0.00
低值易耗品	183 295.90	0.00	2 598 373.02	0.00
产成品	40 215 082.73	160 837.16	9 203 332.90	456 690.13
在产品	212 298 168.51	30 200 000.00	229 742 603.02	42 462 326.73
其他	2 769.70	0.00	23 880 420.49	0.00
合计	264 494 842.82	30 406 648.22	279 344 857.29	42 960 770.57

从表 5-29 可以看出,在蓝田股份 2013 年 12 月 31 日的存货中,在产品是 2 亿多元,占存货总额的 82.24%。

蓝田股份的主营产品是农副产品和饮料。农副产品和饮料不易保存,一旦产品滞销或存货腐烂变质,将造成巨大的损失。从中找到重点分析的问题线索:为什么蓝田股份有 2 亿多元在产品?在产品的种类有多少?每种在产品的名称是什么?每种在产品的特性和用途是什么?每种在产品的账面价值和数量是多少?如何计算每种在产品的账面价值和数量?每种在产品面临哪些风险?

(二)存货计价分析

存货发出采用不同的计价方法,对企业的财务状况、盈亏情况会产生不同的影响，主要表现在以下三个方面：

（1）存货计价对企业损益的计算有直接影响。具体表现在：① 期末存货如果计价过低，当期的收益可能因此减少；② 期末存货如果计价过高，当期的收益可能因此增加；③ 期初存货如果计价过低，当期的收益可能因此增加；④ 期初存货如果计价过高，当期的收益可能因此减少。

（2）存货计价对资产负债表有关项目的计算有直接影响，包括流动资产、所有者权益等项目，都会因存货计价方法的不同而有不同的数额。

（3）存货计价对应交所得税的计算有一定的影响。因为在不同的存货计价方法下，结转的当期销售成本的数额会有所不同，从而会影响企业当期应纳税利润的数额。

在实际工作中，一些企业往往利用不同的存货计价方法来达到其操纵利润的目的，因此在对企业资产和利润进行分析时应予以关注。尤其是企业当期的存货计价方法发生变更时，要注意分析变更的真正原因及其对当期利润的影响。

（三）存货质量分析

存货质量分析可以从以下几个方面进行：

（1）存货的物理质量分析。存货的物理质量是指存货的自然质量，即存货的自然状态。例如，商业企业的待售商品是否完好无损，制造业企业的产成品质量是否符合相应的产品等级要求，等等。对存货的物理质量进行分析，可以初步确定企业存货的状态，为分析存货的利用价值和变现价值奠定基础。

（2）存货的时效状况分析。与时效性相关的存货，是指那些利用价值和变现价值与时间联系较大的存货。按照时效性，可将存货分为：① 与保质期相关的存货。比如食品，在食品中，保质期较长的时效性相对较弱；保质期较短、即将到保质期的时效性相对较强。② 与内容相关的存货。比如出版物，在出版物中，内容较为稳定、可利用期限较长的（如数学书籍等）时效性相对较弱；内容变化较快、可利用期限较短的（如报纸、杂志等）时效性相对较强。③ 与技术相关的存货。这里的技术除我们熟悉的科学技术以外，也包括配方、诀窍等无形资产。同样是与技术相关，有的存货的支持技术进步较快（如电子计算机技术），有的存货的支持技术进步较慢（如药物配方、食品配方等）。支持技术进步较快的存货时效性较强，支持技术进步较慢的存货时效性较弱。

（3）存货的品种构成分析。不同行业的企业，存货内容不尽相同。例如，建筑业企业的存货包括周转材料、施工产品等，房地产业企业的存货包括库存设备、开发产品、出租开发产品、周转房等。

在企业生产和销售多种产品的条件下，不同品种的盈利能力、技术状态、市场发展前景及抗变能力等可能有较大的差异。过分依赖某一种产品或几种产品的企业，极有可能因产品出现问题而全局受到重创。据报载，我国某省的一位老人，在服用了某保健品生产企业生产的口服液后去世。该老人的家属认定老人是因服用保健品而去世的，并采取了法律手段，要求该保健品生产企业赔偿损失。由于该案件的审理持续了一段时间，在案件审理期间，该保健品生产企业的产品销售直线下降。最后，虽然法院判定该保健品生产企业生产的产品不会导致老人死亡，但该保健品生产企业因此案蒙受了重大损失。如果该保健品生产企业是一个多样化经营的企业，其抗变能力就会强得多。

因此，应当对企业存货的品种构成进行分析，并关注不同品种的盈利能力、技术状态、市场发展前景及抗变能力等方面的状况。

上述几种分析，也为进一步在存货项目分析中运用成本与市价孰低原则及存货报表信息披露奠定了基础。

对 ABC 公司的存货进行分析，首先要阅读财务报表附注中关于存货核算的会计方法的说明：① 存货的分类。存货包括在途物资、原材料、在产品、产成品、低值易耗品等。② 存货的计价方法。原材料、在产品、产成品按实际成本计价，发出按加权平均法计算；低值易耗品采用"一次摊销法"进行摊销。生产成本在完工产品和在产品之间的分配方法为按照定额成本分配。③ 存货的盘存制度。存货的盘存制度为永续盘存制。④ 存货跌价准备的核算方法。公司对期末存货按成本与可变现净值孰低计量。对于存货遭受毁损、全部或部分过时、销售价格低于成本等原因造成的存货成本不可收回部分，按单个存货项目的成本高于可变现净值的差额提取存货跌价准备。ABC 公司存货明细如表 5-30 所示。

表 5-30　ABC 公司存货明细　　　　　　　　单位：百万元

项目	2020 年 12 月 31 日		2021 年 12 月 31 日		存货跌价准备			
	绝对数	比重/%	绝对数	比重/%	期初数	本期计提	本期转销	期末数
原材料	430.01	50.28	258.60	29.31				
产成品	364.32	42.60	522.02	59.16	4.02	1.17	0.96	4.24
在产品	60.90	7.12	101.73	11.53				
合计	855.23	100.00	882.35	100.00	4.02	1.17	0.96	4.24

注：表中除比重列为百分数以外，其余列均为绝对数。

从表 5-30 可以看出，ABC 公司 2021 年年末存货余额比 2020 年年末增加了 2 712 万元，增长幅度为 3.17%。其中，原材料减少了 17 141 万元，产成品增加了 15 770 万元，在产品增加了 4 083 万元。ABC 公司面临的市场环境是：家电行业恶性竞争依然激烈，公司产品主要原材料价格持续上涨。公司存货中原材料的比重降低说明公司适应原材料涨价的市场环境，降低原材料库存，从侧面反映出公司较高的经营管理水平。但产成品的增加是否意味着公司的产品滞销，公司产品是否存在积压，还需进一步分析，但从公司 2021 年的销售情况来看，基本可以否定这一猜测，因为 2021 年公司的销售较上年同期增长了 3.17%，出现了良好的增长势头。

五、长期股权投资项目分析

（一）长期股权投资的目的性分析

一般来说，企业进行长期股权投资的目的有以下几个：

（1）出于战略性考虑，形成企业的优势。企业对外投资，可能是出于战略性考虑，如通过对竞争对手实施兼并来消除竞争、通过对重要原材料供应商进行投资来使自己的原材料供应得到保证等。

（2）通过多元化经营来降低经营风险、稳定经营收益。根据财务管理理论，企业的投资方向越是多样化，企业的经营风险就越小，企业获取稳定收益的可能性就越大。因此，一些企业出于多元化经营的考虑，扩大其对外投资规模，投资方向也日益多样化。

（3）为将来某些特定目的积累资金。例如，西方国家企业为将来归还长期债券而建立偿债基金，在偿债基金专户存款用于清偿债务前，企业往往将其投资于有价证券或其他财产，以获取收益。

（4）为粉饰财务状况（使企业净资产增值）。某些企业对外投资，纯粹是为了粉饰其财务状况。

（二）长期股权投资的质量分析

长期股权投资的质量分析可以从以下几个方面进行：

（1）对长期股权投资的构成进行分析。对长期股权投资的构成进行分析，主要是对企业的投资方向（投资对象、受资企业）、投资规模、持股比例等进行分析。企业的年度财务报告中，一般应披露此类信息。在了解了企业长期股权投资构成的基础上，就可以进一步通过对企业投资对象的经营状况及效益等方面的分析来判断企业长期股权投资的质量。

（2）对利润表中股权投资收益与现金流量表中因股权投资收益而收到的现金之间的差异进行分析。在股权投资收益占企业投资收益比重较大的情况下，企业有可能在其利润表投资收益中披露股权投资收益的规模。但是，利润表投资收益中的股权投资收益是按照权责发生制的要求分别采用成本法与权益法确定的，并不一定对应企业相应的现金流入量。股权投资收益产生的现金流入量将在现金流量表中以分得股利或利润所收到的现金项目出现。在被持股企业没有分红、分红规模小于可供分配的利润或无力支付现金股利的情况下，利润表中股权投资收益就有可能大于现金流量表中分得股利或利润所收到的现金数额。当然，仅仅凭借此项分析，尚不足以得出被持股企业状况不良、企业投资质量较差的结论。

（3）通过某些迹象来判断。在许多情况下，企业投资质量的恶化是可以通过某些迹象来判断的。

对于有市价的长期股权投资，其质量是否恶化，可以根据以下迹象判断：① 市价持续2年低于账面价值；② 该项投资暂停交易1年；③ 被投资单位当年发生严重亏损；④ 被投资单位持续2年发生亏损；⑤ 被投资单位进行清理整顿、清算或出现其他不能持续经营的迹象。

对于无市价的长期股权投资，其质量是否恶化，可以根据以下迹象判断：① 影响被投资单位经营的政治或法律环境的变化，如税收、贸易等法规的颁布或修订，可能导致被投资单位出现巨额亏损；② 被投资单位所供应商品或所提供劳务的市场需求因产品过时或消费者偏好改变而发生变化，从而导致被投资单位财务状况发生严重恶化；③被投资单位所从事产业的生产技术或竞争者数量等发生变化，被投资单位已失去竞争能力，从而导致财务状况发生严重恶化；④被投资单位的财务状况、现金流量发生严重恶化，如进行清理整顿、清算等。对于那些质量状况在恶化的长期股权投资，应当计提长期股权投资减值准备。

对 ABC 公司长期股权投资进行分析时，可以先阅读财务报表附注中有关长期股权投资的信息：ABC 公司长期股权投资的会计核算方法如下：

（1）公司对外股权投资，按投资时实际支付的价款或确定的价值记账。

（2）公司对其他单位的投资占该单位有表决权资本总额 20% 或 20% 以上，或虽投资不足 20% 但有重大影响的，采用权益法核算。

（3）公司对其他单位的投资占该单位有表决权资本总额 20% 以下，或对其他单位的投资虽占该单位有表决权资本总额 20% 或 20% 以上但不具有重大影响的，采用成本法核算。

（4）公司对其他单位的投资占该单位有表决权资本总额 50% 以上，或虽占该单位有表决权资本总额不足 50% 但具有实际控制权的，编制合并财务报表。

（5）长期股权投资差额摊销方法：合同规定投资期限的，按投资期限摊销；合同没有规定投资期限的，无论是借方还是贷方差额均采用直线法按 10 年摊销。

《财政部关于印发〈关于执行《企业会计制度》和相关会计准则有关问题解答（二）〉的通知》（财会〔2003〕10 号）发布之后发生的股权投资差额，如初始投资成本大于应享有被投资单位所有者权益份额，其差额按上述原则摊销；如初始投资成本小于应享有被投资单位所有者权益份额，其差额记入"资本公积——股权投资准备"科目。

期末，被投资单位市价持续下跌或经营状况恶化等原因导致长期股权投资可收回金额低于其账面价值的，按该项投资可收回金额低于其账面价值的差额计提长期股权投资减值准备。

ABC 公司长期股权投资明细如表 5-31 所示。

表 5-31　ABC 公司长期股权投资明细　　　　　　　　　　单位：百万元

项目	2020 年 12 月 31 日	本期增加	本期减少	2021 年 12 月 31 日
股票投资	62.77		61.54	1.23
其他股权投资	628.00	39.79		667.79
股权投资差额	689.22		98.46	590.76
合计	1 379.99	39.79	160.00	1 259.78

本期新增股权投资明细：

2021 年 4 月，ABC 公司对 ZQ 电机有限公司增资 793 万元，增资后 ABC 公司投资占其注册资本的 98.73%。

2021 年 4 月，ABC 公司以 40 万元的股权转让价购买 HY 海外电器有限公司 20% 的股权。

2021年6月，ABC公司出资700万元组建中外合资企业ABC精密制品有限公司，占其注册资本的70%。

2021年8月，ABC公司出资446万元组建中外合资企业ABC空调制冷设备有限公司，占其注册资本的70%。

2021年10月，ABC公司出资2 000万元组建ABC医用低温科技有限公司，占其注册资本的100%。

以上五项投资合计3 979万元。

ABC公司股权投资差额如表5-32所示。

表5-32 ABC公司股权投资差额　　　　　　　　　　　　　单位：百万元

投资项目	初始金额	期初价值	摊销年限	本期增加	本期摊销额	摊余价值
ZX空调器有限总公司	984.6	689.22	10年		98.46	590.76
合计	984.6	689.22	10年		98.46	590.76

股权投资差额系2018年1月ABC公司向ZX投资发展有限公司（股权转让方）溢价收购ZX空调器有限总公司74.45%股权产生的，股权投资差额为9.846亿元，按10年摊销。2021年1月1日执行新会计准则有关长期股权投资差额摊销充抵资本公积的调整，消除了多年来由此差额摊销所产生的投资收益亏损因素，对还原公司真实业绩水平起到较大的促进作用。

期末，ABC公司长期股权投资不存在可收回金额低于账面价值的情况，故未计提减值准备。

分析：ABC公司本期的股权投资活动，充分体现了公司多元化、国际化的战略思想。从公司股权投资的对象来看，主要集中在制冷业务的相关领域，在空调、冰箱的基础上有所扩展，同时还兼顾了海外市场，据此可判断公司对将来有长远的战略准备，有很大的发展潜力。

六、固定资产项目分析

固定资产是指使用期限较长，单位价值较高，并且在使用过程中保持原有实物形态的资产，包括房屋及建筑物、机器设备、运输设备、工具器具等。

固定资产是企业维持生产经营所必需的投资，主要的特点为：① 长期拥有并在生产经营过程中发挥作用；② 投资数额较大，风险也较大；③ 反映企业生产的技术水平、工艺水平；④ 对企业的经济效益和财务状况影响巨大；⑤ 变现能力差。

（一）固定资产构成分析

在固定资产构成分析中，新旧准则下的财务报表分析的侧重点有些差异，旧准则的固定资产中包含投资性房地产，这部分资产虽然列在固定资产中，但不参与企业实际的生产活动，一般是等待增值或出租；按照新准则的规定，这部分资产以投资性房地产项目单独列示在资产负债表中。这样，在新准则下，凡是列在固定资产中的资产，基本上形成企业的生产能力。固定资产的构成会因行业的不同而呈现出不同的结构特征。例如，房地产业企业的固定资产占资产总额的比重非常小，主要是一些办公楼、办公设备、运输工具等，没有生产设备；而制造业企业的固定资产中生产设备和房屋及建筑物就占有相当大的比例，因为必须有足够的生产设备和厂房，制造业企业才能生产产品。

ABC 公司是一个电器制造企业，在其 2021 年资产负债表附注中，我们得到了下列详细信息，如表 5-33 所示。

表 5-33　ABC 公司固定资产明细　　　　　　　　　　　单位：百万元

类别	2020 年 12 月 31 日	本期增加	本期减少	2021 年 12 月 31 日
房屋及建筑物	745.56	10.11	7.25	748.42
生产设备	1 712.98	121.39	53.01	1 781.36
运输设备	14.52			14.52
办公设备	60.26	6.03	4.66	61.63
土地使用权		8.54		8.54
其他	20.12			20.12
合计	2 553.44	146.07	64.92	2 634.59

ABC 公司 2021 年年末固定资产原值为 26.35 亿元。其中，生产设备投入较大，本年又新投入 12 139 万元，年底生产设备总额达 17.81 亿元，占固定资产原值总额的 68%；投入第二大的是房屋及建筑物，年底达 7.48 亿元，占固定资产原值总额的 28%。这与 ABC 公司所处的制造行业情况相符。

（二）固定资产折旧分析

在固定资产分析中，还要注意分析固定资产的折旧，因为固定资产的折旧方法将直接影响企业的盈利。分析时，要注意阅读财务报表附注。首先要看固定资产采用什么样的折旧方法。企业使用加速折旧法，能较快收回投资，减少固定资产的无形损耗，但这种方法会增加企业成本、费用的支出，一定程度上减少同期的企业利润和税收支出。其次要看固定资产使用年限的确定是否合理。如果人为延长固定资产的折旧年限，就意味着减少每期的折旧额，从而减少企业成本、费用的支出，使得企业盈利出现虚增。

下面是 ABC 公司财务报表附注中有关固定资产计价和折旧方法等的说明。

（1）固定资产标准。

使用年限在 1 年以上的房屋及建筑物、生产设备、运输设备、办公设备及其他与生产经营有关的设备、器具、工具，以及单位价值在 2 000 元以上、使用年限在 2 年以上的非生产经营用设备和物品作为固定资产核算。

（2）固定资产计价。

① 购入的固定资产，按实际支付的价款、包装费、运杂费、安装成本、缴纳的有关税金等入账。

② 自行建造的固定资产，按该项资产达到预定可使用状态前所发生的全部支出入账。

③ 投资者投入的固定资产，按投资各方的确认价值入账。

④ 融资租入的固定资产，按租赁开始日租赁资产的原账面价值与最低租赁付款额的现值两者中较低者入账。

（3）固定资产折旧。

固定资产折旧采用直线法计算，残值率为4%，并按固定资产类别确定其使用年限。ABC公司固定资产使用年限和年折旧率如表5-34所示。

表5-34　ABC公司固定资产的使用年限和年折旧率

类别	使用年限/年	年折旧率
房屋及建筑物	20—40	2.40%~4.80%
生产设备	10—15	6.40%~9.60%
运输设备	8—10	9.60%~12.00%
办公设备	5—8	19.20%~12.00%
其他	5—10	9.60%~19.20%

ABC公司固定资产折旧明细如表5-35所示。

表5-35　ABC公司固定资产折旧明细　　　　　　　　单位：百万元

类别	2020年12月31日	本期增加	本期减少	2021年12月31日
房屋及建筑物	136.13	33.58	0.99	168.72
生产设备	757.75	183.86	45.62	895.99
运输设备	10.71	0.54	0.00	11.25
办公设备	20.07	4.68	4.28	20.47
土地使用权	0.00	0.05	0.00	0.05
其他	16.18	0.05	0.00	16.23
合计	940.84	222.76	50.89	1 112.71

通过阅读以上信息，基本可以判断：ABC公司固定资产折旧采用直线法计算，折旧年限基本按照国家有关规定确定，折旧费用处于基本合理的区间范围。

为了更客观地评价ABC公司的固定资产折旧状况，还可以找一家类似的公司来比较一下。例如，我们找到一家同样生产空调、冰箱的GL公司，GL公司固定资产折旧同样采用直线法计算，并按各类固定资产的原值和估计的使用年限扣除残值（原值的5%~10%）确定其折旧率。GL公司固定资产使用年限和年折旧率如表5-36所示。

表5-36　GL公司固定资产使用年限和年折旧率

类别	使用年限/年	年折旧率
房屋及建筑物	15—30	3.17%~6.33%
生产设备	10	9.00%~9.50%
办公设备	5	18.00%~19.00%
运输设备	5—6	15.83%~19.00%
其他设备	5	18.00%~19.00%

从表 5-34 和表 5-36 的比较中可以看出，ABC 公司的年折旧率要比 GL 公司的年折旧率低一些，原因是 ABC 公司固定资产的使用年限都比较长。因此，两家同行业的公司，采用同样的折旧方法，同样的固定资产每年的折旧额也会有所差别。相比之下，ABC 公司每年的折旧额少一些，其利润就会相应高一些，在以后比较两家公司的盈利能力时，需要把这一因素考虑进去。

（三）固定资产减值分析

固定资产减值分析需要专业性很强的职业判断。分析企业的固定资产减值问题时，要注意企业对固定资产的使用目的，绝不是将其出售"收回"，而是在长期使用过程中逐渐收回。因此，必须考虑固定资产在企业被使用的状态如何，如果固定资产能够按照既定的用途被企业使用，即使其市场价格已经低于账面价值，也不能认为企业的固定资产质量低劣。

新会计准则规定，资产减值损失不得转回，这在一定程度上避免了上市公司利用资产减值操纵利润。同时，新会计准则对可收回金额做了明确的解释：可收回金额指公允价值减去处置费用后的净额与未来现金流量现值两者之间较高者；公允价值，综合考虑销售协议价格、市场价格、比较价格；未来现金流量现值，综合考虑未来现金流量、使用寿命、折现率等。把资产可收回金额与资产账面价值比较，确认资产减值损失，同时计提资产减值准备，减值资产的折旧和摊销在未来进行调整。

ABC 公司固定资产减值准备的信息如下：

期末，本公司的固定资产按照账面价值与可收回金额孰低计量，对可收回金额低于账面价值的差额按单个项目计提固定资产减值准备。

ABC 公司固定资产减值准备如表 5-37 所示。

表 5-37　ABC 公司固定资产减值准备　　　　　　　　　单位：百万元

类别	2020 年 12 月 31 日	本期增加	本期减少	2021 年 12 月 31 日
生产设备	15.34			15.34
合计	15.34			15.34

从表 5-37 可以看出，ABC 公司只在 2020 年度提取了 1 534 万元的固定资产减值准备，2021 年度没有其他提取，基本可以判断 ABC 公司没有利用固定资产减值准备来调节利润。至于固定资产减值准备提得是否充分和准确，外部分析者很难做出准确的判断。

七、无形资产项目分析

无形资产是指企业拥有或控制的、没有实物形态的、可辨认的非货币性资产。与有形资产相比，无形资产的特点是：① 没有实物形态但具有排他性；② 是企业通过转让、购买等有偿方式取得的，不容易变现的账面价值；③ 所提供的未来经济利益具有不确定性；④ 其潜在经济价值与账面价值之间没有直接的联系。

（一）无形资产规模分析

虽然无形资产没有实物形态，但随着科技的进步，特别是知识经济时代的到来，其对企业生产经营活动的影响越来越大。在知识经济时代，企业控制的无形资产越多，其可持续发展能力和竞争能力就越强。

（二）无形资产会计政策分析

财政部2001年发布的《企业会计准则——无形资产》规定，自行开发并依法申请取得的无形资产，其入账价值应按依法取得时发生的注册费、律师费等费用确定。作为无形资产的成本，在研究与开发过程中发生的材料费用，直接参与开发人员的工资及福利费，开发过程中发生的租金、借款费用等，直接计入当期损益。

财政部2006年发布的《企业会计准则第6号——无形资产》对研究开发费用的费用化进行了修订：企业内部研究开发项目的支出，应当区分研究阶段支出与开发阶段支出。研究费用依然费用化处理；进入开发程序后，对开发过程中的费用如果符合相关条件，就可以资本化。

开发支出是指企业内部研究开发项目开发阶段的支出。企业内部研究开发项目的开发阶段是指在进行商业性生产或使用前，将研究成果或其他知识应用于某项计划或设计，以生产出新的或具有实质性改进的材料、装置、产品等。开发阶段的支出能够证明下列各项时，应当确认为无形资产，在资产负债表中列示：① 完成该无形资产以使其能够使用或出售在技术上具有可行性；② 具有完成该无形资产并使用或出售的意图；③ 无形资产产生经济利益的方式，包括能够证明运用该无形资产生产的产品存在市场或无形资产自身存在市场，无形资产将在内部使用的，应当证明其有用性；④ 有足够的技术、财务资源和其他资源支持，以完成该无形资产的开发，并有能力使用或出售该无形资产；⑤ 归属该无形资产开发阶段的支出能够可靠计量。

（三）无形资产价值分析

由于无形资产所提供经济利益的不确定性，无形资产项目的金额往往不能全面反映企业无形资产的经济价值和潜力。在评价企业资产质量时，如果对企业的无形资产状况没有较清楚的了解，对该项目数据的利用就应持谨慎态度。此外，由于无形资产不容易变现的特点，在评价企业的长期偿债能力时，对该项目数据的利用也应持谨慎态度。

（1）报表上作为"无形资产"列示的基本上是企业外购的无形资产。由于与无形资产自创有密切关系的研究和开发支出基本上已经作为发生会计期间的费用，并没有作为无形资产处理，因此作为"无形资产"处理的基本上是企业外购的无形资产。

（2）企业可能存在会计处理等原因导致的账外无形资产。研究和开发支出的会计处理，并不能反映自创无形资产的成功与否。因此，企业已经成功的无形资产就难以在资产负债表上出现，只能"游离"在资产负债表之外。因此，历史较为悠久并重视研究和开发的企业，有可能存在多项已经成功且能为企业未来的发展做出积极贡献的无形资产。此外，作为无形资产重要组成部分的人力资源，也未在资产负债表中体现。

（3）无形资产的质量主要体现在特定企业内部的利用价值和对外投资或转让的价值上。企业现存无形资产的质量好坏主要表现在以下几个方面：第一，企业无形资产与有形资产相结合而获取较好的经济效益的潜力；第二，企业无形资产转让或出售的增值潜力；第三，企业无形资产用于对外投资的增值潜力。也就是说，在对企业财务状况进行全面分析与评价时，应当考虑账内无形资产的不充分性及账外无形资产存在的可能性等因素。

下面是ABC公司财务报表附注中有关无形资产计价和摊销方法等的说明。

（1）无形资产计价。

① 购入的无形资产，按实际支付的全部价款计价。

② 投资者投入的无形资产，按投资各方确认价值计价。

③ 自行开发并按法律程序申请取得的无形资产，按依法取得时发生的注册费、律师费等费用计价。

（2）无形资产摊销方法。

无形资产自取得的当月起在合同或法律、规章规定的受益或有效年限内平均摊销，合同和法律、规章没有明确规定受益或有效年限的，按不超过10年的期限摊销。

（3）无形资产减值准备核算方法。

期末，公司无形资产可收回金额低于账面价值的差额按单个项目计提减值准备。

ABC公司无形资产明细如表5-38所示。

表5-38　ABC公司无形资产明细　　　　　　　　　　　　　　单位：百万元

项目	原始金额	2020年12月31日	本期增加	本期减少	2021年12月31日	剩余摊销年限
专有技术	5.88	0.78	0.37	0.60	0.55	1.75年
土地使用权	120.39	72.50	0.00	6.68	65.82	12年
其他	0.85	0.12	0.72	0.05	0.79	9.9年
合计	127.12	73.40	1.09	7.33	67.16	—

期末，公司无形资产不存在可收回金额低于账面价值的情况，故未计提减值准备。

从附注信息中，我们了解到ABC公司无形资产只占资产总额的1%左右，且以土地使用权为主，专有技术很少且摊销年限只剩下1.75年。但从其他渠道，我们还了解到一些信息：ABC公司的目标是把ZX的白色家电做到世界第一，这个世界第一的内涵应包括三个方面，即产品开发能力第一、产品制造能力第一、市场开发能力第一。为了实现这个目标，ABC公司在研究开发和市场渠道开发方面做了大量工作，公司的研发平台和市场开发平台对ABC公司有很大的支持，这样的无形资产在资产负债表中是看不到的。另外，由于上市公司大部分都存在非整体上市的情况，因此对上市公司的分析还应关注其集团公司的相关情况。

八、短期借款项目分析

短期借款是指企业从银行或其他金融机构借入的期限在1年以内的款项。这些借款是为满足企业日常生产经营的短期需要而举借的，其利息费用作为企业的财务费用，计入当期损益。

分析时，应对会计期末短期借款的余额及期末与期初相比短期借款的变动情况进行研究，分析其中有无不正常之处，预测企业未来的现金流量，评价企业偿付短期借款的能力。

ABC 公司短期借款明细如表 5-39 所示。

表 5-39　ABC 公司短期借款明细　　　　　　　　　　单位：百万元

借款类型	2020 年 12 月 31 日	2021 年 12 月 31 日
保证	0.00	7.00
合计	0.00	7.00

从表 5-39 可以看出，2021 年 ABC 公司取得了 700 万元新借款，借款类型是保证借款。但从前面货币资金分析中，我们得知 ABC 公司的银行存款余额中包含半年期定期存款 2.6 亿元。为什么 ABC 公司一方面保留大额存款，另一方面还要举借新债呢？虽然对于一个资产近 70 亿元的企业来讲，700 万元的借款很少，但这也能看出其财务管理上的一个欠缺。

九、应付票据及应付账款项目分析

应付票据是指企业因赊购交易而签发的允诺在不超过 1 年的期限内按票据上规定的日期支付一定金额的银行承兑汇票和商业承兑汇票。资产负债表中应付票据项目反映的是尚未到期付款的应付票据面额。

ABC 公司 2020 年和 2021 年都没有在资产负债表中列示应付票据项目，说明公司这两年没有签发未兑付的商业票据。

应付账款是指企业因赊购原材料等物资或接受劳务供应而应付给供应单位的款项。它是由购进商品或接受劳务等业务发生时间与付款时间不一致造成的。

应付账款项目分析应是流动负债项目分析的重点，应着重分析应付账款的欠款时间和欠款人，观察其中有无异常情况，测定企业未来的现金流量。

应付账款项目分析可以从以下几个方面进行：

（1）分析本年较上年的增减变动情况。

（2）计算存货、营业成本与应付账款之间的比率关系，比较本年数与上年数之间的差异。

（3）结合现金流量，分析实际支付现金、结存余额，以及非现金资产抵债等其他方式结算应付款的现象有无披露。

（4）应付账款的增加、预付账款的减少及存货采购的增加应大致相同。

（5）结合预付账款，分析年末结存余额的前十名、全年发生额的前十名，检查本年较上年在采购方面有无重大的变动。

（6）分析应付账款的账龄情况，注意长期挂账的应付账款。

通常情况下，应付账款及应付票据是因商品交易而产生的，其变动原因主要有以下几个：

(1) 企业销售规模的变动。当企业销售规模扩大时，存货需求会增加，进而应付账款及应付票据等债务规模会扩大；反之，则会缩小。

(2) 为充分利用无成本资金。应付账款及应付票据是因商业信用而产生的一种无资金成本或资金成本极低的资金来源，企业在遵守财务制度、维护企业信誉的条件下充分加以利用，可以减少其他筹资方式筹资数量，节约利息支出。

(3) 提供商业信用的企业信用政策和收账政策发生变化。如果其他企业放宽信用政策和收账政策，企业应付账款及应付票据的规模就会大一些；反之，就会小一些。

(4) 企业资金的充裕程度。若企业资金相对充裕，应付账款及应付票据的规模就会小一些；若企业资金比较紧张，则会影响应付账款及应付票据的清欠。

十、预收款项项目分析

预收款项是指企业按照合同规定向购货单位预收的款项。

对于企业来说，预收款项总是越多越好。因为预收款项作为企业的一项短期资金来源，在企业发送商品或提供劳务前，可以无偿使用；在企业发送商品或提供劳务后，立即转为企业的收入。对于某些特殊行业，在进行资产负债表分析时，应当对预收款项给予足够的重视，因为预收款项一般是按收入的一定百分比预交的；通过分析预收款项的变化可以预测企业未来营业收入的变动，而且预收款项作为一种短期资金来源，成本很低，风险也很小。

ABC公司的预收款项数额变化很大，2021年比2020年减少了近1.1亿元，预收款项的大规模减少预示着公司未来营业收入将发生变动或销售环境将会改变。

十一、非流动负债项目分析

（一）长期借款项目分析

长期借款是指企业从银行或其他金融机构借入的期限在1年以上的款项。长期借款一般用于企业的固定资产购建、固定资产改扩建工程、固定资产大修理工程及流动资产的正常需要等方面。长期借款按偿还方式可分为定期偿还的长期借款和分期偿还的长期借款。前者是指在规定的借款到期日一次还清借款；后者是指在借款期限内，分期偿还本息，至到期日全部还清。会计核算上，长期借款的应计未付利息，也计入长期借款。因此，资产负债表中长期借款项目反映的是企业尚未归还的长期借款本金和利息。分析时，应注意企业长期借款的数额、增减变动及其对企业财务状况的影响。

（二）应付债券项目分析

应付债券是指企业为筹集长期资金而发行的偿还期在1年以上的债券。相对于长期借款而言，发行债券需要经过一定的法定程序，但对款项的使用没有过多的限制和约束。分析时，应注意企业应付债券的数额、增减变动及其对企业财务状况的影响。

（三）专项应付款项目分析

专项应付款是指企业收到的由国家拨入的具有专项用途的款项，如专项用于技术改造、技术研究及其他用途的款项。

下面是ABC公司财务报表附注中有关非流动负债的说明。

ABC公司长期借款明细如表5-40所示。

表5-40　ABC公司长期借款明细　　　　　　　　单位：百万元

借款类型	2020年12月31日	2021年12月31日
保证	138.36	0.00
合计	138.36	0.00

此项长期借款是根据××市经济委员会〔2002〕269号文件，针对大容积冰箱的二期技改项目，向中国建设银行××市分行申请的贷款资金。2021年度转入一年内到期的非流动负债中。

ABC公司2021年12月31日专项应付款137万元，是根据国经贸投资〔2002〕848号文件，给予上述贷款资金的相应贴息。

从附注信息中，我们了解到ABC公司长期借款和专项应付款的具体情况，得知公司的技改项目将会给其可持续发展带来动力。

（四）长期应付款项目分析

长期应付款是指企业还没有偿还的除长期借款和应付债券以外的其他各种长期负债。常见的长期应付款主要有：采用补偿贸易方式而发生的应付引进设备款；融资租入固定资产应付款；以分期付款方式购入固定资产形成的应付款项。

（1）应付引进设备款。补偿贸易是由国外企业提供设备、技术，国内企业以生产出来的产品来偿还引进设备款的一种加工贸易方式。通过补偿贸易，国外企业以贷款方式提供设备，同时承担向国内企业购买一定数量的产品的义务，国内企业引进设备时可以暂时不付款，以出口产品的销售收入来补偿。当国内企业拿到设备时，实际上就产生了一笔长期负债。"应付引进设备款"项目中除应该支付的设备价款以外，还包括应该支付的利息和外币折算为人民币的差额。

（2）融资租入固定资产应付款。这是企业因融资租入固定资产而形成的应付款，除应付的租金以外，还包括应付的利息和外币折算为人民币的差额。当企业按照融资租赁的方式租入固定资产时，就欠了租赁公司的债，形成一笔长期负债。

（3）企业延期付款购买资产，如果延期支付的购买价款超过正常信用条件，实质上具有融资性质的，所购资产的成本应当以延期支付购买价款的现值为基础确定。实际支付的价款与购买价款的现值之间的差额，应当在信用期间内采用实际利率法进行摊销，计入相关资产成本或当期损益。

ABC公司的长期应付款在非流动负债中所占的比重处于较高水平，绝对额保持在4.5亿元左右。ABC公司在财务报表附注中披露了该款项是公司2018年从国外引进的大型设备款项，分10年还清。

思考与练习

一、单项选择题

1. 下列资产，属于速动资产的是（   ）。
   A. 存货   B. 应收账款   C. 固定资产   D. 无形资产

2. 下列信息，由资产负债表提供的是（   ）。
   A. 企业的债权人信息   B. 企业的利润情况
   C. 企业的资产状况   D. 企业的经营性现金流量

3. 某公司2023年12月31日资产负债表显示，资产总额为400万元，负债总额为320万元。假设没有其他资产和负债，该公司2023年的权益乘数为（   ）。
   A. 0.25   B. 1.25   C. 5   D. 8

4. 下列关于账户式资产负债表的表述，不正确的是（   ）。
   A. 将资产负债表中的三个项目自上而下依次排列
   B. 将资产项目列在资产负债表的左方
   C. 资产负债表左右两方平衡，且满足会计恒等式
   D. 我国现行的企业资产负债表采用账户式格式

二、多项选择题

1. 资产负债表列示的内容主要有（   ）。
   A. 资产   B. 负债
   C. 所有者权益   D. 营业利润
   E. 投资活动现金流量

2. 资产负债表列示方法有（   ）。
   A. 直接法   B. 账户式   C. 间接法
   D. 报告式   E. 垂直式

三、判断题

1. 资产负债表是反映企业在一定会计期间的经营成果的会计报表。（   ）
2. 资产负债表趋势分析是指以资产负债表的某一期数据为基期数据，以多期数据与其进行比较编制出的资产负债表。（   ）

四、计算分析题

某企业的资产负债数据如表5-41所示。

表5-41 资产负债表水平分析   单位：万元

项目	年末数	年初数	变动情况		对总资产的影响/%
			变动额	变动率/%	
流动资产：					
货币资金	50 000	40 000			
交易性金融资产	20 000	28 000			

续表

项目	期末数	期初数	变动情况		对总资产的影响/%
			变动额	变动率/%	
应收账款	25 000	15 500			
存货	85 000	97 000			
其他流动资产	48 510	37 910			
流动资产合计	228 510	218 410			
非流动资产：					
长期股权投资	51 000	42 200			
固定资产	658 500	631 000			
无形资产	94 000	91 000			
非流动资产合计	803 500	764 200			
资产总计	1 032 010	982 610			
流动负债：					
短期借款	55 000	37 600			
应付账款	15 500	13 600			
应交税费	9 530	7 400			
其他流动负债	3 300	4 487			
流动负债合计	83 330	63 087			
非流动负债：					
长期借款	42 000	38 400			
应付债券	181 000	181 000			
非流动负债合计	223 000	219 400			
负债合计	306 330	282 487			
所有者权益：					
实收资本（或股本）	500 000	500 000			
资本公积	102 640	107 000			
盈余公积	85 320	82 423			
未分配利润	37 720	10 700			
所有者权益合计	725 680	70 0123			
负债和所有者权益总计	1 032 010	982 610			

注：表中除变动率和对总资产的影响两列为百分数以外，其余三列均为绝对数。

要求：根据表 5-41 的数据进行资产负债表水平分析计算及做出分析评价。

项目六

Python 在利润表阅读与分析中的应用

任务描述

本项目的任务是掌握阅读企业利润表的方法，熟练掌握利润表结构分析和趋势分析方法，学会利用财务报表附注信息理解财务数据的经济含义，熟悉利润表提供的信息内容，能够透过财务数据理解企业的经济活动。

学习目标

1. 掌握利润表结构分析、水平分析和垂直分析方法。
2. 掌握利润表主要项目分析的内容。
3. 掌握阅读利润表的方法。
4. 理解财务报表之间的内在联系。

技能目标

1. 能进行利润表结构分析、水平分析和垂直分析。
2. 能正确分析利润表主要项目的内容。

项目导入

ABC 公司的利润表如表 6-1 所示。

表 6-1　利润表

编制单位：ABC 公司　　　　　　　2021 年度　　　　　　　单位：百万元

项目	本期数	上期数
一、营业收入	16 623.43	15 449.48
减：营业成本	14 667.80	13 407.09
税金及附加	27.99	16.00
销售费用	915.91	828.46
管理费用	574.44	562.98

续表

项目	本期数	上期数
财务费用	-2.03	7.29
资产减值损失	0.00	0.00
加：公允价值变动收益	0.00	0.00
投资收益	-113.21	-121.54
二、营业利润	326.11	506.12
加：营业外收入	5.76	4.33
减：营业外支出	6.11	0.65
三、利润总额	325.76	509.80
减：所得税费用	86.65	140.37
四、净利润	239.11	369.43
五、每股收益		
（一）基本每股收益（12亿股）	0.20	0.31
（二）稀释每股收益（12亿股）	0.20	0.31

请思考

1. ABC 公司 2021 年度利润总额与 2020 年度相比有何变化？

2. ABC 公司 2021 年度利润表中，变化最大的项目是什么？变化最小的项目又是什么？

3. ABC 公司的收入以什么为主？说出最主要的三个项目。

4. 结合利润表，对 ABC 公司的财务状况做简要评述。

任务一 利润表结构分析

一、基础知识

（一）利润表的作用

利润表是反映企业在一定期间经营成果的会计报表。它是以"利润＝收入－费用"这一会计等式为依据编制而成的，一般有单步式和多步式两种格式，我国新会计准则要求企业采用多步式利润表。作为一种动态会计报表，利润表联系资产负债表和现金流量表提供的情况，揭示企业的经营活动对期间内资产、负债和所有者权益的有利或不利影响，对于投资者、债权人、政府部门及其他会计资料使用者全面了解企业的经营业绩，预计企业在现有资源的基础上产生现金流量的能力，推测新增资源可能取得的效益，具有十分重要的意义。

（1）利润表提供的信息，是企业投资者、债权人及其他外部信息使用者进行相关经济决策的主要依据。

（2）利润表提供的信息，是考核和评价企业经营管理人员的经营业绩和经营管理水平的一个重要依据。

（3）利润表提供的利润数据，是税收部门课征所得税的依据。

（二）利润表结构分析的含义与评价

利润表结构分析通常需要编制共同比利润表，通过计算各种因素或各种财务成果在营业收入中所占的比重，分析并说明财务成果的结构及其增减变动的合理性。

企业利润包括营业利润、利得和损失等。利得是指除收入和直接计入所有者权益项目外的经济利益的净流入。损失是指除费用和直接计入所有者权益项目外的经济利益的净流出。

营业利润是企业从事"主业"所获得的经营利润。比如，一家公司是商业零售企业，那么在开展商品流通经营活动中产生的利润就是这家公司的营业利润。一般来说，营业利润是实现利润的"大头"。同时，如果营业利润在利润总额中所占的比重较大，一方面可说明经营主体的行业与方向；另一方面可说明经营主体的盈利水平较高，并具有持续增长的稳定性与抗经济波动能力。

营业利润一般归入"经常性损益"，相对应的非营业利润就成了"非经常性损益"，它包括利得和损失两部分。"非经常性损益"不具有经常性。政府补贴收入中，除享受中央级政策的比较稳定以外，其他政府补贴都有因政策调整而变化的可能。财务分析人员应该仔细看一看每股收益与净资产收益率在扣除"非经常性损益"前后的差异是大还是小，差异大的，说明企业主营业务不理想，前景黯淡；差异小的，甚至出现负差异的，说明企业主营业务不错，收益不错。

营业收入是形成企业收入和利润的主力和源泉，财务分析人员应详细分析营业收入的构成，这种构成分析可以按产品进行，也可以按销售地区进行。

二、任务要求

以 ABC 公司的利润表数据为例，分析 ABC 公司利润表项目的结构百分比，并提出改进建议。任务所需指标、数据表如表 6-2 所示。

表 6-2 任务所需指标、数据表

具体指标	营业收入	数据表	利润表
	营业利润率		

注：营业利润率 = $\dfrac{营业利润}{营业收入} \times 100\%$。

三、任务资料

ABC 公司利润表如表 6-3 所示。

表 6-3　ABC 公司利润表　　　　　　　　　　　　　　单位：百万元

项目	2020 年	2021 年
一、营业收入	15 449.48	16 623.43
减：营业成本	13 407.09	14 667.80
税金及附加	16.00	27.99
销售费用	828.46	915.91
管理费用	562.98	574.44
财务费用	7.29	-2.03
资产减值损失	0.00	0.00
加：公允价值变动收益	0.00	0.00
投资收益	-121.54	-113.21
二、营业利润	506.12	326.11
加：营业外收入	4.33	5.76
减：营业外支出	0.65	6.11
三、利润总额	509.80	325.76
减：所得税费用	140.37	86.65
四、净利润	369.43	239.11
五、每股收益		
（一）基本每股收益（12 亿股）	0.31	0.20
（二）稀释每股收益（12 亿股）	0.31	0.20

ABC 公司利润构成情况如表 6-4 所示。

表 6-4　ABC 公司利润构成情况　　　　　　　　　　单位：百万元

项目	2020 年	2021 年
营业利润	506.12	326.11
加：营业外收入	4.33	5.76
减：营业外支出	0.65	6.11
利润总额	509.80	325.76

ABC 公司营业收入按产品构成情况如表 6-5 所示。

表 6-5　ABC 公司营业收入按产品构成情况　　　　　单位：百万元

产品类别	2020 年	2021 年
空调	7 662.75	7 667.47
冰箱	4 533.42	5 540.72
冰柜	1 093.70	1 280.20
小家电	674.41	741.60
其他	1 485.20	1 393.44
合计	15 449.48	16 623.43

ABC 公司营业收入按销售地区构成情况如表 6-6 所示。

表 6-6　ABC 公司营业收入按销售地区构成情况　　　　单位：百万元

销售地区	2020 年	2021 年
境内	12 857.37	12 707.58
境外	2 592.11	3 915.85
合计	15 449.48	16 623.43

四、任务实施

第一步：打开 Python 界面，把"利润表"拖入项目中。（图 6-1）

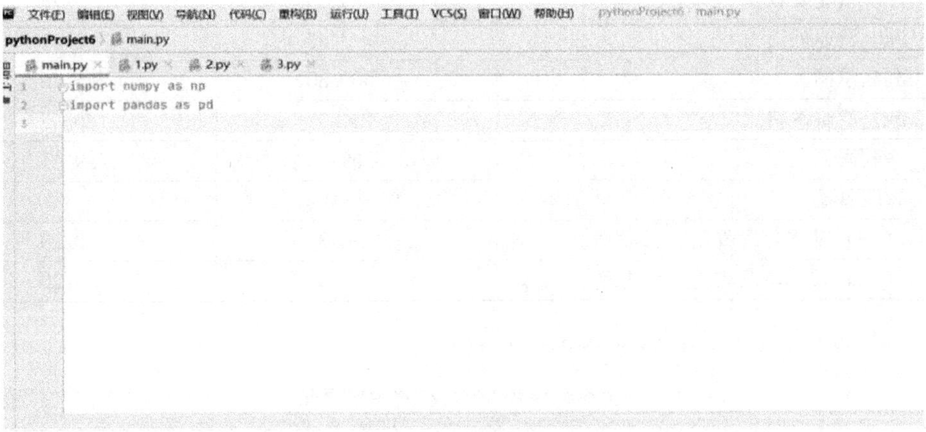

利润表结构分析演示

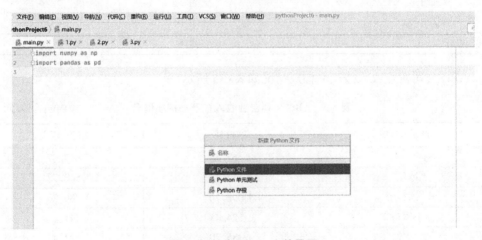

图 6-1　Python 界面

第二步：单击"文件"→"新建"，新建 Python 文件。（图 6-2）

图 6-2　新建 Python 文件界面

第三步：输入以下代码后单击"运行"按钮，得出结构百分比。（代码 6-1）

代码6-1　利润表结构百分比分析

```
import numpy as np
import pandas as pd
z=pd.read_excel('./利润表.xlsx')
print(z)
z.set_index('项目',inplace=True)
z.loc['2020年结构百分比/%']=z.loc['减:营业成本','2020年']/z.loc['一、营业收入','2020年']*100
print(z.loc['2020年结构百分比/%'])
```

用以上方法计算出利润表其他项目的结构百分比。

五、任务结果

根据代码运行结果，整理得到表6-7。

表6-7　ABC公司共同比利润表

项目	绝对数/百万元		结构百分比/%		
	2020年	2021年	2020年	2021年	差异
一、营业收入	15 449.48	16 623.43	100.00	100.00	0.00
减：营业成本	13 407.09	14 667.80	86.78	88.24	1.46
税金及附加	16.00	27.99	0.10	0.17	0.07
销售费用	828.46	915.91	5.36	5.51	0.15
管理费用	562.98	574.44	3.64	3.46	-0.18
财务费用	7.29	-2.03	0.05	-0.01	-0.06
资产减值损失	0.00	0.00	0.00	0.00	0.00
加：公允价值变动收益	0.00	0.00	0.00	0.00	0.00
投资收益	-121.54	-113.21	-0.79	-0.68	0.11
二、营业利润	506.12	326.11	3.28	1.96	-1.32
加：营业外收入	4.33	5.76	0.03	0.03	0.00
减：营业外支出	0.65	6.11	0.00	0.04	0.04
三、利润总额	509.80	325.76	3.30	1.96	-1.34
减：所得税费用	140.37	86.65	0.91	0.52	-0.39
四、净利润	369.43	239.11	2.39	1.44	-0.95
五、每股收益					
（一）基本每股收益（12亿股）	0.31	0.20			
（二）稀释每股收益（12亿股）	0.31	0.20			

根据表6-3运行结果，整理得到表6-8。

表6-8 ABC公司利润构成分析表

项目	绝对数/百万元		结构百分比/%		
	2020年	2021年	2020年	2021年	差异
营业利润	506.12	326.11	99.28	100.11	0.83
加：营业外收入	4.33	5.76	0.85	1.77	0.92
减：营业外支出	0.65	6.11	0.13	1.88	1.75
利润总额	509.80	325.76	100.00	100.00	0.00

根据表6-4运行结果，整理得到表6-9。

表6-9 ABC公司营业收入按产品构成分析表

产品类别	绝对数/百万元		结构百分比/%	
	2020年	2021年	2020年	2021年
空调	7 662.75	7 667.47	49.60	46.12
冰箱	4 533.42	5 540.72	29.34	33.33
冰柜	1 093.70	1 280.20	7.08	7.70
小家电	674.41	741.60	4.37	4.46
其他	1 485.20	1 393.44	9.61	8.39
合计	15 449.48	16 623.43	100.00	100.00

根据表6-5运行结果，整理得到表6-10。

表6-10 ABC公司营业收入按销售地区构成分析表　　　　单位：百万元

销售地区	绝对数/百万元		结构百分比/%	
	2020年	2021年	2020年	2021年
境内	12 857.37	12 707.58	83.22	76.44
境外	2 592.11	3 915.85	16.78	23.56
合计	15 449.48	16 623.43	100.00	100.00

六、任务趋势图（代码6-2）

代码6-2　营业成本结构百分比趋势图绘制

```
import numpy as np
import pandas as pd
import matplotlib.pyplot as plt
a=pd.read_excel('利润表.xlsx',index_col=0)
print(a)
plt.show()
x=['2020','2021']
plt.bar(x,a.loc['减：营业成本','结构百分比/%':])
plt.xlabel('年份')
plt.ylabel('营业成本结构百分比/%')
plt.ylim(70,90)
plt.show()
```

营业成本结构百分比趋势图（图6-3）如下：

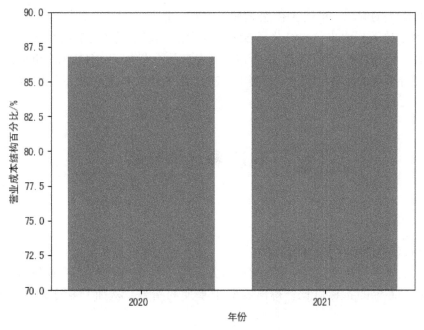

图 6-3 营业成本结构百分比趋势图

七、任务数据分析

从表 6-7 可以看出 ABC 公司各项财务成果的构成情况：2021 年营业成本占营业收入的比重为 88.24%，比 2020 年的 86.78% 增长了 1.46 个百分点；2021 年税金及附加占营业收入的比重为 0.17%，比 2020 年的 0.10% 增长了 0.07 个百分点；2021 年销售费用占营业收入的比重比 2020 年增长了 0.15 个百分点，但管理费用、财务费用占营业收入的比重都有所下降；2020 年和 2021 年投资收益均为负数，即为投资损失，但 2021 年投资收益占营业收入的比重比 2020 年增长了 0.11 个百分点；几方面相抵的结果是 2021 年营业利润占营业收入的比重比 2020 年下降了 1.32 个百分点，进而导致 2021 年净利润占营业收入的比重比 2020 年下降了 0.95 个百分点。ABC 公司在原材料价格持续上涨的市场环境中不断努力，通过降低管理费用和财务费用的方式提高公司盈利水平。但通过前面对 ABC 公司资产负债表的分析可知，公司 2021 年的货币资金有所减少，长期借款维持原状，又举借了新的短期借款，按理说，公司的财务费用不应该比 2020 年少很多，但利润表上的财务费用由 2020 年的 729 万元减少为 2021 年的 -203 万元，显然有些不太合理，但对利润总额的影响不是很大。

从表 6-8 可以看出，ABC 公司的利润以经常性的营业利润为主，说明公司盈利水平较高，并具有持续增长的稳定性。

从表 6-9 可以看出，ABC 公司销售的产品以空调和冰箱为主，这两种产品的销售额占销售总额的 80% 左右。这一信息可以帮助我们确定 ABC 公司的真正行业归属，因为同样是家电行业，生产的具体产品不一样，一些财务指标就会有不同的表现，找生产同类产品的企业进行比较才有意义；另外，影响产品生产的市场因素对生产不同类产品的企业的影响程度也会有所不同，如影响彩电生产的市场因素对 ABC 公司就不会产生多大的影响，虽然 ABC 公司属于家电行业。

从表 6-10 可以看出，ABC 公司 2021 年在国际市场上的销售有所突破，正如 ABC 公司所称，公司针对不同区域，贴近市场开发产品，赢得了较多的国际市场订单。公司开拓海外市场的战略得以进一步实施，2021 年境外营业收入的比重比 2020 年增长了近 7 个百分点。

任务二 利润表水平分析

一、基础知识

（一）利润表水平分析的含义

利润表水平分析就是将一定时间作为分析期，选择分析期的第一期作为基期，以后每期都与基期的指标对比，得出相对于基期的指数，从而判断变动趋势和变动速度。

利润表水平分析要计算某项目的变动额和变动率。

$$某项目的变动率 = \frac{某项目的变动额}{某项目基期数额} \times 100\%$$

（二）利润表水平分析的思路

1. 分析利润总额和净利润的变动趋势

结合趋势变动类型，基本判断出企业利润总额和净利润的变动趋势。如果没有特殊情况，两者的变动趋势应该一致。

2. 分析利润总额和净利润的主要来源

利润总额与净利润变动一致，也可能会有负面的影响因素；若变动不一致，则要找出具体原因。

3. 分析营业利润的变动趋势及来源

营业利润的变动趋势一般与营业收入的变动趋势是一致的，如果两者不一致，应该找出具体原因。

4. 分析一些变化异常的项目

即使营业利润与营业收入变动一致，其中也可能隐藏着许多变化异常的项目，我们不能忽视，应结合财务报表附注，找出并分析这些变化异常的项目。

（三）利润表水平分析的注意事项

1. 营业收入分析细化

如果可以取得详细资料，应进一步分析企业营业收入变动的原因，不论是产品销售价格还是销售数量的变化，进而依据企业的市场份额来分析企业未来竞争力的发展状况。

2. 营业成本结合存货分析

注意企业主营业务成本变动的原因，是原材料价格变动还是其他原因引起的。

3. 与结构分析相结合

定比报表的一个共同缺陷是难以看出哪个项目更加重要，原因是每个项目的基数都是100%，财务分析人员只能判断每个项目在分析期内的变动方向和大小，但是某些金额较小的项目往往在此种分析中引人注目，而这些金额较小的项目在整体分析中一般是不重要的。

二、任务要求

以 ABC 公司的利润表数据为例，分析 ABC 公司利润表项目的变动额和变动率，并提出改进建议。任务所需指标、数据表如表 6-11 所示。

表 6-11　任务所需指标、数据表

具体指标	各项目的变动率	数据表	利润表

注：某项目的变动率 = $\dfrac{\text{某项目的变动额}}{\text{某项目基期数额}} \times 100\%$。

三、任务资料

ABC 公司 2020 年度和 2021 年度的利润表数据如表 6-12 所示。

表 6-12　ABC 公司利润表数据　　　　　　　　　　单位：百万元

项目	2020 年	2021 年
一、营业收入	15 449.48	16 623.43
减：营业成本	13 407.09	14 667.80
税金及附加	16.00	27.99
销售费用	828.46	915.91
管理费用	562.98	574.44
财务费用	7.29	-2.03
资产减值损失	0.00	0.00
加：公允价值变动收益	0.00	0.00
投资收益	-121.54	-113.21
二、营业利润	506.12	326.11
加：营业外收入	4.33	5.76
减：营业外支出	0.65	6.11
三、利润总额	509.80	325.76
减：所得税费用	140.37	86.65
四、净利润	369.43	239.11
五、每股收益		
（一）基本每股收益（12 亿股）	0.31	0.20
（二）稀释每股收益（12 亿股）	0.31	0.20

四、任务实施

第一步：打开 Python 界面，把"利润表水平分析"拖入项目中。

第二步：单击"文件"→"新建"，新建 Python 文件。

第三步：输入以下代码后单击"运行"按钮，得出项目变动额和变动率。（代码 6-3）

利润表水平分析演示

代码 6-3　利润表水平分析

```
import numpy as np
import pandas as pd
z=pd.read_excel('./利润表水平分析.xlsx')
print(z)
z.set_index('项目',inplace=True)
z.loc['一、营业收入','2021年比2020年变动额']=z.loc['一、营业收入','2021年']-z.loc['一、营业收入','2020年']
z.loc['一、营业收入','2021年比2020年变动率/%']=(z.loc['一、营业收入','2021年']-z.loc['一、营业收入','2020年'])/z.loc['一、营业收入','2020年']*100
print(z.loc['一、营业收入','2021年比2020年变动额'])
print(z.loc['一、营业收入','2021年比2020年变动率/%'])
```

用以上方法计算出利润表其他项目的变动额和变动率。

五、任务结果

根据代码运行结果，整理得到表 6-13。

表 6-13　ABC 公司利润表水平分析　　　　　　　　单位：百万元

项目	2020年	2021年	2021年比2020年	
			变动额	变动率/%
一、营业收入	15 449.48	16 623.43	1 173.95	7.60
减：营业成本	13 407.09	14 667.80	1 260.71	9.40
税金及附加	16.00	27.99	11.99	74.94
销售费用	828.46	915.91	87.45	10.56
管理费用	562.98	574.44	11.46	2.04
财务费用	7.29	-2.03	-9.32	-127.85
资产减值损失	0.00	0.00	0.00	—
加：公允价值变动收益	0.00	0.00	0.00	—
投资收益	-121.54	-113.21	8.33	-6.85
二、营业利润	506.12	326.11	-180.01	-35.57
加：营业外收入	4.33	5.76	1.43	33.03
减：营业外支出	0.65	6.11	5.46	840.00
三、利润总额	509.80	325.76	-184.04	-36.10

续表

项目	2020 年	2021 年	2021 年比 2020 年	
			变动额	变动率/%
减：所得税费用	140.37	86.65	−53.72	−38.27
四、净利润	369.43	239.11	−130.32	−35.28
五、每股收益				
（一）基本每股收益（12 亿股）	0.31	0.20	−0.11	−35.48
（二）稀释每股收益（12 亿股）	0.31	0.20	−0.11	−35.48

注：表中除变动率列为百分数以外，其余三列均为绝对数。

六、任务趋势图（代码 6-4）

代码 6-4　营业收入变动趋势图绘制

```
import numpy as np
import pandas as pd
import matplotlib.pyplot as plt
a=pd.read_excel('利润表水平分析.xlsx',index_col=0)
print(a)
plt.show()
x=['2020','2021']
plt.plot(x,a.loc['一、营业收入','2020年':'2021年'])
plt.xlabel('年份')
plt.ylabel('营业收入/百万元')
plt.ylim(15000,17000)
plt.show()
```

营业收入变动趋势图（图 6-4）如下：

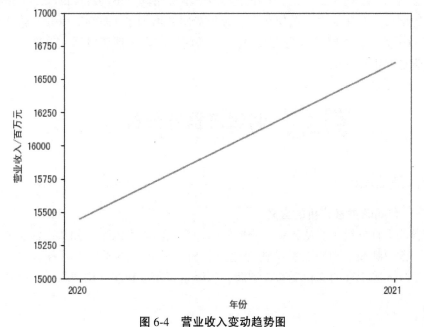

图 6-4　营业收入变动趋势图

七、任务数据分析

对 ABC 公司利润表的水平分析应抓住几个关键利润指标的变动情况。

（一）净利润分析

净利润是指企业所有者最终取得的财务成果，或者可供企业所有者分配或使用的财务成果。本例中，ABC 公司 2021 年实现净利润 23 911 万元，比 2020 年减少了 13 032 万元，下降幅度为 35.28%，下降幅度较大。从利润表水平分析结果来看，ABC 公司净利润下降主要是由利润总额减少了 18 404 万元引起的；而由于所得税费用减少了 5 372 万元，两者相互作用，导致净利润减少了 13 032 万元。

（二）利润总额分析

利润总额是反映企业全部财务成果的指标，它不仅反映企业的营业利润，还反映企业的营业外收支情况。本例中，ABC 公司 2021 年利润总额比 2020 年减少了 18 404 万元，营业外收入增长了 143 万元，增长幅度为 33.03%；但与此同时，营业外支出有更大幅度增长，营业外支出增长了 546 万元，增长幅度为 840.00%；营业利润减少的不利影响，导致营业利润减少了 18 001 万元，下降幅度为 35.57%。在增减因素相互作用下，ABC 公司利润总额减少了 18 404 万元。需要指出的是，营业外支出的大幅增长可能是不正常现象。

（三）营业利润分析

营业利润既包括企业的主营业务利润和其他业务利润，又包括企业的公允价值变动净收益和对外投资净收益，它反映了企业生产经营的财务成果。本例中，ABC 公司营业利润减少主要是成本费用大幅增加导致的。ABC 公司营业收入 2021 年比 2020 年增长了 117 395 万元，增长幅度为 7.60%；财务费用下降，增利 932 万元；投资收益增加，增利 833 万元。但由于其他成本费用均有不同程度的增加，抵消了营业收入的增长。营业成本、销售费用、管理费用共增加了 135 962 万元；营业利润减少了 18 001 万元，下降幅度为 35.57%。值得注意的是，销售费用、管理费用的大幅增加可能是不正常现象。

任务三 利润表垂直分析

一、基础知识

（一）利润表垂直分析的含义

利润表垂直分析主要从各项财务成果结构变化的原因入手，如从主营业务利润结构变化、营业利润和利润总额结构变化来分析。另外，还要分析财务费用、管理费用、补贴收入等因素的变化对营业利润、利润总额和净利润结构产生的影响。

(二)利润表垂直分析的计算公式

$$某项目数额占营业收入的比重 = \frac{该期某项目数额}{该期营业收入数额} \times 100\%$$

二、任务要求

以 ABC 公司的利润表数据为例,分析 ABC 公司利润表项目比重的变动幅度,并提出改进建议。任务所需指标、数据表如表 6-14 所示。

表 6-14　任务所需指标、数据表

具体指标	各项目数额占营业收入的比重	数据表	利润表

注：某项目数额占营业收入的比重 = $\frac{该期某项目数额}{该期营业收入数额} \times 100\%$。

三、任务资料

ABC 公司 2020 年度和 2021 年度的利润表结构百分比数据如表 6-15 所示。

表 6-15　ABC 公司利润表结构百分比数据　　　　　　　　单位：%

项目	2020 年	2021 年
一、营业收入	100.00	100.00
减：营业成本	86.78	88.24
税金及附加	0.10	0.17
销售费用	5.36	5.51
管理费用	3.64	3.46
财务费用	0.05	-0.01
资产减值损失	0.00	0.00
加：公允价值变动收益	0.00	0.00
投资收益	-0.79	-0.68
二、营业利润	3.28	1.96
加：营业外收入	0.03	0.03
减：营业外支出	0.00	0.04
三、利润总额	3.30	1.96
减：所得税费用	0.91	0.52
四、净利润	2.39	1.44

四、任务实施

第一步：打开 Python 界面,把"利润表垂直分析"拖入项目中。

第二步：单击"文件"→"新建",新建 Python 文件。

第三步：输入以下代码后单击"运行"按钮,得出项目比重的

利润表垂直分析演示

变动幅度。(代码 6-5)

代码 6-5　利润表垂直分析

```
import numpy as np
import pandas as pd
z=pd.read_excel('./利润表垂直分析.xlsx')
print(z)
z.set_index('项目',inplace=True)
z.loc['减：营业成本','变动幅度']=z.loc['减：营业成本','2021 年']-z.loc['减：营业成本','2020 年']
print(z.loc['减：营业成本','变动幅度'])
```

用以上方法计算出利润表其他项目比重的变动幅度。

五、任务结果

根据代码运行结果,整理得到表 6-16。

表 6-16　ABC 公司利润表垂直分析　　　　　　　　单位:%

项目	2020 年	2021 年	变动幅度
一、营业收入	100.00	100.00	0.00
减：营业成本	86.78	88.24	1.46
税金及附加	0.10	0.17	0.07
销售费用	5.36	5.51	0.15
管理费用	3.64	3.46	-0.18
财务费用	0.05	-0.01	-0.06
资产减值损失	0.00	0.00	0.00
加：公允价值变动收益	0.00	0.00	0.00
投资收益	-0.79	-0.68	0.11
二、营业利润	3.28	1.96	-1.32
加：营业外收入	0.03	0.03	0.00
减：营业外支出	0.00	0.04	0.04
三、利润总额	3.30	1.96	-1.34
减：所得税费用	0.91	0.52	-0.39
四、净利润	2.39	1.44	-0.95

六、任务趋势图(代码 6-6)

代码 6-6　利润表各项目结构百分比图绘制

```
import numpy as np
import pandas as pd
import matplotlib.pyplot as plt
ra=pd.read_excel('利润表垂直分析.xlsx')
```

```
print(ra)
ra.set_index('项目',inplace=True)
fig=plt.figure(figsize=(25,4))
plt.rcParams['font.sans-serif']=['SimHei']
plt.plot(ra.index,ra['2020年'])
x1=ra.index
y1=ra['2020年']
for a, b in zip(x1, y1):
    plt.text(a, b, b, ha='center', va='bottom', fontsize=10)
plt.ylabel('结构百分比/%')
plt.show()
```

利润表各项目结构百分比图（图6-5）如下：

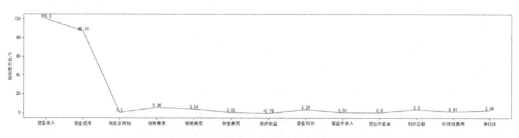

图6-5　利润表各项目结构百分比图

七、任务数据分析

（1）从表6-16可以看出 ABC 公司 2021 年各项财务成果的构成情况：营业利润占营业收入的比重为 1.96%，与 2020 年的 3.28% 相比下降了 1.32 个百分点；利润总额占营业收入的比重为 1.96%，与 2020 年的 3.30% 相比下降了 1.34 个百分点；净利润占营业收入的比重为 1.44%，与 2020 年的 2.39% 相比下降了 0.95 个百分点。由此可见，从利润构成上看，ABC 公司利润总额和净利润占营业收入的比重有所下降，说明 2021 年 ABC 公司的盈利能力比 2020 年有所减弱。同时，营业利润占营业收入的比重下降，说明 ABC 公司利润质量不容乐观。

（2）各项财务成果结构变化的原因：营业利润的比重下降主要是营业成本、税金及附加和销售费用的比重上升导致的。利润总额的比重下降主要是营业利润的比重下降和营业外支出的比重上升大于营业外收入的比重上升导致的。管理费用和财务费用的比重下降对营业利润、利润总额和净利润结构都产生了一定的有利影响。

任务四　利润表主要项目分析

一、营业收入分析

首先，阅读 ABC 公司财务报表附注中有关公司收入确认原则的说明。

（1）销售商品：公司已将商品所有权上的主要风险和报酬转移给买方，公司不再对该商品实施继续管理权和实际控制权，相关的收入已经收到或取得了收款的证据，并且与销售该商品有关的成本能够可靠地计量时，确认营业收入的实现。

（2）提供劳务：劳务在同一年度内开始并完成的，在劳务已经提供、收到价款或取得收取款项的证据时，确认劳务收入；劳务的开始和完成分属不同会计年度的，在劳务合同的总收入、劳务的完成程度能够可靠地确定，与交易相关的价款能够流入，已经发生的成本和为完成劳务将要发生的成本能够可靠地计量时，按照完工百分比法，确认相关的劳务收入。

（3）让渡资产使用权：让渡现金使用权的利息收入，按让渡现金使用权的时间和适用利率计算确定；让渡非现金使用权的使用费收入，按有关合同或协议规定的收费时间和方法计算确定。上述收入的确认还应同时满足：① 与交易相关的经济利益能够流入公司；② 收入的金额能够可靠地计量。

由此可以判断，ABC 公司收入的确认原则符合《企业会计准则第 14 号——收入》的规定。

其次，分析 ABC 公司营业收入的构成情况。（表 6-17）

表 6-17　ABC 公司营业收入构成分析表

类型	绝对数/百万元		比重/%	
	2020 年	2021 年	2020 年	2021 年
主营业务收入	150 49.34	16 354.80	97.41	98.38
其他业务收入	400.14	268.63	2.59	1.62
合计	15 449.48	16 623.43	100.00	100.00

由表 6-17 可知，ABC 公司的主业非常突出，2020 年和 2021 年主营业务收入占营业收入的比重都在 98% 左右。

ABC 公司 2021 年实现营业收入 166.23 亿元，比 2020 年增长了 11.74 亿元，增长幅度为 7.60%。至此，我们可以判断，ABC 公司净利润下降的主要原因并不是收入规模下降，而是成本费用上升。ABC 公司在年度报告中称，公司在 2021 年面临的经营环境是：家电行业恶性竞争依然激烈，公司产品主要原材料价格持续上涨。在恶劣的经营环境中，公司坚持开发满足用户需求的创新产品，形成一系列差异化的、超越对手的、以中高端为主的创新产品，才得以保持了营业收入的增长态势。利润表中也体现了这种结果。

最后，分析投资收益的来源。这部分信息也来自财务报表附注资料，如表 6-18 所示。投资收益是指企业在一定的会计期间对外投资所取得的回报，包括对外投资所分得的股利和收到的债券利息，以及投资到期收回或到期前转让债权得到的款项高于账面价值的差额等。

表 6-18　ABC 公司投资收益　　　　　　　　　　　　单位：百万元

项目	2020 年	2021 年
股票投资收益		
联营或合营公司分配的利润	0.00	2.36
股权投资转让（清算）收益		
期末权益法调整金额	−23.08	−17.11
股权投资差额摊销	−98.46	−98.46
合计	−121.54	−113.21

从表 6-18 可以看出，ABC 公司 2020 年和 2021 年的投资收益都是负数，即均为投资损失，主要是股权投资差额摊销引起的，前面分析资产负债表时已经讨论过，这里不再赘述。

从利润表可以看出，ABC 公司 2021 年没有公允价值变动收益。公允价值变动收益反映企业确认的交易性金融资产或交易性金融负债的公允价值变动额。投资性房地产、生物资产、非货币性资产交换、资产减值、债务重组、金融工具、套期保值和非共同控制下的企业合并等方面都引入了公允价值计量，将公允价值的变动直接计入利润。ABC 公司 2021 年也没有计提新的资产减值损失。所以，这些非经营性因素对 ABC 公司的盈利能力没有产生什么影响，这说明 ABC 公司的主业突出，没有明显调节利润的现象。

二、利润总额和净利润分析

利润总额是反映企业全部财务成果的指标，它是收入减去费用后的净额、直接计入当期利润的利得和损失三部分的总和，即利润＝收入−费用＋利得−损失。ABC 公司 2021 年实现利润总额 3.26 亿元，比 2020 年减少了 1.84 亿元，下降幅度为 36.10%，下降幅度较大。

净利润是企业所有者最终取得的财务成果，或者可供企业所有者分配或使用的财务成果。ABC 公司 2021 年实现净利润 2.39 亿元，比 2020 年减少了 1.30 亿元，下降幅度为 35.28%，公司的净利润出现了大幅下滑。

在正常情况下，企业的非营业利润都是较低的，所得税也是相对稳定的，因此，只要营业利润较高，利润总额和净利润也会较高。分析时，需要注意的一个主要问题是，如果一个企业的利润总额和净利润主要由非营业利润获得，那么该企业利润实现的真实性和持续性应引起重视。

三、营业利润分析

营业利润是企业经营活动中营业收入与营业成本、费用的差额和资产减值损失、公允价值变动收益、投资收益的总和。它既包括经营活动的经营成果，也包括经营过程中资产的价值变动损益。企业营业利润的高低代表了企业的总体经营管理水平和效果。通常，营业利润越高，企业的效益越好。

ABC 公司 2021 年实现营业利润 3.26 亿元，比 2020 年减少了 1.80 亿元，下降幅度为35.57%，与净利润的下降幅度基本一致。

四、营业外收支分析

营业外收入反映企业取得的与其生产经营活动无直接关系的各项收入；营业外支出反映企业发生的与其生产经营活动无直接关系的各项支出。两者没有配比关系。ABC公司2021年的营业外收入是576万元，比2020年增长了143万元，增长幅度为33.03%；而营业外支出是611万元，比2020年增长了546万元，增长幅度为840.00%。营业外支出的大幅增长，进一步加剧了利润总额的下滑趋势。对于840.00%的增长率，应客观分析：一方面，2021年营业外支出的绝对额确实明显增加；另一方面，2020年营业外支出的绝对额较小，也是形成2021年高增长率的原因。

五、营业成本分析

营业成本是指企业为销售商品、提供劳务等日常活动所发生的经济利益的流出，反映企业经营主要业务和其他业务发生的实际成本总额。

在进行财务数据分析时，需要对营业成本进行重点的分析和研究，特别是要对主要产品的单位成本进行分析。产品单位成本分析一般是先分析各种产品单位成本本年比上年的升降情况，然后进一步按成本项目分析各种产品单位成本的变动情况，并查明单位成本变动的原因。

以ABC公司的主要产品空调来说，从成本构成上看，铜是空调最主要的原材料，平均每台空调需用铜6~7千克，如果每吨铜涨价1万元，那么每台空调的成本就要上涨60~70元，而除铜以外，2021年以来，钢材、铝材、塑料等其他原材料的价格也有不同程度的上涨，从而导致空调的成本大幅上升。因此，ABC公司2021年利润表中营业成本在营业收入中所占的比重比2020年上升了1.46个百分点。

六、期间费用分析

费用是指企业为销售商品、提供劳务等日常活动所发生的经济利益的流出，包括销售费用、管理费用、财务费用等。

（一）销售费用分析

从销售费用的基本构成及功能来看，有的与企业的业务活动规模有关（如运输费、装卸费、整理费、包装费、保险费、销售佣金、差旅费、展览费、委托代销手续费、检验费等），有的与企业从事销售活动人员的待遇有关（如营销人员的工资和福利费），也有的与企业的未来发展、开拓市场、提高企业品牌知名度等有关（如广告费）。从企业管理层对上述各项费用的有效控制来看，尽管企业管理层可以对诸如广告费、营销人员的工资和福利费等采取控制或降低其规模等措施，但是这种控制或降低，或者对企业的长期发展不利，或者影响有关人员的积极性。因此，在进行财务数据分析时，应将企业销售费用的变动与销售量的变动结合起来，分析这种变动的合理性、有效性。一般认为，在企业业务发展的条件下，企业的销售费用不应当降低，片面追求一定时期内的费用降低，有可能对企业的长期发展不利。

(二) 管理费用分析

与销售费用一样，尽管企业管理层可以对管理费用中诸如业务招待费、技术开发费、董事会会费、职工教育经费、涉外费、租赁费、咨询费、审计费、诉讼费、修理费、管理人员的工资和福利费等采取控制或降低其规模等措施，但是这种控制或降低，或者对企业的长期发展不利，或者影响有关人员的积极性。另外，折旧费、摊销费等是企业以前各个会计期间已经支出的费用，不存在控制或降低其规模的问题，对这类费用的处理更多受企业会计政策的影响。因此，一般认为，在企业业务发展的条件下，企业的管理费用变动不会太大，片面追求一定时期内的费用降低，有可能对企业的长期发展不利。

(三) 财务费用分析

财务费用是企业为筹集生产经营所需资金等而发生的费用，包括利息支出（减利息收入）、汇兑损失（减汇兑收益）及相关的手续费等。其中，经营期间发生的利息支出构成企业财务费用的主体。企业贷款利息水平的高低，主要取决于三个因素：贷款规模、贷款利率和贷款期限。

1. 贷款规模

概括地说，如果贷款规模的下降导致计入利润表的财务费用下降，那么企业的盈利能力会因此而改变。但是，我们还应该看到，企业的发展可能会因贷款规模的下降而受到限制。

2. 贷款利率和贷款期限

从企业融资的角度来看，贷款利率的具体水平主要取决于一定时期资本市场的供求关系、贷款规模、贷款的担保条件、贷款企业的信誉等因素。在贷款利率的选择上，可以采用固定利率、变动利率或浮动利率等。可见，在贷款利率中，既有企业不可控制的因素，也有企业可以选择的因素。在不考虑贷款规模和贷款期限的条件下，企业的利息费用将随利率水平波动。从总体上说，贷款期限对企业财务费用的影响，主要体现在利率因素上。

应该说，企业的利率水平主要受一定时期资本市场的利率水平的影响。我们不应该对贷款利率的宏观下调所导致的企业财务费用的降低给予过高的评价。

总之，财务费用是由企业筹资活动产生的，因此在进行财务费用分析时，应当将财务费用的增减变动与企业的筹资活动联系起来，分析财务费用增减变动的合理性和有效性，发现其中存在的问题，并查明原因，采取对策，以控制和降低财务费用，提高企业的利润水平。

思考与练习

一、单项选择题

1. 财务报表使用者通过利润表趋势分析，能够（　　　）。

   A. 评价企业收益的不同来源构成

   B. 评价不同业务的盈利水平和获利能力

C. 评价不同部门对企业总盈利水平的影响方向和影响程度

D. 对多个会计期间企业的盈利水平及其变动趋势进行评价

2. 利润表以（　　）。

A. 营业外收入为起点 B. 利润总额为起点

C. 营业收入为起点 D. 净利润为起点

3. 下列关于利润表的表述，错误的是（　　）。

A. 利润表是一种动态的时期报表

B. 利润表主要揭示企业在一定时期的收入实现、费用消耗及由此计算出来的企业利润（或亏损）的情况

C. 凭借利润表，可以评价企业生产经营所面临的财务风险、企业资产的营运效率、企业的活力和成长潜力

D. 利润表的列报不一定要充分反映企业经营业绩的主要来源和构成

4. 与获利能力分析最相关的财务报表是（　　）。

A. 资产负债表　　B. 现金流量表　　C. 利润表　　D. 财务报表附注

5. 属于利润表主要反映的项目的是（　　）。

A. 流动负债 B. 流动资产

C. 投资活动产生的现金流量 D. 主营业务收入

二、计算分析题

CD 公司 2020 年度、2021 年度利润表垂直分析部分数据如表 6-19 所示。

表 6-19　CD 公司利润表垂直分析　　　　　　　　单位：%

项目	2020 年	2021 年
一、主营业务收入	100.00	100.00
减：主营业务成本	83.93	82.58
主营业务税金及附加	0.59	1.11
二、主营业务利润	15.48	16.31
加：其他销售利润	-0.19	-0.41
减：存货跌价损失	0.00	0.15
销售费用	0.17	0.21
管理费用	9.39	9.60
财务费用	9.15	-1.86
三、营业利润	-3.42	7.80
加：投资净收益	5.98	1.82
营业外收入	0.00	0.00
减：营业外支出	0.17	0.24
四、利润总额	2.39	9.38
减：所得税费用	0.37	1.80
五、净利润	2.02	7.58

要求：根据表 6-19 的数据进行利润表垂直分析计算及做出分析评价。

项目七

Python 在现金流量表和所有者权益变动表阅读与分析中的应用

任务描述

本项目的任务是掌握阅读企业现金流量表的方法，熟练掌握现金流量表结构分析和趋势分析方法，学会利用财务报表附注信息理解财务数据的经济含义，熟悉现金流量表、所有者权益变动表提供的信息内容，能够透过财务数据理解企业的经济活动。

学习目标

1. 掌握现金流量表结构分析、水平分析、垂直分析和主要项目分析的方法。
2. 掌握阅读现金流量表的方法。
3. 掌握阅读所有者权益变动表的方法。
4. 理解财务报表之间的内在联系。

技能目标

1. 能进行现金流量表结构分析、水平分析、垂直分析和主要项目分析。
2. 能正确分析现金流量表。
3. 能正确分析所有者权益变动表。
4. 能分析财务报表之间的内在联系。

项目导入

ABC 公司伪造经营活动现金流量

2020 年 12 月的最后一个星期，ABC 公司与 GD 银行策划了一个伪造现金流量的阴谋。GD 银行向与 ABC 公司没有任何关系、投入资本只有 1 500 万美元的 YY 公司发放贷款 4.85 亿元，再由 YY 公司购买 5 亿元的政府债券投资到 ABC 公司控制的一个子公司。作为回报，ABC 公司承诺按 50% 的利率向 YY 公司支付利息。ABC 公司随即将子公司持有的 5 亿元政府债券出售变现，并在 2021 年度会计结账后的两个星期内将这 5 亿元连同利息约 1 400 万元偿还给 YY 公司，再由 YY 公司偿还 GD 银行的贷款。尽管 ABC 公司为此付出了高昂的代价，但其 2021 年经营活动产生的现金流量由原来的 7 亿元增至 12 亿元。

请思考

1. 经营活动产生的现金流量具体包括哪些内容？
2. ABC 公司为何要以高昂的代价伪造经营活动产生的现金流量？

任务一　现金流量表结构分析

一、基础知识

（一）现金流量表的结构与内容

现金流量表是以现金为基础编制的财务状况变动表。这里的现金是广义的现金，不仅包括库存现金，还包括银行存款、其他货币资金及现金等价物。银行存款是企业存在金融机构可随时用于支付的存款，不能随时支取的定期存款不作为现金流量表中的现金，但提前通知金融机构便可支取的定期存款包括在现金流量表的现金范围内。其他货币资金是企业存在金融机构有特定用途的资金，如外埠存款、银行汇票存款、银行本票存款、信用证保证金存款、信用卡存款等。现金等价物是企业持有的期限短、流动性强、易于转换为已知金额的现金且价值变动风险较小的投资，通常指在 3 个月或更短时间内到期或即可转换为现金的投资，如企业购买的长期债券还有 3 个月就到期，此时该笔债券投资可视为现金。可见，现金流量表中的现金与我们日常生活中所指的现金不同，现金流量表的编制基础亦与资产负债表和利润表采用的权责发生制有根本区别。

目前，企业的现金流量表由五大项目和补充资料组成，其中经营活动、投资活动、筹资活动产生的现金流量是我们研究的重点。在每项活动中，现金流量表又将现金的流入与流出明显区分开来。

经营活动产生的现金流量是指企业除投资活动和筹资活动以外的其他所有交易或事项所产生的现金流量，如购销商品、提供或接受劳务、缴纳税款、支付工资与营销费用等行为中所涉及的现金流量。投资活动产生的现金流量是指企业所有与投资相关的活动所涉及的现金流量，如股权与债权投资，收到股利与利息，收回股权与债权，购建或处置固定资产、无形资产和其他长期资产，等等。筹资活动产生的现金流量是指企业所有与筹资相关的活动所涉及的现金流量，如借款、发行股票与债券、融资租赁、偿还债务本金与利息、支付股利等。

（二）现金流量表结构分析的内容

现金流量表结构分析是指通过对现金流量表中不同项目的比较，分析企业现金流入的主要来源和现金流出的方向，并评价现金流入和流出对企业净现金流量的影响。现金流量结构包括现金流入结构、现金流出结构、流入流出比等，可列表进行分析。

对现金流量结构的分析旨在进一步掌握企业各项活动中现金流量的变动规律和变动趋势、企业经营周期所处的阶段及异常变化等情况。其中，现金流入结构分析分为总流入结构分析和三项（经营、投资和筹资）活动流入内部结构分析。现金流出结构分析分为总流出结构分析和三项（经营、投资和筹资）活动流出内部结构分析。流入流出比分析分为经营活动产生的现金流入流出比分析（此比值越大越好）、投资活动产生的现金流入流出比分析（发展时期此比值应较小，而衰退或缺少投资机会时期此比值应较大较好）和筹资活动产生的现金流入流出比分析（发展时期此比值较大较好）。财务分析人员可以利用现金流入和流出结构的历史比较和同业比较，得到更有意义的信息。对于一个正在成长的健康企业来说，经营活动产生的现金流量应是正数，投资活动产生的现金流量应是负数，筹资活动产生的现金流量应是正负相间的。如果企业经营活动产生的现金流量的结构百分比具有代表性（可用三年或五年的平均数），财务分析人员还可根据它们和计划销售额来预测企业未来的经营活动现金流量。

二、任务要求

以 ABC 公司的现金流量表数据为例，分析 ABC 公司的现金流量结构，并提出改进建议。任务所需指标、数据表如表 7-1 所示。

表 7-1 任务所需指标、数据表

具体指标	现金流量数据	数据表	现金流量表

三、任务资料

按现行会计准则要求编制的 ABC 公司的现金流量表如表 7-2 所示。

表 7-2 现金流量表

编制单位：ABC 公司　　　　　　　　2021 年度　　　　　　　　单位：百万元

项目	本期数	上期数
一、经营活动产生的现金流量		
销售商品、提供劳务收到的现金	3 973.63	4 087.58
收到的税费返还	117.56	134.21
收到其他与经营活动有关的现金	59.29	49.24
经营活动现金流入小计	4 150.48	4 271.03
购买商品、接受劳务支付的现金	1 993.01	2 066.18
支付给职工以及为职工支付的现金	236.75	221.45
支付的各项税费	416.44	378.63
支付其他与经营活动有关的现金	1 036.34	866.51
经营活动现金流出小计	3 682.54	3 532.77
经营活动产生的现金流量净额	467.94	738.26

续表

项目	本期数	上期数
二、投资活动产生的现金流量		
取得投资收益收到的现金	0.50	0.00
处置固定资产、无形资产和其他长期资产收回的现金净额	0.85	0.25
收到其他与投资活动有关的现金	6.93	1.11
投资活动现金流入小计	8.28	1.36
购建固定资产、无形资产和其他长期资产支付的现金	80.13	100.45
投资支付的现金	90.93	49.80
投资活动现金流出小计	171.06	150.25
投资活动产生的现金流量净额	-162.78	-148.89
三、筹资活动产生的现金流量		
取得借款收到的现金	7.00	0.00
筹资活动现金流入小计	7.00	0.00
偿还债务支付的现金	0.00	645.00
分配股利、利润或偿付利息支付的现金	330.59	29.06
支付其他与筹资活动有关的现金	26.43	29.84
筹资活动现金流出小计	357.02	703.90
筹资活动产生的现金流量净额	-350.02	-703.90
四、汇率变动对现金及现金等价物的影响	0.00	0.00
五、现金及现金等价物净增加额	-44.86	-114.53
加：期初现金及现金等价物余额	715.08	829.60
六、期末现金及现金等价物余额	670.22	715.07
现金流量表补充资料		
1. 将净利润调节为经营活动现金流量		
净利润	239.11	369.43
加：资产减值准备	9.07	34.97
固定资产折旧	210.20	198.36
无形资产摊销	7.33	7.28
长期待摊费用摊销	0.52	0.29
处置固定资产、无形资产和其他长期资产的损失（收益以"-"号填列）	-0.13	-0.07
固定资产报废损失（收益以"-"号填列）	0.18	0.00
公允价值变动损失（收益以"-"号填列）	0.00	0.00
财务费用（收益以"-"号填列）	0.67	10.39
投资损失（收益以"-"号填列）	113.21	121.54
存货的减少（增加以"-"号填列）	46.63	-248.75

续表

项目	2021 年	2020 年
经营性应收项目的减少（增加以"-"号填列）	151.20	162.49
经营性应付项目的增加（减少以"-"号填列）	-310.05	82.33
其他	0.00	0.00
经营活动产生的现金流量净额	467.94	738.26
2. 不涉及现金收支的重大投资和筹资活动	0.00	0.00
以固定资产偿还债务	0.00	0.00
以固定资产进行长期投资	0.00	0.00
以投资偿还债务	0.00	0.00
融资租入固定资产	0.00	0.00
以存货偿还债务	0.00	0.00
3. 现金及现金等价物净变动情况	0.00	0.00
现金的期末余额	670.22	715.07
减：现金的期初余额	715.08	829.60
加：现金等价物的期末余额		
减：现金等价物的期初余额		
现金及现金等价物净增加额	-44.86	-114.53

ABC 公司的现金流入结构分析表如表 7-3 所示。

表 7-3　ABC 公司现金流入结构分析表

项目	绝对数/百万元		比重/%	
	2020 年	2021 年	2020 年	2021 年
销售商品、提供劳务收到的现金	4 087.58	3 973.63		
收到的税费返还	134.21	117.56		
收到其他与经营活动有关的现金	49.24	59.29		
经营活动现金流入小计	4 271.03	4 150.48		
取得投资收益收到的现金	0.00	0.50		
处置固定资产、无形资产和其他长期资产收回的现金净额	0.25	0.85		
收到其他与投资活动有关的现金	1.11	6.93		
投资活动现金流入小计	1.36	8.28		
取得借款收到的现金	0.00	7.00		
筹资活动现金流入小计	0.00	7.00		
现金流入总量	4 272.39	4 165.76		

ABC 公司的现金流出结构分析表如表 7-4 所示。

表 7-4 ABC 公司现金流出结构分析表

项目	绝对数/百万元		比重/%	
	2020 年	2021 年	2020 年	2021 年
购买商品、接受劳务支付的现金	2 066.18	1 993.01		
支付给职工以及为职工支付的现金	221.45	236.75		
支付的各项税费	378.63	416.44		
支付其他与经营活动有关的现金	866.51	1 036.34		
经营活动现金流出小计	3 532.77	3 682.54		
购建固定资产、无形资产和其他长期资产支付的现金	100.45	80.13		
投资支付的现金	49.80	90.93		
投资活动现金流出小计	150.25	171.06		
偿还债务支付的现金	645.00	0.00		
分配股利、利润或偿付利息支付的现金	29.06	330.59		
支付其他与筹资活动有关的现金	29.84	26.43		
筹资活动现金流出小计	703.90	357.02		
现金流出总量	4 386.92	4 210.62		

ABC 公司的现金流入流出比分析表如表 7-5 所示。

表 7-5 ABC 公司现金流入流出比分析表

项目	绝对数/百万元		流入流出比	
	2020 年	2021 年	2020 年	2021 年
经营活动现金流入小计	4 271.03	4 150.48		
经营活动现金流出小计	3 532.77	3 682.54		
投资活动现金流入小计	1.36	8.28		
投资活动现金流出小计	150.25	171.06		
筹资活动现金流入小计	0.00	7.00		
筹资活动现金流出小计	703.90	357.02		
现金流入总量	4 272.39	4 165.76		
现金流出总量	4 386.92	4 210.62		

四、任务实施

(一)现金流入结构分析

第一步：打开 Python 界面，把"现金流入结构分析表"拖入项目中。(图 7-1)

现金流入结构分析演示

项目七　Python在现金流量表和所有者权益变动表阅读与分析中的应用

图7-1　Python界面

第二步：单击"文件"→"新建"，新建Python文件。（图7-2）

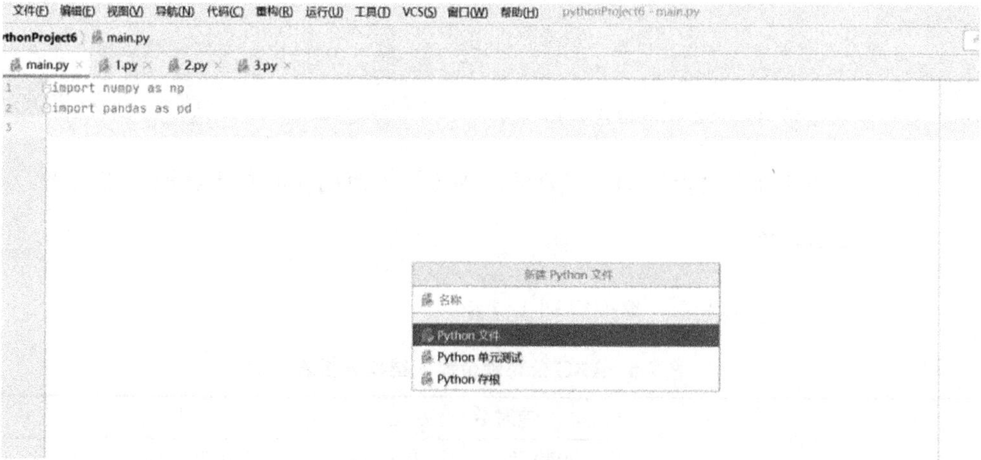

图7-2　新建Python文件界面

第三步：输入以下代码后单击"运行"按钮，得出比重。（代码7-1）

代码7-1　现金流入结构分析（以销售商品、提供劳务收到的现金为例）

```
import numpy as np
import pandas as pd
a=pd.read_excel('./现金流入结构分析表.xlsx')
print(a)
b=a.dropna(axis=1,how='all')
print(b)
c=b.set_index('项目')
print(c)
c.loc['销售商品、提供劳务收到的现金比重/%']=c.loc['销售商品、提供劳务收到的现金']/c.loc['现金流入总量']*100
print(c.loc['销售商品、提供劳务收到的现金比重/%'])
```

用以上方法计算出其他现金流入项目和现金流出项目的比重。

(二) 现金流入流出比分析

第一步：打开 Python 界面，把"现金流入流出比分析表"拖入项目中。

第二步：单击"文件"→"新建"，新建 Python 文件。

第三步：输入以下代码后单击"运行"按钮，得出现金流入流出比。（代码 7-2）

现金流入流出比分析演示

代码 7-2　现金流入流出比分析（以经营活动现金流入流出比为例）

```
import numpy as np
import pandas as pd
a=pd.read_excel('./现金流入流出比分析表.xlsx')
print(a)
b=a.dropna(axis=1,how='all')
print(b)
c=b.set_index('项目')
print(c)
c.loc['经营活动现金流入流出比']=c.loc['经营活动现金流入小计']/c.loc['经营活动现金流出小计']
print(c.loc['经营活动现金流入流出比'])
```

用以上方法计算出投资活动、筹资活动现金流入流出比和总现金流入流出比。

五、任务结果

根据代码 7-1 运行结果，整理得到表 7-6。

表 7-6　ABC 公司现金流入结构分析表

项目	绝对数/百万元		比重/%	
	2020 年	2021 年	2020 年	2021 年
销售商品、提供劳务收到的现金	4 087.58	3 973.63	95.67	95.39
收到的税费返还	134.21	117.56	3.14	2.82
收到其他与经营活动有关的现金	49.24	59.29	1.15	1.42
经营活动现金流入小计	4 271.03	4 150.48	99.96	99.63
取得投资收益收到的现金	0.00	0.50	0.00	0.01
处置固定资产、无形资产和其他长期资产收回的现金净额	0.25	0.85	0.01	0.02
收到其他与投资活动有关的现金	1.11	6.93	0.03	0.17
投资活动现金流入小计	1.36	8.28	0.04	0.20
取得借款收到的现金	0.00	7.00	0.00	0.17
筹资活动现金流入小计	0.00	7.00	0.00	0.17
现金流入总量	4 272.39	4 165.76	100.00	100.00

根据代码 7-1 运行结果，整理得到表 7-7。

表 7-7 ABC 公司现金流出结构分析表

项目	绝对数/百万元		比重/%	
	2020 年	2021 年	2020 年	2021 年
购买商品、接受劳务支付的现金	2 066.18	1 993.01	47.10	47.33
支付给职工以及为职工支付的现金	221.45	236.75	5.05	5.62
支付的各项税费	378.63	416.44	8.63	9.89
支付其他与经营活动有关的现金	866.51	1 036.34	19.75	24.61
经营活动现金流出小计	3 532.77	3 682.54	80.53	87.46
购建固定资产、无形资产和其他长期资产支付的现金	100.45	80.13	2.29	1.90
投资支付的现金	49.80	90.93	1.14	2.16
投资活动现金流出小计	150.25	171.06	3.43	4.06
偿还债务支付的现金	645.00	0.00	14.70	0.00
分配股利、利润或偿付利息支付的现金	29.06	330.59	0.66	7.85
支付其他与筹资活动有关的现金	29.84	26.43	0.68	0.63
筹资活动现金流出小计	703.90	357.02	16.04	8.48
现金流出总量	4 386.92	4 210.62	100.00	100.00

根据代码 7-2 运行结果，整理得到表 7-8。

表 7-8 ABC 公司现金流入流出比分析表

项目	绝对数/百万元		流入流出比	
	2020 年	2021 年	2020 年	2021 年
经营活动现金流入小计	4 271.03	4 150.48	1.21	1.13
经营活动现金流出小计	3 532.77	3 682.54		
投资活动现金流入小计	1.36	8.28	0.01	0.05
投资活动现金流出小计	150.25	171.06		
筹资活动现金流入小计	0.00	7.00	0.00	0.02
筹资活动现金流出小计	703.90	357.02		
现金流入总量	4 272.39	4 165.76	0.97	0.99
现金流出总量	4 386.92	4 210.62		

六、任务趋势图

(一) 现金流入结构趋势图

下面以销售商品、提供劳务收到的现金为例,说明现金流入结构趋势图的绘制方法。(代码7-3)

代码7-3 现金流入结构趋势图绘制

```
import numpy as np
import pandas as pd
import matplotlib.pyplot as plt
a=pd.read_excel('现金流入结构分析表.xlsx',index_col=0)
print(a)
plt.show()
x=['2020','2021']
plt.plot(x,a.loc['销售商品、提供劳务收到的现金','比重/%';])
plt.xlabel('年份')
plt.ylabel('结构百分比/%')
plt.ylim(95,96)
plt.show()
```

现金流入结构趋势图(图7-3)如下:

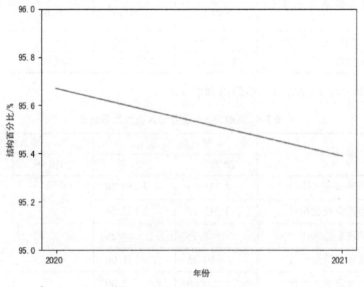

图7-3 现金流入结构趋势图

(二) 现金流入流出比趋势图

下面以总现金流入流出比为例,说明现金流入流出比趋势图的绘制方法。(代码7-4)

代码 7-4　现金流入流出比趋势图绘制

```python
import numpy as np
import pandas as pd
import matplotlib.pyplot as plt
a=pd.read_excel('现金流入流出比分析表.xlsx',index_col=0)
print(a)
plt.show()
x=['2020','2021']
plt.plot(x,a.loc['现金流入总量','比重/%':])
plt.xlabel('年份')
plt.ylabel('现金流入流出比')
plt.ylim(0.95,1.00)
plt.show()
```

现金流入流出比趋势图（图 7-4）如下：

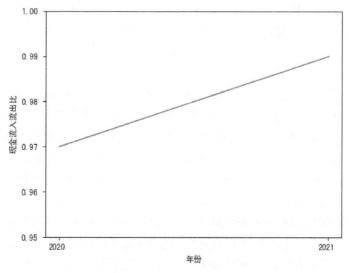

图 7-4　现金流入流出比趋势图

七、任务数据分析

从表 7-6 可以看出，ABC 公司 2020 年、2021 年的现金流入总量分别约为 43 亿元和 42 亿元，其中，经营活动现金流入量占比均在 99%以上，投资活动、筹资活动现金流入量占比都在 1%以下，说明 ABC 公司现金流入量主要来自经营活动；进一步分析可以发现，经营活动现金流入量以销售商品、提供劳务收到的现金为主，这一项目占现金流入总量的 95%以上，这与我们前面提出的 ABC 公司主业突出的观点是吻合的。另外，ABC 公司处于一个发展阶段的尾声，正在筹划新的发展项目，这可以从 2021 年 ABC 公司"取得借款收到的现金"的比重增加了 0.17 个百分点看出；投资活动现金流入量的比重也略有增加，说明 ABC 公司正处于发展转折期。

从表 7-7 可以看出，ABC 公司 2020 年、2021 年的现金流出总量分别约为 44 亿元和 42 亿元，其中经营活动现金流出量 2020 年达 80.53%、2021 年达 87.46%。2021

年经营活动现金流出量增加主要是公司"支付给职工以及为职工支付的现金""支付的各项税费""支付其他与经营活动有关的现金"三个项目共同增加导致的,这是否与公司所称的原材料价格上涨不太相符呢?因为原材料价格上涨必然引起"购买商品、接受劳务支付的现金"大幅增加,公司利润表中也体现出营业成本大幅上升的状态,但现金流量表中"购买商品、接受劳务支付的现金"2021年比2020年有所下降。结合前面资产负债表的分析可以看到,公司2021年的预付款项、存货中原材料规模都大幅下降,说明公司为了适应市场原材料价格上涨的情况,及时调整了原材料采购策略,在不影响生产的情况下,暂时减少了原材料的采购量,从这一点可以看出公司的财务管理和经营管理水平很高。投资活动现金流出量的比重基本稳定,两年都在4%左右,说明公司的设备投资在不断地微调。筹资活动现金流出量这两年有较大变化,2020年正值公司的还款高峰期,"偿还债务支付的现金"占比达14.70%,2021年这一比重降至0,而"分配股利、利润或偿付利息支付的现金"占比从2020年的0.66%上升至2021年的7.85%,说明公司在度过还款高峰期之后,将回馈股东作为利润分配的重点。总的来说,结合前面现金流入结构的分析,基本可以判断ABC公司的现金流量结构合理,资金来源稳定,财务状况安全,并且符合公司的经营特点和具体实际。

从表7-8可以看出,ABC公司2020年、2021年经营活动现金流入流出比分别为1.21和1.13,表明1元的现金流出可换回1.21元和1.13元的现金流入,此值越大越好。ABC公司2020年、2021年投资活动现金流入流出比分别为0.01和0.05,公司投资活动带来的现金流入较小,表明公司正处于发展期。一般而言,企业处于发展期时,此值较小;而处于衰退期或缺少投资机会时,此值较大。ABC公司2020年、2021年筹资活动现金流入流出比分别为0和0.02,表明公司还款明显大于借款,2021年筹资活动中现金流入系举债获得,同时也说明公司存在举借新债的现象。

一般而言,对于一个正在成长的健康企业来说,经营活动现金流量应为正数,投资活动现金流量应为负数,筹资活动现金流量应是正负相间的,ABC公司的现金流量基本体现了这种成长性企业的状况。

任务二 现金流量表主要项目分析

由于现金流量表是基于收付实现制编制的,即是以现金及现金等价物的收付时间为确认标准:凡是当期收到或付出的款项,不论其相关业务行为的归属期间如何,一律作为当期的现金流入或流出列示在现金流量表中。因此,现金流量表虽然编制比较烦琐,但阅读起来比较简单易懂。

一、经营活动现金流量

经营活动现金流量是企业在正常的营业活动中从事正常经营业务所产生的现金流量,包括采购物资、销售商品、提供或接受劳务、缴纳税款、支付工资、发生相关销售费用等行为中所涉及的现金流量。在持续经营的会计基本前提之下，经营活动现金流量反映的是企业经常性的、持续的现金流入和流出情况。

（1）"销售商品、提供劳务收到的现金"。该项目反映企业从事正常经营活动所获得的、与销售商品或提供劳务等业务活动相关的现金收入（包括在业务发生时向客户收取的增值税税额等）。具体包括：本期发生的业务并在本期收到的现金收入，在以前会计期间发生但在本期收到款项的业务收入，以及至今尚未发生但在本期已经预收业务款项的现金收入等。

正常情况下，企业的资金所得主要依赖其日常经营业务，而销售商品、提供劳务收到的现金就反映了企业日常经营活动所能提供的、有一定可持续性的现金流入。

（2）"收到的税费返还"。该项目主要披露企业当期收到的各种税费返还款，包括收到的增值税返还、消费税返还、所得税返还及教育费附加返还等，体现了企业在税收方面享受优惠政策所获得的已缴税金的回流金额。

（3）"收到其他与经营活动有关的现金"。该项目反映企业除销售商品、提供劳务收到的现金，以及收到的税费返还以外，其他与经营活动有关的现金流入，如罚款收入、流动资产损失中由个人赔偿的收入等。这部分资金来源在企业经营活动现金流入量中所占的比重很小，通常带有一定程度的偶然性。

（4）"购买商品、接受劳务支付的现金"。该项目反映企业在正常经营活动过程中所支付的、与购买物资或接受劳务等业务活动相关的现金流出（包括在业务发生时向客户支付的增值税税额等）。具体包括：本期发生的业务并在本期支付的现金支出，在以前会计期间发生但在本期支付款项的业务支出，以及至今尚未发生但在本期已经预付业务款项的现金支出等。

与（1）中所述内容相对应，购买商品、接受劳务支付的现金是维持企业正常运营、满足企业经常性生产对物资与劳务需求的资金流出，也是企业获得经营业务收入的物质基础与劳务保证。

（5）"支付给职工以及为职工支付的现金"。该项目反映企业当期实际支付给从事生产经营活动的在职职工的工资、奖金、津贴和补贴，以及为这些职工支付的诸如养老保险、失业保险、商业保险、住房公积、困难补助等其他各有关方面的现金等。

职工是企业生产经营活动中不可或缺的具体实施者。支付给职工以及为职工支付的现金是保证劳动者自身生存及其再生产的必要开支，因此也属于企业持续性的现金流出项目。

（6）"支付的各项税费"。该项目反映企业按规定在当期以现金缴纳的所得税、增值税、房产税、土地增值税、车船税、印花税，以及教育费附加、城市建设维护税、矿产资源补偿费等各类相关税费，反映了企业除个别情况以外所实际承担的税负。

（7）"支付其他与经营活动有关的现金"。该项目反映企业除购买商品、接受劳务支付的现金，支付给职工以及为职工支付的现金和支付的各项税费以外，其他与经营活动有关的现金流出，如支付离退休人员的各项费用，以及支付罚款、差旅费与业务招待费、保险费、办公费用及销售费用等。

经营活动现金流量的最大特点在于，它与企业日常经营活动有着直接而密切的关系。无论是现金流入量还是现金流出量，都体现了企业在维持目前生产能力和经营规模状态下对现金及现金等价物的获得与支出水平。

二、投资活动现金流量

此处的投资活动是指企业有关对外进行股权或债权投资，以及对内进行非货币性长期资产（如固定资产、无形资产和其他长期资产等）投资的活动。而投资活动现金流量便是反映企业在股权或债权投资，以及与非货币性长期资产的增减变动相关的活动中所产生的现金收付金额。

企业对外进行股权或债权投资，并不直接影响企业当期的经营活动，但其日后的转让与收回是企业未来一笔不小的资金流入；此外，股权投资可能带来对被投资方的控股或重大影响，也有可能为企业未来获得经营物资或打开销售渠道提供潜在的和良好的帮助。

至于企业购建或处置固定资产、无形资产和其他长期资产等非货币性资产，则会在很大程度上影响企业未来的经营规模与生产能力，甚至还会在一定程度上改变企业的资产结构与经营方向。购建这类非货币性长期资产的现时资金的大量流出，可能意味着企业未来经营规模的扩大、生产能力的提高与经营策略的调整；而处置这类非货币性长期资产的现时资金的过多流入，也可能预示着企业为缩小经营规模，或者出于转变经营方向的需要而大量处置原有设备等长期资产。

（1）"收回投资收到的现金"。该项目反映企业在当期收回其所持有的对外股权或债权投资所收到的现金，包括出售、转让长期股权投资和不属于现金等价物的短期股权投资所收到的现金，以及出售、转让各类债权投资所收到的现金和持有至到期投资到期收回的本金等。

（2）"取得投资收益收到的现金"。该项目反映企业基于各种对外投资而在当期获得的现金股利、利息，以及因被投资方分配利润而收到的现金等。

（3）"处置固定资产、无形资产和其他长期资产收回的现金净额"。该项目反映企业在当期处置固定资产、无形资产和其他长期资产所收到的现金扣除因处置行为而产生的现金支付之后的净现金流入量，以及因自然灾害造成企业该类长期资产损失而获得的保险赔偿所收到的现金等。

该项目的现金流入量与企业的日常运营没有直接的必然联系，通常也不具有持续性。因此，在分析企业未来获取现金的能力时，对该项指标不应过多考虑。然而，该项目现金流入量的金额过大，可能意味着企业借助于大量处置现有的固定资产、无形资产等来缩小经营规模，或者为转变经营方向进行相应的调整。此时，虽然对当期的经营活动没有明显的影响，但完全有可能对企业未来的经营活动及相应的经营性现金流量产生影响。

（4）"收到其他与投资活动有关的现金"。该项目反映企业除前面三项内容以外所收到的其他与投资活动有关的现金。例如，企业购买股票、债券等证券时所支付价款中包含了已宣告发放但尚未领取的现金股利，或者已到付息期但尚未领取的债券利息，则在投资之后收到这些股息或利息时，不是记入"取得投资收益收到的现金"

中，而是在本项目中进行反映。这一项目金额通常不大或很少出现，对企业现金流量的总体影响也相对较小。

（5）"购建固定资产、无形资产和其他长期资产支付的现金"。该项目反映企业在当期因购置或自行建造固定资产、获取无形资产和其他长期资产而发生的直接的现金支付金额，如购置固定资产所支付的买价、税金、运杂费、安装调试费等，以及建造固定资产所产生的人员开支等。

与（3）相对应，购建固定资产、无形资产和其他长期资产支付的现金也与企业的日常运营没有直接的必然联系。然而，该项目现金流出量的发生，可能预示着企业未来某些方面经营规模的扩大，从而对企业未来经营活动所需的现金流出及相应经营成果的现金流入都产生较大的、不可忽视的影响。

（6）"投资支付的现金"。该项目反映企业当期各项对外投资（如购买股票、债券等）直接发生的交易或投资价格的现金支出，既包括企业购买股票、债券等直接发生的交易或投资价格的现金支出，也包括因此支付的佣金、手续费等相关附加费用的现金流出。"投资支付的现金"，作为企业当期的一笔现金流出，也意味着企业未来有获得股利、利息、利润及转让或出售投资而发生现金流入的潜在可能。

（7）"支付其他与投资活动有关的现金"。该项目主要反映企业发生的不属于"购建固定资产、无形资产和其他长期资产支付的现金"，也不属于"投资支付的现金"的其他与投资活动有关的现金流出，如企业购买股票、债券所暂时垫付的被投资方已宣告发放但尚未领取的现金股利及已到付息期但尚未领取的债券利息等。这一项目金额一般也很小或几乎没有，更谈不上有经常性，所以对企业现金流量的影响也非常小。

投资活动现金流量的最大特点在于，就当期而言，它与企业日常经营活动几乎没有直接的关系，但会对企业未来的现金流量产生一定的甚至有时是不容忽视的影响：目前的大量现金流入，可能意味着未来相关现金流入的大幅萎缩；而目前的大量现金流出，又可能蕴含着未来会产生或促使大量的相关现金流入。

三、筹资活动现金流量

正常情况下，企业经营活动中的资金需求主要由经营活动中的资金流入来满足，即所谓"以收抵支"，甚至还应略有剩余。然而，经营活动中存在着各有关环节衔接不当的情况，可能会造成企业短期内资金周转不畅，出现现金短缺现象；或者企业出于战略调整、规模扩大等需要而对资金需求提出更高的要求；等等。因此，企业不可避免地需要从外部筹措所需资金，从而便产生了企业的筹资活动。

筹资活动现金流量反映企业出于各种需求而进行资金筹措活动所产生的现金流入或流出金额。对这类现金流量的分析，关键在于理解企业所筹资金的来源渠道及规模大小，推测企业筹集资金的用途或动机，以及预期其可能给企业未来带来的资金压力等。

（1）"吸收投资收到的现金"。该项目反映企业以发行股票、债券等方式所获得的投资者投入的现金总量，扣除佣金和发行费用的支出之后的净现金所得。

企业以发行股票方式筹集资金，在带来可供其长期使用而无须偿还的股权资金的同时，也在一定程度上降低了资产负债率，从而提高了企业对债权人利益的保障程度，为企业日后的债务筹资提供了可能。

企业以发行债券方式筹集资金，在带来目前可供其使用的债务资金的同时，也造成了企业日后按期还本付息的资金压力。因此，如果该项现金来源金额过大，财务报表使用者就应充分考虑和分析企业未来获取现金、偿付本息的能力，以及偿还时大量的现金流出对企业正常经营可能产生的负面影响。

（2）"取得借款收到的现金"。该项目反映企业在当期向银行或非银行金融机构举借各种长期或短期借款所收到的现金。如同以发行债券方式筹集资金一样，企业在向银行或非银行金融机构举债获得目前可供使用的资金的同时，也会造成日后按期还本付息的资金压力，即现时的现金流入会导致未来相应的现金流出。

（3）"收到其他与筹资活动有关的现金"。该项目反映企业除吸收投资及取得借款所收到的现金以外，在其他归属筹资活动的有关项目上所收到的现金，如企业接受的现金捐赠等。

这类现金流入通常在企业筹资活动现金流入量中所占的比重很小，有时甚至不会出现。

（4）"偿还债务支付的现金"。企业在以往筹资活动中，以发行债券的方式或向银行或非银行金融机构借款的方式筹措所需资金，无论期限多长，都需要在未来一定期限内还本付息。"偿还债务支付的现金"便是反映企业在当期偿还已经到期的各项债务本金所产生的现金支出金额。

（5）"分配股利、利润或偿付利息支付的现金"。使用别人的资金是需要付出代价的，企业以吸收投资或取得借款的方式获得对投资者或债权人资金的占有和使用权，自然也需要付出相应的使用代价，这种使用代价的现金表现便是以现金形式支付给股东的股利、利润，以及支付给债权人的借款利息或债券利息等。

（6）"支付其他与筹资活动有关的现金"。该项目反映企业除偿还债务支付的现金及分配股利、利润或偿付利息支付的现金以外，因其他与筹资活动有关的情况而发生的现金流出金额。例如，企业为发行股票而支付的审计费、咨询费，对外捐出现金，为购建固定资产、无形资产等而发生的可以资本化的借款利息支出，以及以融资租赁形式租入固定资产而发生的租赁费开支等。

筹资活动现金流量的最大特点在于，其现时现金流量与未来现金流量在一定程度上具有对应性：目前该类现金流入的发生，在一定程度上意味着未来存在相应的现金流出；目前该类现金流出的发生，则是以往相应的现金流入所引起的必然结果。

四、现金流量表的补充资料

现金流量表的补充资料，以净利润为起点，通过对影响利润或现金流量的一些相关项目金额的调整，倒推出经营活动现金净流量。它一方面与正表中经营活动现金净流量相对应，另一方面也反映了企业当期发生的不涉及现金收支的投资和筹资活动信息。这些活动在当期不涉及现金收支，但可能会对企业未来各期的现金流量产生明显的影响。

在现金流量表的补充资料中,调整的项目主要有以下几个方面:

(1)当期没有实际收到或付出现金的经营活动事项。如赊购物资、赊销商品、摊销费用、计提资产减值准备等。这些项目虽然构成企业的当期收入或费用,影响企业的当期利润,但并没有形成企业的现金流入或流出,自然也不会影响企业的现金净流量。

(2)不属于经营活动的损益项目。如当期发生的利息费用、固定资产处置净损益等。这些项目的发生,与企业的筹资和投资活动息息相关,却不属于企业日常经营活动项目,也不构成企业经营活动的现金净流量。

(3)经营性应收、应付项目的变动。如应收、应付账款,应收、应付票据,应交税费,应付职工薪酬,其他应收、应付款。这些项目的变动,可能并不影响企业的当期利润,但对企业当期的现金流量有直接的影响。

因此,经营活动产生的现金流量净额=净利润+不影响经营活动现金流量但减少净利润的项目−不影响经营活动现金流量但增加净利润的项目+与净利润无关但增加经营活动现金流量的项目−与净利润无关但减少经营活动现金流量的项目。

任务三 所有者权益变动表结构分析

一、所有者权益变动表的结构与内容

所有者权益(或股东权益,下同)变动表是指反映构成所有者权益的各组成部分当期的增减变动情况的会计报表。当期损益、直接计入所有者权益的利得和损失及与所有者(或股东,下同)的资本交易导致的所有者权益的变动,应当分别列示。

所有者权益变动表全面反映了企业的所有者权益在年度内的变化情况,便于会计信息使用者深入分析企业所有者权益的增减变动情况,进而对企业的资本保值增值情况做出正确判断,从而提供对决策有用的信息。

所有者权益变动表包括表首、正表两部分。其中,表首说明报表名称、编制单位、编制日期、报表编号、货币名称、计量单位等;正表是所有者权益变动表的主体,具体说明所有者权益变动表的各项内容,包括实收资本(或股本)、资本公积、盈余公积、未分配利润等。每个项目中,又分为上年年末余额、本年年初余额、本年增减变动金额、本年年末余额四小项;每个小项中,又分别具体情况列示不同内容。所有者权益变动表各项目应根据"实收资本(或股本)""资本公积""盈余公积""未分配利润"等科目的发生额分别填列。

ABC公司所有者权益变动表如表7-9所示。从表7-9可以看出,所有者权益变动表反映的信息包括:①净利润;②直接计入所有者权益的利得和损失项目及其总额;③会计政策变更和前期差错更正的累积影响金额;④所有者投入资本和向所有者分配利润等;⑤按照规定提取的盈余公积;⑥实收资本(或股本)、资本公积、盈余公积、未分配利润的期末和期初余额及其调节情况。

表7-9 所有者权益变动表

编制单位：ABC公司 2021年度 单位：百万元

项目	本年金额						上年金额					
	实收资本（或股本）	资本公积	减：库存股	盈余公积	未分配利润	所有者权益合计	实收资本（或股本）	资本公积	减：库存股	盈余公积	未分配利润	所有者权益合计
一、上年年末余额	1 196.46	2 933.72	0.00	1 197.96	390.37	5 718.51	797.66	3 173.01	0.00	1 071.70	346.60	5 388.97
加：会计政策变更											69.93	69.93
前期差错更正												
二、本年年初余额	1 196.46	2 933.72	0.00	1 197.96	390.37	5 718.51	797.66	3 173.01	0.00	1 071.70	416.53	5 458.90
三、本年增减变动金额					239.11	239.11					369.43	369.43
（一）净利润												
（二）直接计入所有者权益的利得和损失												
1. 可供出售金融资产公允价值变动净额												
2. 权益法下被投资单位其他所有者权益变动的影响												
3. 与计入所有者权益项目相关的所得税影响												
4. 其他												
上述（一）和（二）小计												

续表

项目	本年金额						上年金额					
	实收资本(或股本)	资本公积	减:库存股	盈余公积	未分配利润	所有者权益合计	实收资本(或股本)	资本公积	减:库存股	盈余公积	未分配利润	所有者权益合计
(三)所有者投入和减少资本												
1.所有者投入资本												
2.股份支付计入所有者权益的金额	159.51										(159.51)	0.00
3.其他												
(四)利润分配												
1.提取盈余公积				125.18	(125.18)	0.00				196.19	(196.19)	0.00
2.对所有者(或股东)的分配					(358.93)	(358.93)					(39.89)	(39.89)
3.其他												
(五)所有者权益内部结转												
1.资本公积转增资本(或股本)	239.29	(239.29)				0.00						
2.盈余公积转增资本(或股本)												
3.盈余公积弥补亏损												
4.其他										(69.93)		(69.93)
四、本年年末余额	1 196.46	2 933.72	0.00	1 323.14	145.37	5 598.69	1 196.46	2 933.72	0.00	1 197.96	390.37	5 718.51

二、所有者权益变动表简单分析

从表7-9可以看出2020—2021年ABC公司所有者权益的变化情况：① 股本2020年年初为79 766万元，2020年7月实行"10股送2股派0.5元（含税）"的分配方案，股本增加了15 951万元，在表中以"股份支付计入所有者权益"增加股本15 951万元的形式表现；同时实行"每10股转增3股"的转增方案，股本又增加了23 929万元；2020年年底，股本总额为119 646万元，2021年股本总额没有发生变化。② 资本公积2020年年初为317 301万元，2020年实行"每10股转增3股"的转增方案，股本增加了23 929万元的同时，资本公积减少了23 929万元；2020年年底，资本公积总额为293 372万元，2021年资本公积总额没有发生变化。③ 盈余公积2020年年初为107 170万元，2020年提取盈余公积19 619万元，同时，根据财会〔2001〕5号文件，经过股东大会审议批准后，公司本年将上年已冲减年初未分配利润的住房周转金冲销了盈余公积（法定公益金）6 993万元，并增加了本年年初未分配利润6 993万元；2020年年底，盈余公积总额为119 796万元，2021年又提取了12 518万元的盈余公积，到2021年年底盈余公积总额达132 314万元。④ 未分配利润2020年年初为34 660万元，由于上述③的政策调整，年初未分配利润增加了6 993万元，本年度实现净利润36 943万元，2020年7月实行"10股送2股派0.5元（含税）"的分配方案和提取盈余公积，未分配利润分别减少了15 951万元、19 619万元、3 989万元；2020年年底，未分配利润总额为39 037万元；2021年由于同样的利润实现及分配原因，年底未分配利润总额为14 537万元。从表7-9还可以看出，ABC公司2021年对股东的分配额度明显加大，这里虽然有股东人数增加的因素，但结合前面的分析，公司在度过了2020年的还债高峰期之后，回馈股东的幅度在加大。

所有者权益变动表可以真实全面地反映企业的收益，提高了财务报表关于企业财务业绩信息的完整性和有用性，减小了企业管理层进行盈余管理、利润操纵的空间，保证了资本市场的健康发展。

思考与练习

一、单项选择题

1. 下列信息，由现金流量表提供的是（　　）。

A. 企业的债权人信息　　　　　　B. 企业的利润情况

C. 企业的经营性现金流量　　　　　D. 企业的资产状况

2. 采用间接法编制现金流量表时，经营活动产生的现金流量的起点是（　　）。

A. 营业外收入　　　　　　　　　　B. 利润总额

C. 主营业务收入　　　　　　　　　D. 净利润

3. 经营活动现金流量大于零，意味着企业（　　）。

A. 盈利

B. 生产经营过程中，现金"入不敷出"

C. 生产经营过程中，现金"收支平衡"

D. 生产经营比较正常，现金支付有保障

4. 下列项目，属于经营活动产生的现金流量的是（　　）。

A. 发行股票收到的现金　　　　　　B. 取得借款收到的现金

C. 处置固定资产支付的现金　　　　D. 支付的税费

5. 经营活动现金流量等于零，意味着企业（　　）。

A. 盈利

B. 生产经营过程中，现金"入不敷出"

C. 生产经营过程中，现金"收支平衡"

D. 生产经营比较正常，现金支付有保障

6. 下列项目，属于筹资活动产生的现金流量的是（　　）。

A. 吸收投资收到的现金　　　　　　B. 处置无形资产收到的现金

C. 购建固定资产支付的现金　　　　D. 收回投资收到的现金

7. 下列项目，属于投资活动产生的现金流量的是（　　）。

A. 发行债券收到的现金　　　　　　B. 取得借款收到的现金

C. 购建固定资产支付的现金　　　　D. 收到的税费返还

8. 现金流量表中，导致企业资本及债务规模和构成发生变化的活动是（　　）。

A. 经营活动　　　　　　　　　　　B. 投资活动

C. 筹资活动　　　　　　　　　　　D. 长期股权投资

9. 通过将连续多年的现金流量表并列在一起加以分析，以观察现金流量的变化趋势，属于（　　）。

A. 以总现金流入为基础的结构分析　B. 以总现金流出为基础的结构分析

C. 经营活动现金流入的结构分析　　D. 现金流量的趋势分析

二、多项选择题

1. 现金流量表中对现金流量的分类包括（　　）。

A. 投资活动现金流量　　　　　　　B. 经营活动现金流量

C. 日常活动现金流量　　　　　　　D. 筹资活动现金流量

E. 货币资金

F. 企业当期经营状况良好，获得较多的现金流量

2. 下列关于现金流量的各种表述，正确的有（　　）。

A. 现金流量总额是指现金流入和现金流出抵消后的净额

B. 现金流量的各项目按报告年度的现金流入或现金流出的总额反映
C. 现金流量总额全面揭示企业现金流量的方向、规模和结构
D. 现金净流量可能是正数，也可能是负数
E. 现金净流量反映了企业各类活动形成的现金流量的最终结果

3. 现金流量表的内容包括（　　）。
A. 本期现金从何而来　　　　　　　　B. 本期现金用向何方
C. 现金余额发生什么变化　　　　　　D. 不涉及现金的投资活动
E. 不涉及现金的筹资活动

三、判断题

1. 采用直接法编制现金流量表时，经营活动现金流量以主营业务收入为起点。（　　）

2. 采用间接法编制现金流量表时，经营活动现金流量以主营业务收入为起点。（　　）

3. 现金流量表中的"经营活动"是指直接进行产品生产、商品销售或劳务提供的活动。（　　）

项目八

Python 在企业营运能力分析中的应用

任务描述

本项目的任务是了解企业营运能力指标的构成，掌握主要指标的计算方法、内涵、作用、影响因素、评价方法，理解营运能力与偿债能力、获利能力的关系。

学习目标

1. 掌握总资产周转率高低对企业营运能力的影响。
2. 熟悉并掌握总资产周转率的计算和评价。
3. 熟悉并掌握流动资产周转率的计算和评价。
4. 熟悉并掌握应收账款周转率的计算和评价。
5. 熟悉并掌握应收账款的管理与坏账准备情况。
6. 熟悉并掌握存货周转率的计算和评价。
7. 掌握如何提高企业存货周转效率。
8. 掌握如何提高企业应收账款周转效率。

技能目标

1. 能综合运用各项指标进行企业营运能力分析。
2. 能掌握影响总资产周转率各因素之间的关系。
3. 能掌握总资产周转率和周转天数的运用与分析评价。
4. 能掌握流动资产周转率和周转天数的运用与分析评价。
5. 能掌握存货周转率和周转天数的运用与分析评价。
6. 能掌握固定资产周转率和周转天数的运用与分析评价。

项目导入

某品牌笔记本电脑经销商，2022 年的流动资产是 200 万元，2023 年的流动资产是 500 万元，但利润并没有成正比增加，这是为什么呢？

2022 年 200 万元的流动资产每月可以周转三次，而到了 2023 年 500 万元的流动资产每月顶多周转 1.5 次，看得出来流动资产周转率明显降低了，那又是什么原因导致流动资产周转率降低的呢？

问题不在经销商本身，而在厂家。为什么这么说呢？看看该品牌这两年的产品线变化就有答案了。

2022 年 7 月，该品牌笔记本电脑在售的有 GR 系列、Z 系列、TR 系列、V505 系列、A 系列、S 系列，共 6 个系列 11 款产品。

至 2023 年 12 月，该品牌笔记本电脑在售的有 TX 系列、S 系列、FJ 系列、BX 系列、A 系列、FS 系列，还有之前停产的 U 系列、T 系列、Y 系列、B 系列……加上部分机型有两种不同颜色版本，算下来产品在 20 款以上。

产品系列多了，型号多了，颜色多了，经销商为了备全货，动用的资金自然就要多得多，而备的货多，未必销量就大，所以出现流动资产周转率降低的现象。

请思考

1. 你同意案例中的观点吗？
2. 通过上述案例，你对流动资产周转率有了什么新的认识？
3. 流动资产周转率和固定资产周转率对于经销商来说，哪个更重要？

任务一 总资产周转率分析

一、基础知识

（一）总资产周转率的含义

总资产周转率也称总资产利用率，是企业营业收入与总资产平均余额的比率，即企业的总资产在一定时期（通常是一年）内周转的次数。总资产是企业拥有或控制的、能以货币计量的并能给企业带来未来经济利益的全部经济资源。总资产周转率是综合评价企业全部资产经营质量和利用效率的重要指标。

（二）总资产周转速度的计算公式

总资产周转速度，可以用周转率来表示，其计算公式为

$$总资产周转率 = \frac{营业收入}{总资产平均余额}$$

$$总资产平均余额 = (期初资产余额 + 期末资产余额)/2$$

总资产周转速度，也可以用周转天数来表示，其计算公式为

$$总资产周转天数 = \frac{360}{总资产周转率}$$

总资产周转率综合反映了企业整体资产的营运效率，一般来说，周转次数越多或周转天数越少，表明周转速度越快，营运效率越高。在此基础上，应进一步对各个构成要素进行分析，以便查明总资产周转率升降的原因。企业可以通过薄利多销的办

法，加速资产的周转，增加利润的绝对额。

（三）总资产周转率的评价意义

总资产周转率是企业的全部资产价值在一定时期内完成周转的次数。该指标反映的是企业以 1 元资产赚取收入的能力，可用于衡量企业运用资产获取利润的能力。总资产周转率经常和反映盈利能力的指标一起使用，以全面评价企业的盈利能力。通过对总资产周转率的对比分析，不仅能够反映企业本年度及以前年度总资产的营运效率及其变化，而且能够发现企业与同类企业在资金利用上的差别，从而促进企业提高资金的利用效率。

总资产周转率的分析评价要考虑企业的行业特征和经营战略，要结合企业的销售净利率和权益乘数、净资产收益率来综合衡量。

二、任务要求

以 ABC 公司的资产数据为例，分析 ABC 公司的总资产周转速度，并提出改进建议。任务所需指标、数据表如表 8-1 所示。

表 8-1　任务所需指标、数据表

具体指标	总资产周转率	数据表	资产负债表
	总资产周转天数		总资产周转计算表
	总资产周转率趋势		

注：总资产周转率=营业收入/总资产平均余额；
总资产平均余额=(期初资产余额+期末资产余额)/2；
总资产周转天数=360/总资产周转率。

三、任务资料（表 8-2）

表 8-2　ABC 公司总资产周转计算表

项目	2020 年	2021 年
营业收入/百万元	15 449.48	16 623.43
期初资产余额/百万元	7 372.71	7 107.05
期末资产余额/百万元	7 107.05	6 777.48
总资产平均余额/百万元	7 239.88	6 942.27
总资产周转率/次		
总资产周转天数/天		

四、任务实施

第一步：打开 Python 界面，把"总资产周转计算表"拖入项目中。（图 8-1）

总资产周转率计算

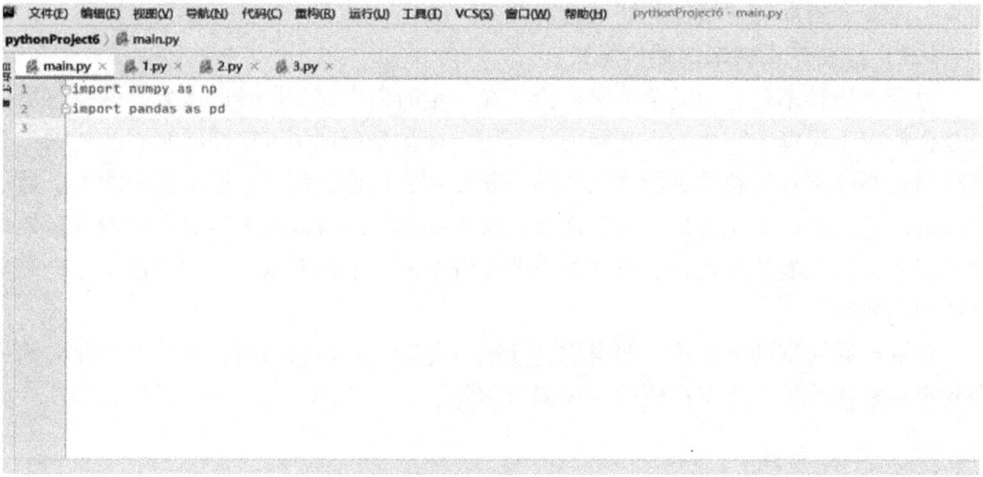

图 8-1 Python 界面

第二步：单击"文件"→"新建"，新建 Python 文件。（图 8-2）

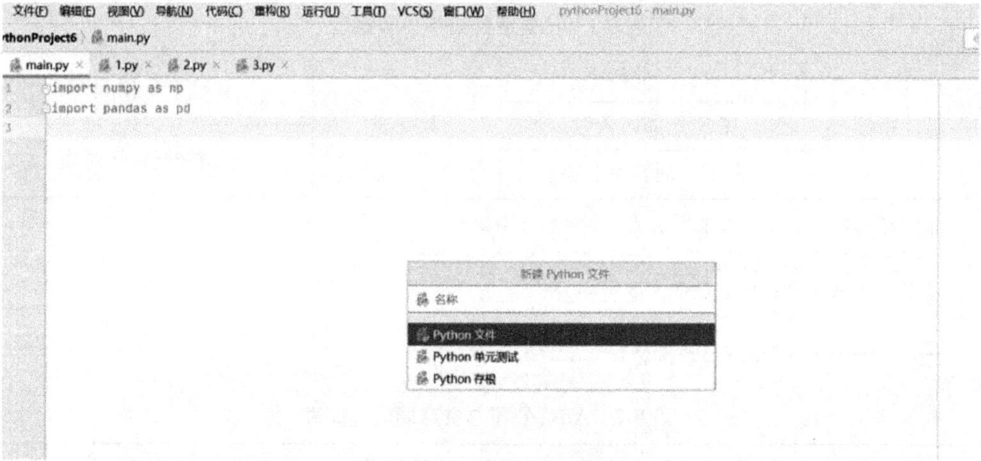

图 8-2 新建 Python 文件界面

第三步：输入以下代码后单击"运行"按钮，得出总资产周转率。（代码 8-1）

代码 8-1 总资产周转率计算

```
import numpy as np
import pandas as pd
a=pd.read_excel('./总资产周转计算表.xlsx')
print(a)
b=a.dropna(axis=1,how='all')
print(b)
c=b.set_index('项目')
print(c)
c.loc['总资产周转率/次']=c.loc['营业收入/百万元']/c.loc['总资产平均余额/百万元']
print(c.loc['总资产周转率/次'])
```

根据公式"总资产周转天数＝360/总资产周转率",用以上方法计算出总资产周转天数。

五、任务结果

根据代码运行结果,整理得到表 8-3。

总资产周转天数计算

表 8-3　ABC 公司总资产周转计算表

项目	2020 年	2021 年
营业收入/百万元	15 449.48	16 623.43
期初资产余额/百万元	7 372.71	7 107.05
期末资产余额/百万元	7 107.05	6 777.48
总资产平均余额/百万元	7 239.88	6 942.27
总资产周转率/次	2.13	2.39
总资产周转天数/天	168.70	150.34

六、任务趋势图(代码 8-2)

代码 8-2　总资产周转率趋势图绘制

```
import numpy as np
import pandas as pd
import matplotlib.pyplot as plt
a=pd.read_excel('总资产周转计算表.xlsx',index_col=0)
print(a)
plt.show()
x=['2020','2021']
plt.bar(x,a.loc['总资产周转率/次',:])
plt.xlabel('年份')
plt.ylabel('总资产周转率/次')
plt.show()
```

总资产周转率趋势图(图 8-3)如下:

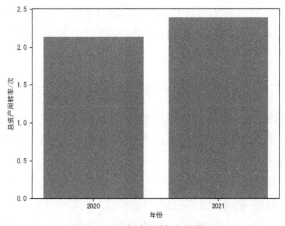

图 8-3　总资产周转率趋势图

七、任务数据分析

从表8-3可以看出，ABC公司2021年总资产周转率为2.39次，即平均约150天周转一次。ABC公司2021年总资产周转率比2020年提高了0.26次，总资产周转一次所需的时间缩短了约18天，说明ABC公司的资产管理能力和资产利用效率提高了。当然，仅以总资产周转率一个指标还不能说明企业资产的营运能力，还应结合流动资产周转率、固定资产周转率等有关各资产组成部分利用效率的分析，做进一步的判断。

任务二 流动资产周转率分析

一、基础知识

（一）流动资产周转率的含义

流动资产周转率是营业收入与流动资产平均余额的比率。流动资产周转率反映的是全部流动资产的利用效率，是衡量企业一定时期（通常是一年）内流动资产周转速度快慢及利用效率高低的综合性指标。

（二）流动资产周转速度的计算公式

分析评价企业流动资产周转速度可用流动资产周转率指标，其计算公式为

$$流动资产周转率 = \frac{营业收入}{流动资产平均余额}$$

$$流动资产平均余额 =（期初流动资产余额+期末流动资产余额）/2$$

分析评价企业流动资产周转速度还可用流动资产周转天数指标，它是指流动资产周转一次所需的时间。其计算公式为

$$流动资产周转天数 = \frac{360}{流动资产周转率}$$

流动资产周转速度快，会相对节约流动资产，相当于扩大资产投入，从而可以提高企业的盈利能力；而流动资产周转速度慢，就需要补充流动资产参加周转，从而会造成资金浪费，降低企业的盈利能力。

（三）流动资产周转率的评价意义

流动资产周转率的分析评价，主要在于揭示以下几个问题：

其一，流动资产实现销售的能力，即周转额的大小。在一定时期内，流动资产周

转速度越快，表明其实现的周转额越多，对财务目标的贡献程度越大。

其二，流动资产投资的节约与浪费情况。流动资产占用额与流动资产周转速度有着密切的制约关系。在销售额既定的条件下，流动资产周转速度快，流动资产占用额就少，就会相对节约流动资产，相当于扩大企业资产投入，从而可以提高企业的盈利能力；反之，流动资产周转速度慢，为了维持正常经营，企业必须不断补充流动资产，投入更多的资源，资产利用效率就低，从而会降低企业的盈利能力。

其三，加速流动资产周转的基本途径。由流动资产周转率的计算公式可知，企业加速流动资产周转，必须从增加营业收入和降低流动资产占用额两个方面努力。在增加营业收入方面，企业要加强市场调查和预测，根据市场需要，开发适销对路的产品，并根据市场变化情况，及时调整产品结构；还要强化销售工作，采取有效的销售策略开拓市场，提高市场占有率，加快销售过程。在降低流动资产占用额方面，基本途径有：① 加强定额管理，制定和贯彻先进合理的消耗定额和储备定额，降低材料、能源等的消耗量，降低各项存货的储备量；② 努力降低材料采购成本和产品制造成本；③ 采取技术措施和管理措施，提高生产效率和工作效率，缩短周转期，包括生产周期，存货的供应、在途、验收、整理准备和库存等环节的时间；④ 加快货款结算，及时收回货款；⑤ 定期清仓查库，及时处理积压产品和物资；⑥ 避免过量存款。

在了解、分析企业流动资产总体周转情况的基础上，为了对流动资产的周转情况做出更加详尽的分析，并进一步揭示影响流动资产周转速度变化的因素，还必须对流动资产中的主要构成项目，如应收账款、存货、库存现金等的周转率进行分析，以增强对企业经营效率的分析，并查明流动资产周转率升降的原因。

二、任务要求

以 ABC 公司的流动资产数据为例，分析 ABC 公司的流动资产周转速度，并提出改进建议。任务所需指标、数据表如表 8-4 所示。

表 8-4 任务所需指标、数据表

具体指标	流动资产周转率	数据表	资产负债表
	流动资产周转天数		
	流动资产周转率趋势		流动资产周转计算表

注：流动资产周转率＝营业收入/流动资产平均余额；
流动资产平均余额＝（期初流动资产余额+期末流动资产余额）/2；
流动资产周转天数＝360/流动资产周转率。

三、任务资料（表 8-5）

表 8-5 ABC 公司流动资产周转计算表

项目	2020 年	2021 年
营业收入/百万元	15 449.48	16 623.43
期初流动资产余额/百万元	4 000.43	3 957.78

续表

项目	2020 年	2021 年
期末流动资产余额/百万元	3 957.78	3 844.58
流动资产平均余额/百万元	3 979.11	3 901.18
流动资产周转率/次		
流动资产周转天数/天		

四、任务实施

第一步：打开 Python 界面，把"流动资产周转计算表"拖入项目中。

第二步：单击"文件"→"新建"，新建 Python 文件。

第三步：输入以下代码后单击"运行"按钮，得出流动资产周转率。（代码 8-3）

流动资产周转率计算

代码 8-3 流动资产周转率计算

```
import numpy as np
import pandas as pd
a=pd.read_excel('./流动资产周转计算表.xlsx')
print(a)
b=a.dropna(axis=1,how='all')
print(b)
c=b.set_index('项目')
print(c)
c.loc['流动资产周转率/次']=c.loc['营业收入/百万元']/c.loc['流动资产平均余额/百万元']
print(c.loc['流动资产周转率/次'])
```

根据公式"流动资产周转天数=360/流动资产周转率"，用以上方法计算出流动资产周转天数。

五、任务结果

根据代码运行结果，整理得到表 8-6。

表 8-6 ABC 公司流动资产周转计算表

项目	2020 年	2021 年
营业收入/百万元	15 449.48	16 623.43
期初流动资产余额/百万元	4 000.43	3 957.78
期末流动资产余额/百万元	3 957.78	3 844.58
流动资产平均余额/百万元	3 979.11	3 901.18
流动资产周转率/次	3.88	4.26
流动资产周转天数/天	92.72	84.48

六、任务趋势图（代码 8-4）

代码 8-4　流动资产周转率趋势图绘制

```python
import numpy as np
import pandas as pd
import matplotlib.pyplot as plt
a=pd.read_excel('流动资产周转计算表.xlsx',index_col=0)
print(a)
plt.show()
x=['2020','2021']
plt.bar(x,a.loc['流动资产周转率/次',:])
plt.xlabel('年份')
plt.ylabel('流动资产周转率/次')
plt.show()
```

流动资产周转率趋势图（图 8-4）如下：

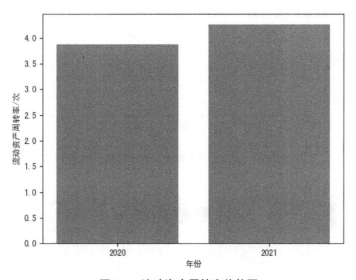

图 8-4　流动资产周转率趋势图

七、任务数据分析

从表 8-6 可以看出，ABC 公司 2021 年流动资产周转速度较 2020 年有所提高，其原因是营业收入增加了，而流动资产占用额降低了，表明流动资产的利用效率提高了。当然，对 ABC 公司流动资产周转率的评价还应结合公司历史资料和行业平均水平来判断。

表 8-7 列示了 ABC 公司 2016—2021 年的流动资产周转情况，ABC 公司的流动资产周转率从 2016 年起经历了上升、下降、上升的过程，目前处于近几年的平均水平之上，说明 ABC 公司的流动资产利用处在一个比较好的状态。

表 8-7 ABC 公司历年流动资产周转计算表

项目	2016 年	2017 年	2018 年	2019 年	2020 年	2021 年
流动资产周转率/次	2.03	6.15	4.67	3.11	3.88	4.26
流动资产周转天数/天	177.40	58.54	77.15	115.71	92.72	84.48

ABC 公司历年流动资产周转天数图（图 8-5）如下：

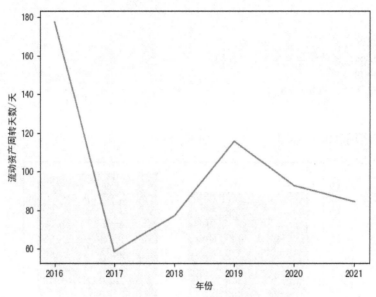

图 8-5 ABC 公司历年流动资产周转天数图

任务三　应收账款周转率分析

一、基础知识

（一）应收账款周转率的含义

应收账款周转率是企业一定时期（通常是一年）内营业收入与应收账款平均余额的比率。应收账款是流动资产的一个重要项目，它是企业赊销活动中所发生的债权，在市场经济条件下，应收账款所占用资金的比重不断上升。应收账款周转率是衡量应收账款流动程度和管理效率的指标。

（二）应收账款周转速度的计算公式

应收账款周转速度可用应收账款周转率来表示，其计算公式为

$$应收账款周转率 = \frac{营业收入}{应收账款平均余额}$$

公式中的"营业收入"数据来自利润表，"应收账款平均余额"是指因销售商品、提供劳务等而应向购货单位或接受劳务单位收取的款项平均数，它是资产负债表

中"应收账款"项目期初金额与期末金额的平均数。

应收账款周转速度也可用应收账款周转天数来表示，其计算公式为

$$应收账款周转天数 = \frac{360}{应收账款周转率}$$

应收账款周转率反映了企业应收账款变现速度的快慢及管理效率的高低。应收账款周转率高表明：① 企业收账迅速，账龄期限相对较短；② 资产流动性强，短期偿债能力强；③ 可以减少收账费用和坏账损失，从而相对增加企业流动资产的投资收益；④ 借助于应收账款周转天数与企业信用期限的比较，可以更好地评价客户的信用程度及企业原定信用条件的合理性。

（三）应收账款周转率的评价意义

一般来说，应收账款周转率越高，平均收账期越短，说明应收账款的收回越快；否则，企业的营运资金会过多地停滞在应收账款上，从而会影响资金的正常周转。影响该指标正确性的因素有：① 季节性经营的企业使用该指标时不能反映实际情况；② 大量使用分期付款结算方式；③ 大量的销售使用现金结算；④ 年末销售大量增加或年末销售大幅减少。这些因素都会对该指标的计算结果产生较大的影响。财务报表外部使用者可以将计算出的指标与该企业的前期指标、行业平均水平或其他类似企业的指标相比较，判断该指标的高低，但仅根据指标的高低还分析不出上述各种原因。

分析评价应收账款周转率时，需要注意以下几个问题：

（1）应注意分子、分母的数据时间的对应性。

（2）对于经营状况受季节性销售影响较大的企业来说，这一指标的计算应当尽可能缩短间隔期，否则会降低其准确性。

（3）运用这一指标时，应结合企业的信用政策。应收账款周转率高并不一定好，也可能是企业信用政策过于严格的结果，从长期来看将会影响企业的销售水平，从而影响企业的获利水平。

此外，在分析应收账款营运能力时，还可用期末应收账款来计算期末应收账款占年度赊销金额的天数。该指标表明企业有多少天销货金额的资金滞留在应收账款上。期末应收账款占年度赊销金额的天数的计算公式为

$$期末应收账款占年度赊销金额的天数 = \frac{计算期天数 \times 期末应收账款余额}{赊销金额（净额）}$$

$$= \frac{期末应收账款余额}{日赊销金额（净额）}$$

该指标说明了期末应收账款的期间长度。如果销售具有季节性，或者企业采用自然营业年度，那么这个指标可能不反映实际情况。如果企业采用自然营业年度作为会计期间，期末应收账款占年度赊销金额的天数就会被低估，因为年底的每日销货额通常会低于全年日平均销货额。

假设期末应收账款占年度赊销金额的天数的偏差并非由季节性经营和自然营业年度引起的，一般有以下几种情况会使该指标偏高：① 大量的销售集中在年底；② 应收账款无法收回，而且应当冲销；③ 企业按销售季节发账单；④ 大多数应收账款为

应收分期账款。

假设期末应收账款占年度赊销金额的天数的偏差并非由季节性经营和自然营业年度引起的，一般有以下几种情况会使该指标偏低：① 年底销货额大幅减少；② 大量的现金销货；③ 企业在年底卖出大量应收账款。

在进行外部分析时，如果没有掌握内部信息，就不能分析出该指标异常的原因。

应收账款账龄越短，期末应收账款占年度赊销金额的天数越少，说明企业应收账款变现的速度越快，在应收账款管理上的效率越高，从而能使企业降低坏账损失和催收应收账款的费用。

企业的获利能力、偿债能力与应收账款的回收情况有直接的关系。企业的应收账款回收期延长，说明企业的获利能力和偿债能力都降低，这可能是企业信用政策过宽造成的，也可能是收账不力造成的，还可能是坏账过多造成的，原因要具体分析。企业的应收账款回收期延长，利润却没有增长，可能是企业经营形势恶化的信号，即企业为了保住客户，不得不给予延长付款期的优待，说明企业产品的竞争力下降；也可能是宏观经济形势恶化或相关产业衰退，客户出现支付困难的结果。这两种情况都会使企业的处境恶化，企业应及时采取应变措施。企业的应收账款回收期缩短，则表明企业加强了应收账款的管理，或者是企业借助于金融机构进行短期融资的结果，如进行信用抵押融资。这些活动都体现了企业经营管理水平的高低。

企业加强应收账款的管理，要从以下几个方面入手：

（1）选择资信状况良好的客户。这是降低坏账损失、提高收款及时性的基础。

（2）选择适宜的结算方式。一般来说，风险比较小、金额有保证的结算方式有预收货款销售、银行汇票结算方式、银行本票结算方式、汇兑结算方式、支票结算方式；风险比较大的结算方式有委托收款结算方式、分期付款结算方式等。

（3）制定合理的信用政策。一是要确定信用标准，即允许哪些信用等级的客户赊销；二是要确定信用期限，即正常情况下客户必须付清货款的时间限制；三是要确定现金折扣标准，即达到多少购买金额时给予多少现金折扣。

（4）加强应收账款的日常管理，包括登记、提醒、催收等日常工作。

二、任务要求

以 ABC 公司的应收账款数据为例，分析 ABC 公司的应收账款周转速度，并提出改进建议。任务所需指标、数据表如表 8-8 所示。

表 8-8　任务所需指标、数据表

具体指标	应收账款周转率	数据表	资产负债表
	应收账款周转天数		应收账款周转计算表
	应收账款周转率趋势		

注：应收账款周转率=营业收入/应收账款平均余额；
应收账款平均余额=(期初应收账款余额+期末应收账款余额)/2；
应收账款周转天数=360/应收账款周转率。

三、任务资料（表8-9）

表8-9　ABC公司应收账款周转计算表

项目	2020年	2021年
营业收入/百万元	15 449.48	16 623.43
期初应收账款余额/百万元	613.15	958.04
期末应收账款余额/百万元	958.04	1 012.35
应收账款平均余额/百万元	785.60	985.20
应收账款周转率/次		
应收账款周转天数/天		

四、任务实施

第一步：打开Python界面，把"应收账款周转计算表"拖入项目中。

第二步：单击"文件"→"新建"，新建Python文件。

第三步：输入以下代码后单击"运行"按钮，得出应收账款周转率。（代码8-5）

应收账款周转率计算

代码8-5　应收账款周转率计算

```
import numpy as np
import pandas as pd
a=pd.read_excel('./应收账款周转计算表.xlsx')
print(a)
b=a.dropna(axis=1,how='all')
print(b)
c=b.set_index('项目')
print(c)
c.loc['应收账款周转率/次']=c.loc['营业收入/百万元']/c.loc['应收账款平均余额/百万元']
print(c.loc['应收账款周转率/次'])
```

根据公式"应收账款周转天数=360/应收账款周转率"，用以上方法计算出应收账款周转天数。

五、任务结果

根据代码运行结果，整理得到表8-10。

表8-10　ABC公司应收账款周转计算表

项目	2020年	2021年
营业收入/百万元	15 449.48	16 623.43
期初应收账款余额/百万元	613.15	958.04

续表

项目	2020年	2021年
期末应收账款余额/百万元	958.04	1 012.35
应收账款平均余额/百万元	785.60	985.20
应收账款周转率/次	19.67	16.87
应收账款周转天数/天	18.31	21.34

六、任务趋势图（代码8-6）

代码8-6　应收账款周转率趋势图绘制

```
import numpy as np
import pandas as pd
import matplotlib.pyplot as plt
a=pd.read_excel('应收账款周转计算表.xlsx',index_col=0)
print(a)
plt.show()
x=['2020','2021']
plt.bar(x,a.loc['应收账款周转率/次',:])
plt.xlabel('年份')
plt.ylabel('应收账款周转率/次')
plt.show()
```

应收账款周转率趋势图（图8-6）如下：

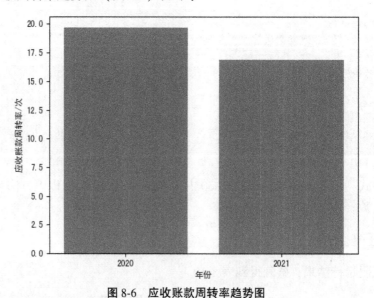

图8-6　应收账款周转率趋势图

七、任务数据分析

从表8-10可以看出，ABC公司应收账款周转率2021年比2020年下降了2.8次，应收账款回收期由2020年的平均约18天延长到2021年的平均约21天。

任务四 存货周转率分析

一、基础知识

(一) 存货周转率的含义

存货周转率是企业一定时期（通常是一年）内营业收入（或营业成本）与存货平均余额的比率。通过存货周转率的计算与分析，可以测定企业一定时期内存货资产的周转速度，它是反映企业购、产、销平衡效率的一种尺度。

存货周转率有两种计算方式：一种是以成本为基础的存货周转率，即存货周转率是企业一定时期内营业成本与存货平均余额的比率，主要用于流动性分析；另一种是以收入为基础的存货周转率，即存货周转率是企业一定时期内营业收入与存货平均余额的比率，主要用于获利能力分析。

(二) 存货周转速度的计算公式

存货周转速度可用存货周转率来表示，其计算公式为

$$以成本为基础的存货周转率 = \frac{营业成本}{存货平均余额}$$

$$以收入为基础的存货周转率 = \frac{营业收入}{存货平均余额}$$

公式中的"营业成本""营业收入"数据来自利润表。"存货平均余额"数据来自资产负债表"期初存货"与"期末存货"的平均数，其计算公式为

$$存货平均余额 = \frac{期初存货余额 + 期末存货余额}{2}$$

存货周转速度也可用存货周转天数来表示，即存货周转一次所需的时间。其计算公式为

$$存货周转天数 = \frac{360}{存货周转率}$$

以成本为基础和以收入为基础的存货周转率有各自不同的意义：以成本为基础的存货周转率应用较为广泛，因为与存货相关的是营业成本，它们之间的对比更符合实际，能够较好地表现存货的周转状况；以收入为基础的存货周转率既维护了资产利用效率各指标计算上的一致性，又因为由此计算的存货周转天数与应收账款周转天数建立在同一基础上，从而可直接相加并得出另一个分析指标——营业周期。

营业周期是指从取得存货开始到销售存货并收回现金为止的这一段时间。其计算公式为

$$营业周期 = 存货周转天数 + 应收账款周转天数$$

一般情况下，营业周期短，说明资金周转速度快；营业周期长，说明资金周转速度慢。决定流动比率高低的主要因素是存货周转天数和应收账款周转天数。

（三）存货周转率的评价意义

存货是流动资产乃至总资产最重要的组成部分之一，不仅金额比重大，而且增值能力强。因此，存货周转速度的快慢，不仅反映出企业采购、储存、生产、销售各环节管理状况的好坏，而且对企业的偿债能力和获利能力产生决定性的影响。存货周转率是对流动资产周转率的补充说明。一般来说，在一定时期内，企业的存货周转率越高，存货周转次数越多，表明企业存货回收速度越快，经营管理效率越高，资产流动性越强，从而企业的利润率越高（在企业有利经营的条件下）；反之，则表明企业存货回收速度越慢，经营管理效率越低，存货占用资金越多，从而企业的利润率越低。因此，存货周转率分析，有助于企业从不同的角度、在不同的环节找出存货管理中存在的问题，在保证生产经营连续性的同时，尽可能降低存货的资金占用水平，提高存货投资的变现能力和获利能力。

分析评价存货周转率时，需要注意以下几个问题：

（1）存货周转率通常能够反映企业存货流动性的强弱和管理效率的高低，但存货周转率过高也可能意味着企业存货不足而可能造成脱销；反之，在存货周转率过低时，企业应当进一步分析存货的质量结构，弄清楚存货中是否包含实际价值远远低于账面价值的即将报废或已损坏的原材料、商品（产品）等。

（2）企业管理者和有条件的外部报表使用者，除分析批量因素、季节性生产的变化等情况以外，还应对存货的结构及影响存货周转速度的重要项目进行分析，分别就原材料、在产品、产成品三个部分计算周转率，借以分析各构成部分对整个存货周转率的影响。其计算公式为

$$原材料周转率 = \frac{耗用原材料成本}{平均原材料成本}$$

$$在产品周转率 = \frac{制造成本}{平均在产品成本}$$

$$产成品周转率 = \frac{产品销售成本}{平均产成品成本}$$

（3）在其他条件不变的前提下，存货周转速度越快，所实现的周转额就越大，利润数额和水平相应也就越高，所以该指标可以用来衡量企业的获利能力，当然也可以作为分析企业偿债能力的辅助指标。

（4）企业采用不同的存货计价方法，将影响存货周转率的高低。例如，采用先进先出法对存货进行计价，当存货周转速度慢于通货膨胀速度时，存货成本不能准确地反映其现时成本，从而降低存货价值，导致企业的短期偿债能力被低估。因此，在计算和分析时，应保持口径一致。当存货计价方法变动时，应对此加以说明，并计算

这一变动对存货周转率的影响。

（5）存货批量的不同也会影响存货周转率。当存货批量较小时，存货可以很快地转换，因而存货周转率较高；当存货批量过小，甚至低于安全储备量时，会导致经常性的缺货，影响企业的正常生产经营。

（6）存货周转率高，表明存货量适度，存货积压和价值损失的风险相对降低，存货所占资金使用效益高，企业变现能力和经营能力强。但存货周转率与企业的生产经营周期有关。生产经营周期短，表明无须储备大量存货，故存货周转就会相对加速。因此，在评价存货周转率时，应考虑各行业的生产经营特点。

（7）如果企业的生产经营活动具有很强的季节性，则年度内各季度的销售或成本与存货都会有较大幅度的波动，仅仅用年初和年末余额简单计算存货平均占用额，显然是不客观的。因此，为了客观反映企业的营运状况，平均存货应该按月或季度余额来计算，先求出各月或各季度的平均存货，然后再计算全年的平均存货。

（8）企业的存货周转率恶化，可能由以下因素引起：① 低效率的存货控制与管理导致存货的购买过度；② 低效率的生产导致存货缓慢地转换为产品；③ 存货冷背、需求疲软或难以出售，甚至丧失交换价值，导致库存积压；④ 企业可能存在不适当的营销政策，如对信用政策控制过严导致销路不畅。

二、任务要求

以 ABC 公司的存货数据为例，分析 ABC 公司的存货周转速度，并提出改进建议。任务所需指标、数据表如表 8-11 所示。

表 8-11　任务所需指标、数据表

具体指标	存货周转率	数据表	资产负债表
	存货周转天数		
	存货周转率趋势		存货周转计算表

注：以收入为基础的存货周转率=营业收入/存货平均余额；
存货平均余额=(期初存货余额+期末存货余额)/2；
存货周转天数=360/存货周转率。

三、任务资料（表 8-12）

表 8-12　ABC 公司存货周转计算表

项目	2020 年	2021 年
营业收入/百万元	15 449.48	16 623.43
期初存货余额/百万元	602.00	851.21
期末存货余额/百万元	851.21	878.11
存货平均余额/百万元	726.61	864.66
存货周转率/次		
存货周转天数/天		

四、任务实施

第一步：打开 Python 界面，把"存货周转计算表"拖入项目中。

第二步：单击"文件"→"新建"，新建 Python 文件。

第三步：输入以下代码后单击"运行"按钮，得出存货周转率和存货周转天数。（代码 8-7）

存货周转率计算

代码 8-7　存货周转率和存货周转天数计算

```
import numpy as np
import pandas as pd
a=pd.read_excel('./存货周转计算表.xlsx')
print(a)
b=a.dropna(axis=1,how='all')
print(b)
c=b.set_index('项目')
print(c)
c.loc['存货周转率/次']=c.loc['营业收入/百万元']/c.loc['存货平均余额/百万元']
print(c.loc['存货周转率/次'])
c.loc['存货周转天数/天']=360/c.loc['存货周转率/次']
print(c.loc['存货周转天数/天'])
```

五、任务结果

根据代码运行结果，整理得到表 8-13。

表 8-13　ABC 公司存货周转计算表

项目	2020 年	2021 年
营业收入/百万元	15 449.48	16 623.43
期初存货余额/百万元	602.00	851.21
期末存货余额/百万元	851.21	878.11
存货平均余额/百万元	726.61	864.66
存货周转率/次	21.26	19.23
存货周转天数/天	16.93	18.73

六、任务趋势图（代码 8-8）

代码 8-8　存货周转率趋势图绘制

```
import numpy as np
import pandas as pd
import matplotlib.pyplot as plt
a=pd.read_excel('存货周转计算表.xlsx',index_col=0)
```

```
print(a)
plt.show()
x=['2020','2021']
plt.bar(x,a.loc['存货周转率/次',:])
plt.xlabel('年份')
plt.ylabel('存货周转率/天')
plt.show()
```

存货周转率趋势图（图 8-7）如下：

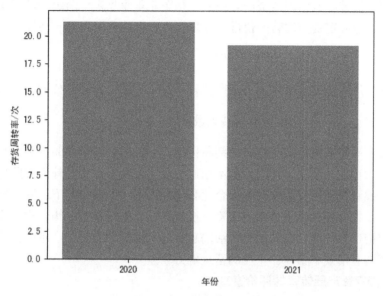

图 8-7　存货周转率趋势图

七、任务数据分析

从表 8-13 可以看出，ABC 公司存货周转率 2021 年比 2020 年下降了 2.03 次，存货周转天数由 2020 年的平均约 17 天延长到 2021 年的平均约 19 天，说明 ABC 公司存货管理水平下降了。

任务五　固定资产周转率分析

一、基础知识

(一) 固定资产周转率的含义

固定资产周转率也称固定资产利用率,是企业营业收入与固定资产平均占用额之比。它反映企业固定资产周转的快慢、变现能力和有效利用程度。其计算公式为

$$固定资产周转率 = \frac{营业收入}{固定资产平均余额}$$

固定资产周转速度也可用固定资产周转天数来表示,其计算公式为

$$固定资产周转天数 = \frac{360}{固定资产周转率}$$

固定资产周转率指标没有绝对的判断标准,一般通过与企业的历史水平相比较加以考察,因为种类、数量、时间均基本相似的机器设备与厂房等外部参照物几乎不存在,即难以找到外部可资借鉴的标准企业和标准比率。一般情况下,固定资产周转率越高越好,该指标高,说明企业固定资产投资得当,固定资产结构合理,能够较充分地发挥固定资产的效能,企业的经营活动越有效,闲置的固定资产越少;反之,则表明固定资产的利用效率不高,企业的营运能力较差。

(二) 固定资产周转率的评价意义

分析评价固定资产周转率时,需要注意以下几个问题:

(1) 企业固定资产所采用的折旧方法或折旧年限的不同,会导致不同的固定资产账面净值,这会对固定资产周转率的计算产生重要影响,造成指标的人为差异。

关于固定资产平均占用额的计算,目前有两种观点:一种观点主张采用固定资产原值计算,理由是固定资产的生产能力并非随着其价值的逐步转移而相应降低,如一种设备在全新时期和半新时期往往具有同样的生产能力;再者,采用原值,便于企业对不同时间或与不同企业进行比较,若采用净值计算,则会失去可比性。另一种观点主张采用固定资产净值计算,理由是固定资产原值并非一直全部被企业占有,其价值中的磨损部分已逐步通过折旧收回,只有采用净值计算,才能真正反映一定时期内企业实际占用的固定资产。一般应按固定资产原值的平均余额计算,否则会因所采用的折旧方法或折旧年限的不同而产生人为的差异,导致该指标缺乏可比性。若采用固定资产平均值计算,一般适宜于自身纵向比较;若与其他企业横向比较,则要注意两个企业的折旧方法是否一致。本书采用固定资产净值计算固定资产平均占用额。

(2) 企业的固定资产一般采用历史成本法记账,因此在企业的固定资产、销售情况都未发生变化的条件下,也可能是通货膨胀导致物价上涨等因素使营业收入虚增,从而使固定资产周转率提高,而实际上企业的固定资产效能并未增加。

(3) 严格地讲,企业的营业收入并不是由固定资产的周转价值带来的。企业的

营业收入只能直接来自流动资产的周转，而且固定资产要完成一次周转必须经过整个折旧周期。因此，用营业收入除以固定资产平均占用额来反映固定资产的周转速度具有很大的缺陷，即它并非固定资产的实际周转速度。但如果从固定资产对推动流动资产周转速度和周转额提高的作用来看，固定资产又与企业的营业收入有着必然的联系，即流动资产规模、周转额的大小及周转速度的快慢在很大程度上取决于固定资产的生产能力和利用效率。

（4）一般而言，固定资产的增加不是渐进的，而是突然的，这会导致固定资产周转率的变化。

（5）在进行固定资产周转率比较时，固定资产的不同来源将对该指标的高低产生重要影响。如果一家公司的厂房或生产设备是通过经营性租赁得来的，而另一家公司的厂房或生产设备全部是自有的，那么对这两家公司的固定资产周转率进行比较就会产生误导。

基于上述分析，在对固定资产营运能力进行分析时，必须充分结合流动资产的投资规模、周转额、周转速度才更有价值。固定资产周转率反映出既定质量的固定资产通过对流动资产价值转换规模与转换速率的作用而对营业收入实现所做出的贡献。固定资产周转率与流动资产周转率之间的关系，可用以下公式表示：

$$固定资产周转率 = \frac{流动资产平均占用额}{固定资产平均占用额} \times 流动资产周转率$$

一般而言，固定资产的质量与利用效率越高，其推动流动资产规模扩大、周转速度加快及周转额增加的作用就越明显。因此，在不断提高流动资产营运能力的同时，如何卓有成效地提高固定资产的质量与利用效率，并以相对节约的固定资产投资尽可能地推动流动资产规模的扩大，加速流动资产价值的转换，从而实现更多的营业收入，成为固定资产营运效率分析评价工作的重要内容。

在进行固定资产周转率分析时，应以企业的历史水平和行业的平均水平为标准进行对比分析，从中找出差距，努力提高固定资产周转速度。固定资产周转率越高，说明固定资产的利用效率越高；固定资产周转率越低，说明固定资产过多或设备闲置。与行业平均水平相比，如果固定资产周转率较低，意味着企业生产能力过剩；如果固定资产周转率较高，可能是设备被较好利用的结果，也可能是设备老化即将折旧完造成的。在后一种情况下，可能会引起较高的生产成本，使企业实现的利润降低，使将来的更新改造更加困难。企业一旦形成固定资产过多的局面，除想办法利用以扩大销售以外，没有其他有效办法。由于设备等固定资产具有成套性和准用性的特点，其既不能拆散处理，又不能移作他用，因此拥有过多的固定资产处理起来就比较困难。但如果固定资产利用率极低、设备多余，就必须想办法处理。

二、任务要求

以 ABC 公司的固定资产数据为例，分析 ABC 公司的固定资产周转速度，并提出改进建议。任务所需指标、数据表如表 8-14 所示。

表 8-14　任务所需指标、数据表

具体指标	固定资产周转率	数据表	资产负债表
	固定资产周转天数		固定资产周转计算表
	固定资产周转率趋势		

注：固定资产周转率=营业收入/固定资产平均余额；
固定资产平均余额=(期初固定资产余额+期末固定资产余额)/2；
固定资产周转天数=360/固定资产周转率。

三、任务资料（表 8-15）

表 8-15　ABC 公司固定资产周转计算表

项目	2020 年	2021 年
营业收入/百万元	15 449.48	16 623.43
期初固定资产余额/百万元	1 704.48	1 597.26
期末固定资产余额/百万元	1 597.26	1 506.54
固定资产平均余额/百万元	1 650.87	1 551.90
固定资产周转率/次		
固定资产周转天数/天		

四、任务实施

第一步：打开 Python 界面，把"固定资产周转计算表"拖入项目中。

第二步：单击"文件"→"新建"，新建 Python 文件。

第三步：输入以下代码后单击"运行"按钮，得出固定资产周转率和固定资产周转天数。（代码 8-9）

固定资产
周转率计算

代码 8-9　固定资产周转率和固定资产周转天数计算

```
import numpy as np
import pandas as pd
a=pd.read_excel('./固定资产周转计算表.xlsx')
print(a)
b=a.dropna(axis=1,how='all')
print(b)
c=b.set_index('项目')
print(c)
c.loc['固定资产周转率/次']=c.loc['营业收入/百万元']/c.loc['固定资产平均余额/百万元']
print(c.loc['固定资产周转率/次'])
c.loc['固定资产周转天数/天']=360/c.loc['固定资产周转率/次']
print(c.loc['固定资产周转天数/天'])
```

五、任务结果

根据代码运行结果，整理得到表 8-16。

表 8-16　ABC 公司固定资产周转计算表

项目	2020 年	2021 年
营业收入/百万元	15 449.48	16 623.43
期初固定资产余额/百万元	1 704.48	1 597.26
期末固定资产余额/百万元	1 597.26	1 506.54
固定资产平均余额/百万元	1 650.87	1 551.90
固定资产周转率/次	9.36	10.71
固定资产周转天数/天	38.47	33.61

六、任务趋势图（代码 8-10）

代码 8-10　固定资产周转率趋势图绘制

```python
import numpy as np
import pandas as pd
import matplotlib.pyplot as plt
a=pd.read_excel('固定资产周转计算表.xlsx',index_col=0)
print(a)
plt.show()
x=['2020','2021']
plt.bar(x,a.loc['固定资产周转率/次',:])
plt.xlabel('年份')
plt.ylabel('固定资产周转率/次')
plt.show()
```

固定资产周转率趋势图（图 8-8）如下：

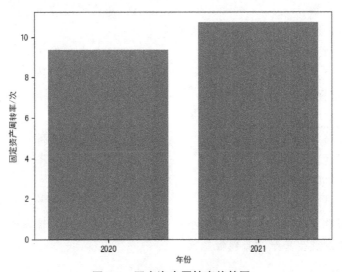

图 8-8　固定资产周转率趋势图

七、任务数据分析

从表 8-16 可以看出，ABC 公司固定资产周转率 2021 年比 2020 年提高了 1.35 次，固定资产周转天数由 2020 年的平均约 38 天缩短到 2021 年的平均约 34 天，说明 ABC 公司固定资产的利用效率提高了。

思考与练习

一、单项选择题

1. 营业周期=（　　）。
   A. 存货周转天数+应收账款周转天数
   B. 存货周转率+应收账款周转率
   C. 存货周转天数+存货周转率
   D. 应收账款周转天数+应收账款周转率

2. 营运资金的计算公式是（　　）。
   A. 流动负债-流动资产　　　　　　B. 长期资产-长期负债
   C. 总资产-总负债　　　　　　　　D. 流动资产-流动负债

3. 衡量企业资产营运能力的指标是（　　）。
   A. 资产负债率　　　　　　　　　B. 总资产收益率
   C. 销售增长率　　　　　　　　　D. 总资产周转率

4. 能够引起总资产周转率变动的指标是（　　）。
   A. 总资产收益率　　　　　　　　B. 流动资产周转率
   C. 净资产收益率　　　　　　　　D. 营运资金周转率

二、多项选择题

1. 应收账款周转率提高，意味着企业（　　）。
   A. 短期偿债能力增强　　　　　　B. 流动比率提高
   C. 长期偿债能力增强　　　　　　D. 坏账成本下降

2. 应收账款周转率越高，（　　）。
   A. 应收账款周转天数越多　　　　B. 应收账款的流动性越强
   C. 应收账款发生坏账的可能性越小　D. 应收账款周转天数越少
   E. 应收账款发生坏账的可能性越大

3. 存货周转率越高，（　　）。
A. 存货周转天数越多　　　　　　B. 存货的流动性越强
C. 存货发生跌价损失的可能性越小　D. 存货周转天数越少
E. 存货发生跌价损失的可能性越大

4. 衡量企业资产营运能力的指标有（　　）。
A. 权益乘数　　　　　　　　　　B. 资产负债率
C. 总资产周转率　　　　　　　　D. 应收账款周转率
E. 存货周转率

5. 在分析评价存货周转率时，应注意（　　）。
A. 季节性生产的企业存货波动较大，可按季度或按月计算存货平均余额
B. 结合企业的竞争战略分析存货周转率
C. 分析企业目前所处的产品生命周期
D. 存货周转率分析并不能找出企业存货管理中存在的问题
E. 不同企业的存货周转率是不能简单相比的

6. 影响总资产周转率的因素包括（　　）。
A. 各项资产的合理比例　　　　　B. 各项资产的利用程度
C. 资产结构　　　　　　　　　　D. 营业收入
E. 固定的费用支出

三、判断题

1. 应收账款周转率越高，应收账款周转天数越多。（　　）
2. 应收账款周转率越高，应收账款的流动性越强，发生坏账的可能性越小。
（　　）
3. 存货周转天数是存货周转率的倒数。（　　）
4. 存货周转率越高，存货周转天数越多。（　　）
5. 一般来说，在销售规模一定的情况下，存货周转速度越快，存货的资金占用水平越低。（　　）
6. 以成本为基础的存货周转率指标更能反映企业的实际存货周转状况。（　　）
7. 企业所采用的财务政策会影响企业的资产周转率。（　　）
8. 筹资活动现金流入与资产负债表中的短期借款有内在联系，但无直接核对关系。
（　　）

四、计算分析题

1. A 公司本年赊销收入净额为 1 600 万元，应收账款年初和年末余额分别为 312 万元和 328 万元。（一年按 360 天计算）

要求：
（1）计算 A 公司应收账款周转率和应收账款周转天数。
（2）对 A 公司应收账款周转情况进行分析。

2. B 公司本年赊销收入净额为 3 200 万元，主营业务成本为 2 560 万元，其中存货年初和年末余额分别为 444 万元和 836 万元。（一年按 360 天计算）

要求：

（1）计算 B 公司存货周转率和存货周转天数。

（2）进行企业流动资产周转情况总体分析时，还需要分析哪些问题？主要采用哪些指标？

3. C 公司本年赊销收入净额为 3 200 万元，主营业务成本为 2 560 万元，流动资产只有存货和应收账款，其中应收账款年初和年末余额分别为 624 万元和 656 万元，存货年初和年末余额分别为 444 万元和 836 万元。（一年按 360 天计算）

要求：

（1）计算 C 公司应收账款周转天数、存货周转天数和营业周期。

（2）简要说明如何进行营业周期分析。

4. L 公司 2021—2023 年流动资产周转率如表 8-17 所示。

表 8-17　L 公司 2021—2023 年流动资产周转率

项目	2021 年	2022 年	2023 年
流动资产周转率/次	9.2	10.9	12.2

L 公司所处行业 2021—2023 年流动资产周转率和周转天数如表 8-18 所示。

表 8-18　L 公司所处行业 2021—2023 年流动资产周转率和周转天数

项目	2021 年	2022 年	2023 年
流动资产周转率/次	4.5	6	4
流动资产周转天数/天	80	60	90

要求：

（1）计算 L 公司流动资产周转天数。（一年按 360 天计算，计算结果保留整数）

（2）分析 L 公司流动资产周转效率。

5. M 公司本年主营业务收入为 6 400 万元，固定资产只有厂房和机器设备，厂房年初和年末余额分别为 300 万元和 640 万元，机器设备年初和年末余额分别为 100 万元和 240 万元。（一年按 360 天计算）

要求：

（1）计算 M 公司固定资产周转率和固定资产周转天数。

（2）简要说明企业提高固定资产周转率时应该注意的问题。

6. N 公司本年主营业务收入为 3 200 万元，流动资产只有应收账款和存货，其中应收账款年初和年末余额分别为 624 万元和 656 万元，存货年初和年末余额分别为 444 万元和 836 万元。固定资产只有机器设备，年初和年末余额分为 200 万元和 440 万元。（一年按 360 天计算）

要求：

（1）计算 N 公司流动资产周转率和固定资产周转率。

（2）简要说明企业在资产周转中还应考虑哪些因素。

7. 华维公司本年实现销售收入 3 750 万元、净利润 3 000 万元，年初和年末总资产分别为 3 500 万元和 6 500 万元。

要求：

（1）计算华维公司的销售净利率。

（2）计算华维公司的总资产周转率。

（3）计算华维公司的总资产收益率，并分析销售净利率和总资产周转率对总资产盈利能力的影响。

五、综合实践训练题

表 8-19、表 8-20 分别是 W 公司 2021 年 12 月 31 日的资产负债表、2021 年度的利润表，请根据表中数据计算 W 公司的下列指标并做简要分析：① 总资产周转率；② 流动资产周转率；③ 应收账款周转率；④ 存货周转率；⑤ 固定资产周转率。（不能计算平均数的用年末数代替）

表 8-19 资产负债表

编制单位：W 公司　　　　　　2021 年 12 月 31 日　　　　　　单位：万元

项目	年末数	年初数
货币资金	4 104	11 412
应收票据	96	124
应收账款	2 620	2 984
其他应收款	127 384	119 920
预付款项	632	2 376
应收补贴款		4
存货	5 520	5 260
流动资产合计	140 356	142 080
长期股权投资	17 760	18 472
固定资产净值	101 688	67 884
在建工程	2 076	39 184
固定资产合计	103 764	107 068
无形资产	1 872	2 036
长期待摊费用	3 544	2 192
非流动资产合计	126 940	129 768
资产总计	267 296	271 848
短期借款	80 252	63 652
应付票据	572	988
应付账款	5 908	5 648
预收款项	2 124	532
应付职工薪酬	1 612	1 392
应付股利		340

续表

项目	年末数	年初数
应交税费	9 084	8 916
其他应付款	30 136	32 236
一年内到期的非流动负债		24 000
流动负债合计	129 688	137 704
长期借款	11 400	8 000
股本	61 492	61 492
资本公积	53 248	53 248
盈余公积	8 024	9 184
未分配利润	3 444	2 220
负债和所有者权益总计	267 296	271 848

表 8-20 利润表

编制单位：W 公司　　　　　2021 年度　　　　　单位：万元

项目	本期数	上期数
一、营业收入	52 940	40 452
减：营业成本	29 064	20 928
税金及附加	1 996	1 784
销售费用	14 812	11 424
管理费用	9 928	8 520
财务费用	156	-660
加：投资收益	-164	8 084
二、营业利润	-3 180	6 540
加：营业外收入	92	64
减：营业外支出	40	232
三、利润总额	-3 128	6 372
减：所得税费用	576	1 296
四、净利润	-3 704	5 076
五、每股收益（61 492 万股）	-0.06	0.08

项目九

Python 在企业盈利能力分析中的应用

任务描述

本项目的任务是了解企业盈利能力分析常用的财务指标，掌握各项指标的计算方法、内涵、作用、影响因素、评价方法，学会利用多项盈利能力指标综合分析评价企业的获利能力。

学习目标

1. 掌握净资产收益率高低对企业盈利能力的影响。
2. 熟悉并掌握净资产收益率的计算和评价。
3. 熟悉并掌握总资产收益率的计算和评价。
4. 熟悉并掌握销售净利率的计算和评价。
5. 熟悉并掌握销售毛利率的计算和评价。
6. 熟悉并掌握销售收入现金含量的影响因素和评价方法。
7. 熟悉并掌握净利润现金含量的主要指标和评价方法。

技能目标

1. 能综合运用各项指标进行企业盈利能力分析。
2. 能掌握影响净资产收益率各因素之间的关系。
3. 能掌握净资产收益率的运用与分析评价。
4. 能掌握总资产收益率的运用与分析评价。
5. 能掌握销售净利率的运用与分析评价。
6. 能掌握销售毛利率的运用与分析评价。
7. 能结合现金流量表与利润表对销售收入现金含量进行分析。
8. 能结合现金流量表与利润表对净利润现金含量进行分析。

项目导入

表9-1列示了A、B两家公司的部分财务数据。

表9-1 A、B两家公司的部分财务数据   单位：百万元

项目	A公司	B公司
负债（利率10%）	900	0
所有者权益	100	1 000
总资产	1 000	1 000
息税前利润	120	120
利息费用	90	0
税前利润	30	120
所得税费用（税率25%）	7.5	30
税后利润	22.5	90

请思考

1. 试计算A、B两家公司的净资产收益率和总资产收益率。
2. 比较A、B两家公司收益率的大小，并简要分析收益率不同的原因，进而总结利用净资产收益率分析企业盈利能力的注意事项。

任务一 净资产收益率分析

一、基础知识

（一）净资产收益率的含义

净资产收益率表明所有者每一元钱的投资能够获得多少净收益，它衡量了一个企业股东资本的使用效率，即股东投资企业的收益率。净资产是股东投入企业的股本、公积金和留存收益等的总和，这里的收益指税后净利润。

（二）净资产收益率的计算公式

$$净资产收益率 = \frac{净利润}{平均股东权益} \times 100\%$$

$$平均股东权益 = (期初股东权益 + 期末股东权益)/2$$

可以毫不夸张地说，许多资深管理者的职业生涯是随企业的净资产收益率一起沉浮的。在现行公司制度下，投资者投入企业的资本委托给经营者经营，经营者就要确保给投资者带来收益，而且收益率至少应高于同期的市场利率。一份资产，如果收益率与市场利率一样，那么就没有什么附加价值。正是因为这份资产的盈利能力大于市场的平均水平，投资者才愿意为它支付溢价。

（三）净资产收益率的影响因素及评价方法

为了更明确地分析净资产收益率的影响因素，可以将其分解成三个指标：

$$净资产收益率 = \frac{净利润}{营业收入} \times \frac{营业收入}{平均总资产} \times \frac{平均总资产}{平均股东权益}$$

分解后的三个指标分别为销售净利率、总资产周转率和权益乘数。因此，净资产收益率的计算公式可改写为"净资产收益率=销售净利率×总资产周转率×权益乘数"，即有三个因素影响净资产收益率：

（1）一元营业收入带来的净利润。

（2）已动用的每一元总资产所产出的营业收入。

（3）总资产与股东权益的比值。

这与前面分析的财务报表是紧密对应的。销售净利率概括了利润表的情况，权益乘数反映了资产负债表右边的内容，而总资产周转率将资产负债表左边的内容与利润表联系起来。

二、任务要求

以 ABC 公司净资产收益率分解指标计算表的数据为例，分析 ABC 公司的销售净利率、总资产周转率和权益乘数，并提出改进建议。任务所需指标、数据表如表 9-2 所示。

表 9-2　任务所需指标、数据表

具体指标	净资产收益率分解指标： （1）销售净利率 （2）总资产周转率 （3）权益乘数	数据表	净资产收益率分解指标计算表
			净资产收益率计算表

注：净资产收益率=（净利润/营业收入）×（营业收入/平均总资产）×（平均总资产/平均股东权益）；

净资产收益率=销售净利率×总资产周转率×权益乘数。

三、任务资料（表9-3）

表 9-3　ABC 公司净资产收益率分解指标计算表

项目	2020 年	2021 年
净利润/百万元	369.43	239.11
营业收入/百万元	15 449.48	16 623.43
期初总资产/百万元	7 372.71	7 107.05
期末总资产/百万元	7 107.05	6 777.48
平均总资产/百万元	7 239.88	6 942.27
平均股东权益/百万元	5 553.74	5 658.60
销售净利率/%		
总资产周转率/次		
权益乘数		

四、任务实施

第一步：打开 Python 界面，把"净资产收益率分解指标计算表"拖入项目中。（图 9-1）

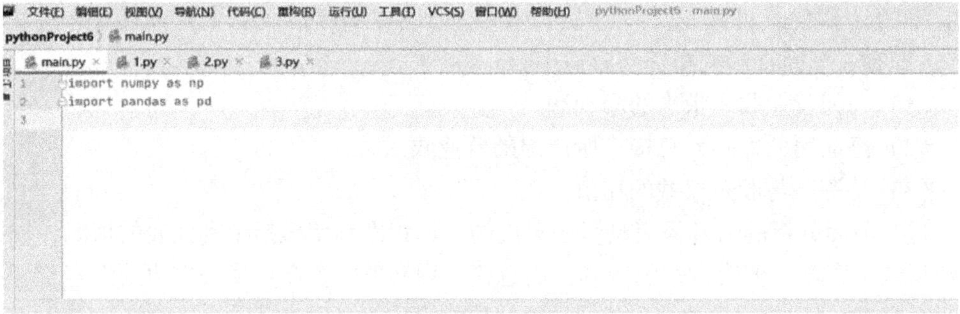

净资产收益率计算

图 9-1 Python 界面

第二步：单击"文件"→"新建"，新建 Python 文件。（图 9-2）

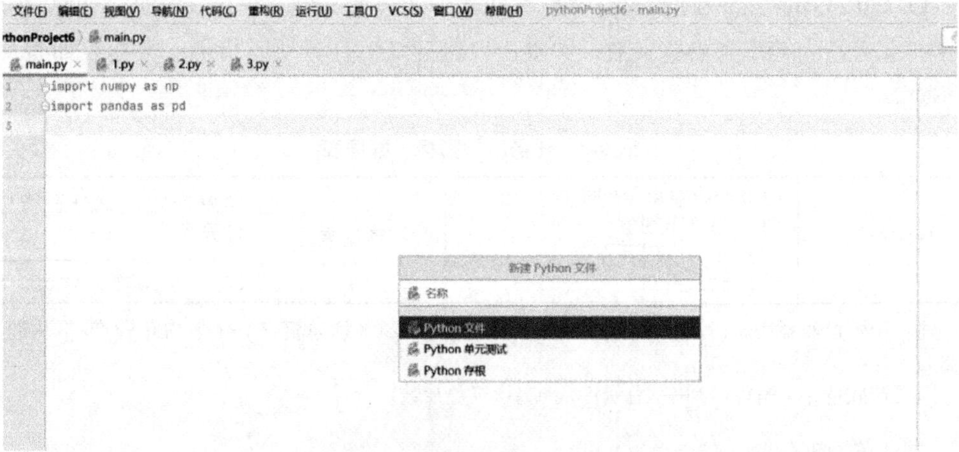

图 9-2 新建 Python 文件界面

第三步：输入以下代码后单击"运行"按钮，得出销售净利率。（代码 9-1）

代码 9-1 销售净利率计算

```
import numpy as np
import pandas as pd
a=pd.read_excel('./净资产收益率分解指标计算表.xlsx')
print(a)
b=a.dropna(axis=1,how='all')
print(b)
c=b.set_index('项目')
print(c)
c.loc['销售净利率/%']=c.loc['净利润/百万元']/c.loc['营业收入/百万元']*100
print(c.loc['销售净利率/%'])
```

第四步：输入以下代码后单击"运行"按钮，得出总资产周转率。（代码9-2）

代码9-2　总资产周转率计算

```
import numpy as np
import pandas as pd
a=pd.read_excel('./净资产收益率分解指标计算表.xlsx')
print(a)
b=a.dropna(axis=1,how='all')
print(b)
c=b.set_index('项目')
print(c)
c.loc['总资产周转率/次']=c.loc['营业收入/百万元']/c.loc['平均总资产/百万元']
print(c.loc['总资产周转率/次'])
```

第五步：输入以下代码后单击"运行"按钮，得出权益乘数。（代码9-3）

代码9-3　权益乘数计算

```
import numpy as np
import pandas as pd
a=pd.read_excel('./净资产收益率分解指标计算表.xlsx')
print(a)
b=a.dropna(axis=1,how='all')
print(b)
c=b.set_index('项目')
print(c)
c.loc['权益乘数']=c.loc['平均总资产/百万元']/c.loc['平均股东权益/百万元']
print(c.loc['权益乘数'])
```

五、任务结果

根据代码运行结果，整理得到表9-4。

表9-4　ABC公司净资产收益率分解指标计算表

项目	2020年	2021年
净利润/百万元	369.43	239.11
营业收入/百万元	15 449.48	16 623.43
期初总资产/百万元	7 372.71	7 107.05
期末总资产/百万元	7 107.05	6 777.48
平均总资产/百万元	7 239.88	6 942.27
平均股东权益/百万元	5 553.74	5 658.60
销售净利率/%	2.39	1.44
总资产周转率/次	2.13	2.39
权益乘数	1.30	1.23

六、任务趋势图（代码 9-4）

代码 9-4　销售净利率趋势图绘制

```
import numpy as np
import pandas as pd
import matplotlib.pyplot as plt
a=pd.read_excel('净资产收益率分解指标计算表.xlsx',index_col=0)
print(a)
plt.show()
x=['2020','2021']
plt.bar(x,a.loc['销售净利率/%',:])
plt.xlabel('年份')
plt.ylabel('销售净利率/%')
plt.show()
```

销售净利率趋势图（图 9-3）如下：

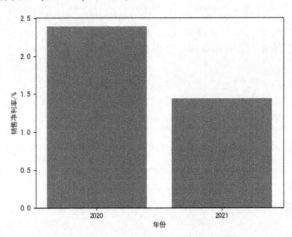

图 9-3　销售净利率趋势图

其他指标趋势图绘制方法相同。

七、任务数据分析

根据表 9-4，可以计算出 ABC 公司的净资产收益率，如表 9-5 所示。

表 9-5　ABC 公司净资产收益率计算表

项目	2020 年	2021 年
销售净利率/%	2.39	1.44
总资产周转率/次	2.13	2.39
权益乘数	1.30	1.23
净资产收益率/%	6.62	4.23

从表 9-5 可以看出，ABC 公司净资产收益率 2021 年比 2020 年下降了 2.39 个百

分点,下降幅度达36%,说明从股东角度来看,ABC公司的盈利能力出现了下滑趋势。结合电器机械及器材制造业的行业数据和表9-6 ABC公司的历年盈利指标,可得出ABC公司盈利能力下降且低于行业平均水平的结论,应积极寻找原因,解决问题。

表9-6 ABC公司历年盈利指标 单位:%

年度	净资产收益率	总资产收益率	销售净利率	销售毛利率	销售收入现金含量	净利润现金含量
2015	12.03	8.22	7.82	20.82	25.64	1.14
2016	14.67	10.51	8.78	18.24	16.57	0.98
2017	12.53	8.90	5.40	16.89	24.27	1.15
2018	7.80	5.37	3.44	12.95	30.68	1.85
2019	6.85	5.00	3.16	14.68	28.35	1.78

下面采用因素分析法对ABC公司净资产收益率变动的原因进行具体分析。

2020年与2021年的净资产收益率分解如下:

2020年:6.62% = 2.39%×2.13×1.30

2021年:4.23% = 1.44%×2.39×1.23

三个因素对ABC公司净资产收益率变动的影响如下:

销售净利率变动的影响 = (1.44%−2.39%)×2.13×1.30 ≈ −2.63%

总资产周转率变动的影响 = 1.44%×(2.39−2.13)×1.30 ≈ 0.49%

权益乘数变动的影响 = 1.44%×2.39×(1.23−1.30) ≈ −0.24%

4.23%−6.62% = −2.63%+0.49%+(−0.24%)

从以上分析可以看出,ABC公司2021年净资产收益率下降主要是销售净利率下降和权益乘数下降两方面原因造成的,虽然其总资产周转率略有上升,但抵挡不了销售净利率下降的强劲势头。

任务二 总资产收益率分析

一、基础知识

(一) 总资产收益率的含义

总资产收益率反映企业总资产获取净利润的能力,是反映企业资产综合利用效果的指标。该指标越高,表明资产综合利用效果越好,整个企业的活力越强,经营管理

水平越高。总资产收益率的计算公式为

$$总资产收益率 = \frac{净利润}{平均总资产} \times 100\%$$

平均总资产 = (期初总资产 + 期末总资产)/2

企业的资产是指能为企业带来利润的财产物资,总资产收益率反映了企业利用资产获取利润的有效性,它表明资产负债表上的每一元资产所能产生的净利润。

总资产收益率是站在企业总体资产利用效率的角度来衡量企业的盈利能力,是对企业分配和管理资源效益的基本衡量。它与净资产收益率的区别在于,前者反映股东和债权人共同提供的资金所产生的利润率,后者则反映仅由股东投入的资金所产生的利润率。

(二) 总资产收益率的影响因素及评价方法

总资产收益率是一个综合指标,企业的资产是由投资者投入或举债形成的,而净利润的多少与企业的资产规模、资产结构、经营管理水平有着密切的关系。为了正确评价企业经济效益的高低、挖掘提高利润水平的潜力,可以用该指标与本企业前期、与计划、与本行业平均水平和本行业内先进企业进行对比,分析形成差异的原因。总资产收益率的高低主要取决于总资产周转速度的快慢及销售净利率的大小。企业销售净利率越高,资产周转速度就越快,总资产收益率就越高。因此,影响总资产收益率的因素主要有产品的价格、产品的单位成本、产品的产量和销量、资金占用量、资金来源结构等。

分析评价总资产收益率指标,要结合行业的经营特点进行。

二、任务要求

以 ABC 公司总资产收益率计算表的数据为例,分析 ABC 公司的总资产收益率,并提出改进建议。任务所需指标、数据表如表 9-7 所示。

表 9-7 任务所需指标、数据表

具体指标	总资产收益率	数据表	资产负债表
	总资产收益率趋势		总资产收益率计算表

注:总资产收益率 = 净利润/平均总资产 × 100%;
平均总资产 = (期初总资产 + 期末总资产)/2。

三、任务资料(表 9-8)

表 9-8 ABC 公司总资产收益率计算表

项目	2020 年	2021 年
净利润/百万元	369.43	239.11
期初总资产/百万元	7 372.71	7 107.05
期末总资产/百万元	7 107.05	6 777.48
平均总资产/百万元	7 239.88	6 942.27
总资产收益率/%		

四、任务实施

第一步：打开 Python 界面，把"总资产收益率计算表"拖入项目中。

第二步：单击"文件"→"新建"，新建 Python 文件。

总资产收益率计算

第三步：输入以下代码后单击"运行"按钮，得出总资产收益率。（代码 9-5）

代码 9-5　总资产收益率计算

```
import numpy as np
import pandas as pd
a=pd.read_excel('./总资产收益率计算表.xlsx')
print(a)
b=a.dropna(axis=1,how='all')
print(b)
c=b.set_index('项目')
print(c)
c.loc['总资产收益率/%']=c.loc['净利润/百万元']/c.loc['平均总资产/百万元']*100
print(c.loc['总资产收益率/%'])
```

五、任务结果

根据代码运行结果，整理得到表 9-9。

表 9-9　总资产收益率计算表

项目	2020 年	2021 年
净利润/百万元	369.43	239.11
期初总资产/百万元	7 372.71	7 107.05
期末总资产/百万元	7 107.05	6 777.48
平均总资产/百万元	7 239.88	6 942.27
总资产收益率/%	5.10	3.44

六、任务趋势图（代码 9-6）

代码 9-6　总资产收益率趋势图绘制

```
import numpy as np
import pandas as pd
import matplotlib.pyplot as plt
a=pd.read_excel('总资产收益率计算表.xlsx',index_col=0)
print(a)
plt.show()
x=('2020','2021')
plt.bar(x,a.loc['总资产收益率/%',:])
plt.xlabel('年份')
plt.ylabel('总资产收益率/%')
plt.show()
```

总资产收益率趋势图（图 9-4）如下：

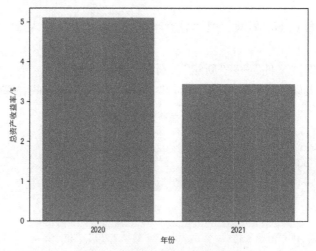

图 9-4　总资产收益率趋势图

七、任务数据分析

从表 9-9 可以看出，ABC 公司总资产收益率 2021 年比 2020 年下降了 1.66 个百分点，下降幅度达 32.5%。但结合电器机械及器材制造业的行业数据来看，ABC 公司的总资产收益率仍远远高于行业平均水平。

任务三　销售净利率分析

一、基础知识

（一）销售净利率的含义

销售净利率反映营业收入带来净利润的能力。这个指标越高，说明企业每销售一元产品所能创造的净利润越高。这个指标通常越高越好。销售净利率的计算公式为

$$销售净利率 = \frac{净利润}{营业收入} \times 100\%$$

（二）销售净利率的影响因素及评价方法

销售净利率的高低主要受营业收入和净利润的影响，这两个项目分别是利润表中

的第一项和最后一项，从利润的源泉到最终的净利润，中间要经过营业成本、税金及附加、三项期间费用、资产减值损失、公允价值变动损益、投资收益、营业外收入和营业外支出、所得税费用等多个环节，因此这些项目的增减变动都会影响到销售净利率。

销售净利率与净利润成正比关系，与营业收入成反比关系，企业在增加营业收入的同时，必须相应地获取更多的净利润，才能使销售净利率保持不变或有所提高。企业要想提高销售净利率：一是要扩大销售；二是要降低成本费用。而降低各项成本费用开支是企业财务管理的一项重要内容。各项成本费用开支的列示，有利于企业进行成本费用的结构分析，加强成本控制，以便为寻求降低成本费用的途径提供依据。分析销售净利率的升降变动，可以促使企业在扩大销售的同时，注意改进经营管理方法，提高盈利水平。

销售净利率是企业销售的最终获利能力指标。该指标越高，说明企业的获利能力越强。但是，它受行业特点影响较大。通常来说，资本密集程度较高的企业，其销售净利率也较高；反之，资本密集程度较低的企业，其销售净利率也较低。

二、任务要求

以 ABC 公司销售净利率计算表的数据为例，分析 ABC 公司的销售净利率，并提出改进建议。任务所需指标、数据表如表 9-10 所示。

表 9-10　任务所需指标、数据表

具体指标	销售净利率	数据表	利润表
	销售净利率趋势		销售净利率计算表

注：销售净利率=净利润/营业收入×100%。

三、任务资料（表 9-11）

表 9-11　ABC 公司销售净利率计算表

项目	2020 年	2021 年
净利润/百万元	369.43	239.11
营业收入/百万元	15 449.48	16 623.43
销售净利率/%		

四、任务实施

第一步：打开 Python 界面，把"销售净利率计算表"拖入项目中。

第二步：单击"文件"→"新建"，新建 Python 文件。

第三步：输入以下代码后单击"运行"按钮，得出销售净利

销售净利率计算

率。(代码9-7)

代码9-7 销售净利率计算

```
import numpy as np
import pandas as pd
a=pd.read_excel('./销售净利率计算表.xlsx')
print(a)
b=a.dropna(axis=1,how='all')
print(b)
c=b.set_index('项目')
print(c)
c.loc['销售净利率/%']=c.loc['净利润/百万元']/c.loc['营业收入/百万元']*100
print(c.loc['销售净利率/%'])
```

五、任务结果

根据代码运行结果,整理得到表9-12。

表9-12 ABC公司销售净利率计算表

项目	2020年	2021年
净利润/百万元	369.43	239.11
营业收入/百万元	15 449.48	16 623.43
销售净利率/%	2.39	1.44

六、任务趋势图(代码9-8)

代码9-8 销售净利率趋势图绘制

```
import numpy as np
import pandas as pd
import matplotlib.pyplot as plt
a=pd.read_excel('销售净利率计算表.xlsx',index_col=0)
print(a)
plt.show()
x=['2020','2021']
plt.bar(x,a.loc['销售净利率/%',:])
plt.xlabel('年份')
plt.ylabel('销售净利率/%')
plt.show()
```

销售净利率趋势图(图9-5)如下:

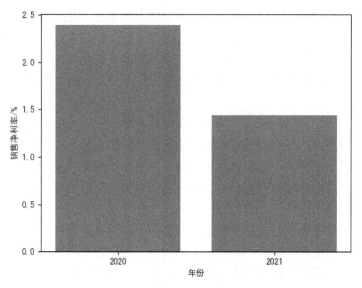

图 9-5 销售净利率趋势图

七、任务数据分析

从表 9-12 可以看出，ABC 公司销售净利率 2021 年与 2020 年比呈现下降趋势，这和其他盈利能力指标反映出相同的变动趋势。但 ABC 公司销售净利率略高于行业平均水平，说明行业的整体盈利能力下降，ABC 公司在行业中还处于较好的位置。

销售净利率指标对管理人员特别重要，反映了企业的价格策略及控制管理成本的能力。

任务四 销售毛利率分析

一、基础知识

（一）销售毛利率的含义

销售毛利率是评价企业经营业务的获利能力指标，通常越高越好。该指标的优点在于可以对企业某一主要产品或主要业务的盈利状况进行分析，这对于判断企业核心竞争力的变化趋势极有帮助。销售毛利率的计算公式为

$$销售毛利率 = \frac{营业收入 - 营业成本}{营业收入} \times 100\%$$

（二）销售毛利率的影响因素及评价方法

销售毛利率反映企业产品销售的初始获利能力，是企业净利润的起点，没有足够高的销售毛利率便不能形成较大的盈利。与同行业比较，如果企业的销售毛利率显著高于行业平均水平，说明企业产品附加值高，产品定价高，或者与同行业企业比较存在成本上的优势，有竞争力。与历史数据比较，如果企业的销售毛利率显著提高，那

么可能是企业所在行业处于复苏时期，产品价格大幅上涨，在这种情况下，分析者需要考虑这种价格上涨是否能持续，企业将来的盈利能力是否有保证；相反，如果企业的销售毛利率显著降低，那么可能是企业所在行业竞争激烈，在发生价格战的情况下往往会出现两败俱伤的结果，这时分析者就要警觉了，我国20世纪90年代的彩电业就是这样的例子。

通常来说，销售毛利率随行业的不同而高低各异，但同一行业的销售毛利率一般相差不大。与行业同期的平均销售毛利率相比，可以揭示企业在定价政策、产品或商品推销及生产成本控制方面存在的问题。同时，企业之间的存货计价和固定资产折旧等会计处理的差异也会影响营业成本，进而影响销售毛利率的计算，这一点应在企业之间的横向比较时加以注意。

销售毛利率是企业产品参与市场竞争的结果，很难单方面主观地左右销售毛利率的变化，因此销售毛利率是一个十分可信的指标。若销售毛利率连续上升，则说明企业产品市场需求强烈，产品竞争力不断提高；反之，若销售毛利率连续下跌，则说明企业在走下坡路。

二、任务要求

以ABC公司销售毛利率计算表的数据为例，分析ABC公司的销售毛利率，并提出改进建议。任务所需指标、数据表如表9-13所示。

表9-13　任务所需指标、数据表

具体指标	销售毛利率	数据表	利润表
	销售毛利率趋势		销售毛利率计算表

注：销售毛利率=（营业收入−营业成本）/营业收入×100%。

三、任务资料（表9-14）

表9-14　ABC公司销售毛利率计算表

项目	2020年	2021年
营业收入/百万元	15 449.48	16 623.43
营业成本/百万元	13 407.09	14 667.80
销售毛利率/%		

四、任务实施

第一步：打开Python界面，把"销售毛利率计算表"拖入项目中。

第二步：单击"文件"→"新建"，新建Python文件。

第三步：输入以下代码后单击"运行"按钮，得出销售毛利率。（代码9-9）

销售毛利率计算

代码 9-9　销售毛利率计算

```
import numpy as np
import pandas as pd
a=pd.read_excel('./销售毛利率计算表.xlsx')
print(a)
b=a.dropna(axis=1,how='all')
print(b)
c=b.set_index('项目')
print(c)
c.loc['销售毛利率/%']=(c.loc['营业收入/百万元']-c.loc['营业成本/百万元'])/c.loc['营业收入/百万元']*100
print(c.loc['销售毛利率/%'])
```

五、任务结果

根据代码运行结果，整理得到表 9-15。

表 9-15　ABC 公司销售毛利率计算表

项目	2020 年	2021 年
营业收入/百万元	15 449.48	16 623.43
营业成本/百万元	13 407.09	14 667.80
销售毛利率/%	13.22	11.76

六、任务趋势图（代码 9-10）

代码 9-10　销售毛利率趋势图绘制

```
import numpy as np
import pandas as pd
import matplotlib.pyplot as plt
a=pd.read_excel('销售毛利率计算表.xlsx',index_col=0)
print(a)
plt.show()
x=['2020','2021']
plt.bar(x,a.loc['销售毛利率/%',:])
plt.xlabel('年份')
plt.ylabel('销售毛利率/%')
plt.show()
```

销售毛利率趋势图（图 9-6）如下：

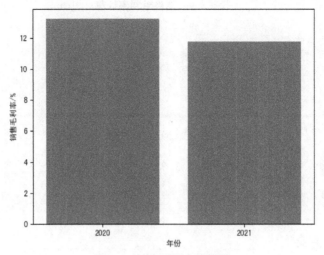

图 9-6　销售毛利率趋势图

七、任务数据分析

从表 9-15 可以看出，ABC 公司销售毛利率 2021 年比 2020 年略有下降，且低于行业平均水平，说明 ABC 公司产品的盈利空间不如同行业企业。

任务五　销售收入现金含量分析

一、基础知识

（一）销售收入现金含量的含义

虽然现金流量与利润在单个会计期间一般是不一致的，但从长期来看，两者之间应该保持某种相对稳定的比例关系。目前，现金流量表与利润表的结合分析日益受到人们的重视，销售收入现金含量便是最常用的指标之一。该指标把现金流量表分析与利润表分析有机结合起来，使我们可以估计每单位营业收入所能带来的现金流入量，并由此把握企业流动性风险及商业信用等方面的状况及其重要变化。销售收入现金含量的计算公式为

$$销售收入现金含量 = \frac{销售商品、提供劳务收到的现金}{营业收入} \times 100\%$$

销售商品、提供劳务收到的现金 = 销售收入 − 应收账款增加额 − 应收票据增加额 + 预收账款增加额

该指标反映企业经营业务获得的现金与营业收入的比例关系，表明营业收入的现金保障程度，可以用来判断企业营业收入的质量。由于营业收入是企业净利润的来源，营业收入的质量越高，企业净利润的质量也就越高，同时表明企业的产品、劳务畅销，市场占有率高，回款能力强。一般来说，离普通百姓较近的食品和商业类企业

的该项指标应该较高。

(二) 销售收入现金含量的影响因素及评价方法

在赊销政策无重大变化、应收账款正常回收时,由于"销售商品、提供劳务收到的现金"涵盖了主营业务收入和其他业务收入项目,因此该指标的正常值应当大于1。这一标准对于我们分析企业当期营业收入现金含量很有帮助。

正常情况下,营业收入现金含量越高,企业的货款回收越快,流动资金的利用效率越高;反之,营业收入现金含量低,企业的营运周期就会相应被拉长,积压在应收账款、其他应收款或预付账款上的资金无法回笼,则必然会加大企业的短期融资需求和资金调度压力。

下面结合 A、B、C 三家公司的财务数据来说明这一指标的分析与评价方法,具体数据如表 9-16 所示。

表 9-16　A、B、C 公司历年销售收入现金含量　　　　　　　单位: %

公司名称	2018 年	2019 年	2020 年	2021 年
A 公司	68	96	126	110
B 公司	116	101	114	112
C 公司	99	103	112	111

从表 9-16 可以看出,B、C 两家公司的销售现金流量状况较好,2018—2021 年四年的销售收入现金含量基本上都大于 1,而且波动幅度较小;相形之下,A 公司 2018 年的销售收入现金含量显著低于正常水平,的确值得关注。通过对 A 公司 2019 年及其前后年度比较财务报表的分析,我们发现:A 公司 2018 年经营情况比较正常,应收账款政策及规模增长也无重大变化,显然不足以导致销货现金流入量(14 862 万元)与当期主营业务收入净额(21 756 万元)之间出现如此巨大的差距,而我们根据其财务资料计算的当期销货现金流入量却在 2 亿元以上。唯一合理的解释是,A 公司对当年预付账款巨额增长(6 640 万元)的处理可能存在问题,即把应计入"购买商品、接受劳务支付的现金"的预付账款增加额列入了销货现金流入量的计算过程。这样虽然"经营活动产生的现金流量净额"不受影响,但虚减了当期销货现金流入量。如果这一判断正确,那么 A 公司当年的实际销售收入现金含量应为 99%,这样就非常接近正常水平。

这一案例虽然可能只是反映了财务报表编制过程中的失误,但也从侧面说明销售收入现金含量在判断企业销货现金流入量是否异常时所具有的显著效用。不过,在实际应用时还应注意,该指标只着重反映特定期间销售收入所对应的现金含量信息,而不能说明企业整体经营情况的变动趋势。我们可以结合销货现金流入量及主营业务收入绝对额的趋势分析来弥补该指标的不足。

二、任务要求

以 ABC 公司销售收入现金含量计算表的数据为例,分析 ABC 公司的销售收入现金含量,并提出改进建议。任务所需指标、数据表如表 9-17 所示。

表9-17 任务所需指标、数据表

具体指标	销售收入现金含量	数据表	现金流量表
	销售收入现金含量趋势		销售收入现金含量计算表

注：销售收入现金含量=销售商品、提供劳务收到的现金/营业收入×100%。

三、任务资料（表9-18）

表9-18 ABC公司销售收入现金含量计算表

项目	2020年	2021年
销售商品、提供劳务收到的现金/百万元	4 087.58	3 973.63
营业收入/百万元	15 449.48	16 623.43
销售收入现金含量/%		

四、任务实施

第一步：打开Python界面，把"销售收入现金含量计算表"拖入项目中。

第二步：单击"文件"→"新建"，新建Python文件。

第三步：输入以下代码后单击"运行"按钮，得出销售收入现金含量。（代码9-11）

销售收入现金含量计算

代码9-11 销售收入现金含量计算

```
import numpy as np
import pandas as pd
a=pd.read_excel('./销售收入现金含量计算表.xlsx')
print(a)
b=a.dropna(axis=1,how='all')
print(b)
c=b.set_index('项目')
print(c)
c.loc['销售收入现金含量/%']=c.loc['销售商品、提供劳务收到的现金/百万元']/c.loc['营业收入/百万元']*100
print(c.loc['销售收入现金含量/%'])
```

五、任务结果

根据代码运行结果，整理得到表9-19。

表9-19 ABC公司销售收入现金含量计算表

项目	2020年	2021年
销售商品、提供劳务收到的现金/百万元	4 087.58	3 973.63
营业收入/百万元	15 449.48	16 623.43
销售收入现金含量/%	26.46	23.90

六、任务趋势图（代码 9-12）

代码 9-12　销售收入现金含量趋势图绘制

```
import numpy as np
import pandas as pd
import matplotlib.pyplot as plt
a=pd.read_excel('销售收入现金含量计算表.xlsx',index_col=0)
print(a)
plt.show()
x=['2020','2021']
plt.bar(x,a.loc['销售收入现金含量/%',:])
plt.xlabel('年份')
plt.ylabel('销售收入现金含量/%')
plt.show()
```

销售收入现金含量趋势图（图 9-7）如下：

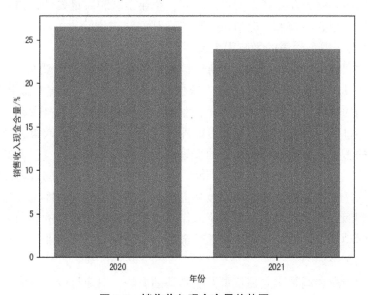

图 9-7　销售收入现金含量趋势图

七、任务数据分析

从表 9-19 可以看出，ABC 公司销售收入现金含量 2021 年比 2020 年有所下降。

任务六 净利润现金含量分析

一、基础知识

(一) 净利润现金含量的含义

净利润现金含量反映企业本期经营活动产生的现金净流量与净利润之间的比例关系，可以用来衡量净利润质量的高低。净利润现金含量的计算公式为

$$净利润现金含量=\frac{经营活动产生的现金净流量}{净利润}\times 100\%$$

一般情况下，若该指标大于1，则说明企业净利润与经营活动产生的现金净流量协调较好，净利润现金实现程度高，企业净利润质量高；反之，若该指标小于1，则说明企业本期净利润中存在尚未实现的收入，企业净利润质量欠佳。如果企业当期投资收益、筹资费用数额较大，应当在分母"净利润"中剔除。

(二) 净利润现金含量的影响因素及评价方法

由于净利润容易变化和受操纵，所以该指标的稳定性没有"销售收入现金含量"好，往往需要具体企业具体分析。与"销售收入现金含量"一样，该指标对于发现企业操纵利润的嫌疑也具有重要作用。企业操纵账面利润，一般是没有相应的现金流量的。该指标过低，就有虚盈实亏的可能性，应进一步分析会计政策、会计估计和会计差错更正的影响及应收款项和存货的变现能力。若该指标大于1，反映的是企业经营活动产生的现金净流量高于当期净利润，企业的净利润有足够的现金保障；若该指标低于正常水平，甚至企业的净利润极高但经营活动产生的现金净流量为负，则说明企业的账面利润没有实实在在的现金流入作为保障，或者说企业的利润来源于非正常生产经营性活动。企业的经营成果缺乏现金流入作为保障，则企业生产在未来的可持续发展将受到怀疑。

利润表中的净利润是建立在权责发生制基础上的，对应计收入、应计费用等项目存在着估计成分，对有关资产、损益项目的确认和分配也因存在不同的方法而可能产生不同的结果。这样就可能出现账面反映有较高利润，但资金周转发生困难，缺乏足够的现金支付能力。而现金流量表是以收付实现制为基础，通过分析并调整利润表中各项目对现金流量的影响而计算编制的，它能揭示经营活动所得现金和净利润的关系，有助于解释为什么有的企业有盈利却没有足够的现金支付工资、股利和偿还债务，有的企业没有盈利却有足够的现金支付能力。若企业的净利润大大高于经营活动产生的现金净流量，则说明企业利润的现金含量不高，存在大量的赊销行为及未来的应收账款收账风险，同时在某种程度上存在着操纵利润之嫌。在了解该指标的过程中，我们还可以了解到企业相关税费的缴纳情况。

(三) 进行收益质量分析应该注意的问题

收益质量分析是一个主观判断过程，其正确性与分析者的经验、能力和风险偏好

密切相关，分析者必须努力提高自己的专业素质并在实践中积累丰富的经验才能胜任这项工作。目前，对收益质量的分析还没有一种比较客观、可以量化的统一评价方法。另外，收益质量分析仅仅是对一个企业整体投资质量评价过程中要考虑的因素之一，并非全部。因此，在对企业整体进行评价时，分析者应该将财务数据分析与企业的整体环境结合起来，根据各个企业的具体情况，灵活运用各种分析指标，不要生搬硬套各种指标和公式，只有这样才能做出恰当的评价。

二、任务要求

以 ABC 公司净利润现金含量计算表的数据为例，分析 ABC 公司的净利润现金含量，并提出改进建议。任务所需指标、数据表如表 9-20 所示。

表 9-20　任务所需指标、数据表

具体指标	净利润现金含量	数据表	现金流量表
	净利润现金含量趋势		净利润现金含量计算表

注：净利润现金含量=经营活动产生的现金净流量/净利润×100%。

三、任务资料（表 9-21）

表 9-21　ABC 公司净利润现金含量计算表

项目	2020 年	2021 年
经营活动产生的现金流量净额/百万元	738.26	467.94
净利润/百万元	369.43	239.11
净利润现金含量/%		

四、任务实施

第一步：打开 Python 界面，把"净利润现金含量计算表"拖入项目中。

第二步：单击"文件"→"新建"，新建 Python 文件。

第三步：输入以下代码后单击"运行"按钮，得出净利润现金含量。（代码 9-13）

净利润现金含量计算

代码 9-13　净利润现金含量计算

```
import numpy as np
import pandas as pd
a=pd.read_excel('./净利润现金含量计算表.xlsx')
print(a)
b=a.dropna(axis=1,how='all')
print(b)
c=b.set_index('项目')
```

```
print(c)
c.loc['净利润现金含量/%']=c.loc['经营活动产生的现金流量净额/百万元']/c.loc['净利润/百万元']*100
print(c.loc['净利润现金含量/%'])
```

五、任务结果

根据代码运行结果，整理得到表9-22。

表9-22　ABC公司净利润现金含量计算表

项目	2020年	2021年
经营活动产生的现金流量净额/百万元	738.26	467.94
净利润/百万元	369.43	239.11
净利润现金含量/%	199.84	195.70

六、任务趋势图（代码9-14）

代码9-14　净利润现金含量趋势图绘制

```
import numpy as np
import pandas as pd
import matplotlib.pyplot as plt
a=pd.read_excel('净利润现金含量计算表.xlsx',index_col=0)
print(a)
plt.show()
x=['2020','2021']
plt.bar(x,a.loc['净利润现金含量/%',:])
plt.xlabel('年份')
plt.ylabel('净利润现金含量/%')
plt.show()
```

净利润现金含量趋势图（图9-8）如下：

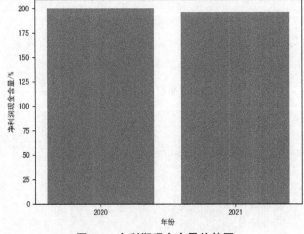

图9-8　净利润现金含量趋势图

七、任务数据分析

从表 9-22 可以看出，ABC 公司净利润现金含量 2021 年比 2020 年略有下降，但综合多年的历史数据分析，ABC 公司 2020 年和 2021 年净利润质量是提高的，说明虽然从其他盈利能力指标上看，ABC 公司盈利能力略有下降，但盈利质量有所提高。

思考与练习

一、单项选择题

1. 企业本年销售毛利率与去年基本一致，销售净利率却大幅下降，最可能的原因是（　　）。
   A. 期间费用上升　　　　　　　　　　B. 主营业务成本上升
   C. 主营业务收入上升　　　　　　　　D. 营业外收支净额下降

2. 总资产收益率 =（　　）。
   A. 销售毛利率×净资产周转率　　　　B. 销售毛利率×总资产周转率
   C. 销售净利率×净资产周转率　　　　D. 销售净利率×总资产周转率

3. 可能导致总资产收益率下降的经济业务是（　　）。
   A. 用银行存款支付一笔销售费用　　　B. 用银行存款购入一台设备
   C. 将可转换债券转换为普通股　　　　D. 用银行存款归还银行借款

4. 净资产收益率 =（　　）。
   A. 销售净利率×总资产周转率　　　　B. 总资产收益率×总资产周转率
   C. 销售净利率×权益乘数　　　　　　D. 总资产收益率×权益乘数

5. 净资产收益率越高，说明（　　）。
   A. 债权人投入的资金获得报酬的能力越强
   B. 股东投入的资金获得报酬的能力越强
   C. 债务人投入的资金获得报酬的能力越强
   D. 企业全部资产获得报酬的能力越强

6. 现金比率 =（　　）。
   A. 现金/流动资产　　　　　　　　　　B. (现金+应收账款)/流动负债
   C. (现金+短期有价证券)/流动负债　　D. (现金+短期有价证券)/流动资产

7. 在一定时期内，企业应收账款周转天数多，说明（　　）。
   A. 企业收回应收账款的速度快

B. 应收账款的流动性强

C. 收账费用和坏账损失减少

D. 企业的营运资金过多滞留在应收账款上

8. 某公司2023年12月31日资产负债表显示，货币资金总额为1 200万元，短期有价证券为1 000万元，流动负债总额为1 600万元。假设没有其他资产，则该公司2023年的现金比率为（　　）。

A. 1　　　　　　B. 1.1　　　　　　C. 1.375　　　　　　D. 1.5

9. 某公司的流动资产由速动资产和存货组成，年末流动资产余额为70万元，流动比率为2，速动比率为1，则年末存货余额为（　　）。

A. 60万元　　　　B. 35万元　　　　C. 45万元　　　　D. 10万元

10. 上市公司股东最关注的指标是（　　）。

A. 股利支付率　　　　　　　　　　B. 净资产收益率

C. 每股收益　　　　　　　　　　　D. 市盈率

11. 总资产收益率反映了（　　）。

A. 债权人投资形成的全部资产的收益率

B. 投资者投资形成的全部资产的收益率

C. 债权人投资和投资者投资形成的全部资产的收益率

D. 所有者权益的收益率

12. 衡量企业盈利能力的指标是（　　）。

A. 资产负债率　　　　　　　　　　B. 总资产收益率

C. 速动比率　　　　　　　　　　　D. 固定资产周转率

13. 销售毛利率=（　　）。

A. 营业收入−营业成本

B. 营业收入−营业成本−管理费用

C. （营业收入−营业成本−销售费用）/营业收入×100%

D. （营业收入−营业成本）/营业收入×100%

二、多项选择题

1. 衡量企业盈利能力的指标有（　　）。

A. 资产负债率　　　　　　　　　　B. 总资产收益率

C. 净资产收益率　　　　　　　　　D. 销售净利率

E. 每股收益

2. 与盈利能力相关的比率包括（　　）。

A. 与偿债相关的盈利能力　　　　　B. 与销售相关的盈利能力

C. 与股本相关的盈利能力　　　　　D. 与投资相关的盈利能力

E. 与现金流量相关的盈利能力

3. 总资产收益率=（　　）。

A. 净利润/平均总资产×100%

B. （净利润+所得税费用）/平均总资产×100%

C. （净利润+利息费用）/平均总资产×100%

D. （净利润+所得税费用+利息费用）/平均总资产×100%

E. 净利润/平均净资产×100%

三、判断题

1. 如果企业的收益率高于借款利率，企业就不会考虑银行借款融资。（　　）
2. 广告费用计入管理费用。（　　）
3. 赊销收入净额等于销售收入净额。（　　）
4. 净资产收益率越高，反映企业股东投入的资金获得报酬的能力越强。（　　）
5. 产权比率属于静态指标。（　　）
6. 销售毛利率越高，说明主营业务收入净额中主营业务成本所占的比重越小，企业销售带来的盈利能力越强。（　　）
7. 盈利能力趋势分析是指对比企业连续几个期间的收入、费用等数据，得出盈利变化趋势。（　　）

四、计算分析题

1. 安阳公司2023年实现净利润50万元，年初总资产和年末总资产分别为400万元和600万元，年初所有者权益和年末所有者权益分别为200万元和400万元。

要求：

（1）计算安阳公司2023年总资产收益率和净资产收益率。

（2）简要分析总资产收益率和净资产收益率的差异。

2. 阳光公司本年实现净利润4 000万元，年初总资产为8 000万元，年末总资产为12 000万元，资产负债率为50%。

要求：

（1）计算阳光公司净资产收益率。

（2）简要说明采用净资产收益率指标分析企业盈利能力的缺陷。

3. 华微公司2020年、2021年和2022年的流动资产平均额分别为10 500万元、12 500万元和16 500万元，净利润分别为800万元、900万元和1 100万元。华微公司的竞争对手2020年、2021年和2022年的流动资产收益率分别为9%、8%和7%。

要求：

（1）分别计算华微公司2020年、2021年和2022年的流动资产收益率。

（2）分析华微公司流动资产的盈利能力。

4. 伟光公司2020—2023年的销售收入和销售成本数据如表9-23所示。

表9-23　伟光公司销售收入和销售成本数据　　　　　单位：万元

项目	2020年	2021年	2022年	2023年
销售收入	457 745	228 907	17 787	6 114
销售成本	88 450	150 963	13 153	5 577

要求：

（1）计算伟光公司每年的销售毛利率，填入表9-24中。

表 9-24　伟光公司销售毛利率计算表

项目	2020 年	2021 年	2022 年	2023 年
销售收入/万元	457 745	228 907	17 787	6 114
销售成本/万元	88 450	150 963	13 153	5 577
销售毛利率/%				

（2）伟光公司所处行业 2020—2023 年每年的销售毛利率分别为 85%、83%、80% 和 79%，试分析伟光公司销售毛利率的变化趋势。

5. 瑞阳公司 2021—2023 年的销售收入和净利润情况如表 9-25 所示。

表 9-25　瑞阳公司销售收入和净利润情况　　　　　　　单位：万元

项目	2021 年	2022 年	2023 年
销售收入	178 794	333 786	457 745
净利润	66 091	70 217	101 096

要求：

（1）计算瑞阳公司每年的销售净利率，填入表 9-26 中。

表 9-26　瑞阳公司销售净利率计算表

项目	2021 年	2022 年	2023 年
销售收入/万元	178 794	333 786	457 745
净利润/万元	66 091	70 217	101 096
销售净利率/%			

（2）简要分析销售净利率指标的意义。

6. 伟锐公司本年年初总资产和年末总资产分别为 820 万元和 860 万元，年初净资产和年末净资产分别为 600 万元和 800 万元，当年总资产收益率为 5.7%。

要求：

（1）计算伟锐公司权益乘数和净资产收益率。

（2）根据上述计算结果，分析总资产收益率和权益乘数对净资产收益率的影响。

五、综合实践训练题

表 9-27 至表 9-33 是 B 公司的部分财务数据。

表 9-27　B 公司 2022 年部分利润数据表　　　　　　　单位：亿元

项目	第一季度	第二季度	第三季度	第四季度	全年
主营业务收入	7.34	2.75	5.44	8.48	24.01
主营业务利润	4.77	1.73	3.32	6.34	16.16
营业利润	3.41	0.69	1.84	3.80	9.74
利润总额	3.41	0.71	1.85	3.81	9.78
净利润	2.18	0.35	1.02	2.32	5.87
每股收益	0.79	0.13	0.25	0.77	1.94

表 9-28　B 公司 2023 年部分利润数据表　　　　　　　　　　　单位：亿元

项目	第一季度	第二季度	第三季度	第四季度	全年
主营业务收入	8.53	4.61	7.56	9.40	30.10
主营业务利润	5.82	3.04	4.96	7.68	21.50
营业利润	4.01	1.69	3.06	6.12	14.88
利润总额	4.01	1.69	3.06	6.14	14.90
净利润	2.62	0.87	1.66	3.05	8.20
每股收益	0.67	0.22	0.42	0.78	2.09

表 9-29　B 公司历年产销量数据表

项目	2020 年	2021 年	2022 年	2023 年
产量/吨	8 610.00	10 686.00	11 794.49	15 010.00
销量/吨	5 204.46	5 323.00	5 647.56	6 100.00
销售均价/（万元/吨）	31.09	34.47	42.50	49.34

表 9-30　B 公司毛利率数据表　　　　　　　　　　　　　　　　单位：%

产品	2021 年	2022 年	2023 年			
			第一季度	第二季度	第三季度	全年
X 产品	83.29	80.88	83.61	83.60	83.28	93.39
Y 产品	78.79	80.73	81.42	82.17	81.67	81.50

表 9-31　B 公司收入结构表　　　　　　　　　　　　　　　　　单位：亿元

产品	2020 年	2021 年	2022 年	2023 年				
				第一季度	第二季度	第三季度	第四季度	全年
X 产品	12.48	14.34	19.35	6.54	3.97	6.12	7.90	24.53
Y 产品	3.12	3.41	3.86	1.44	0.53	1.20	1.09	4.26
其他产品	0.58	0.60	0.806	0.55	0.11	0.24	0.41	1.31
合计	16.18	18.35	24.016	8.53	4.61	7.56	9.40	30.10

表 9-32　B 公司 2022 年收入费用表　　　　　　　　　　　　　单位：亿元

项目	第一季度	第二季度	第三季度	第四季度	全年
主营业务收入	7.34	2.75	5.44	8.48	24.01
主营业务成本	1.36	0.61	1.06	1.74	4.77
主营业务税金及附加	1.21	0.41	1.06	0.40	3.08
销售费用	0.999 6	0.480 5	1.000 0	1.170 0	3.650 1
管理费用	0.389 5	0.582 8	0.557 7	1.390 0	2.920 0
财务费用	-0.022 1	-0.021 6	-0.078 8	-0.038 0	-0.160 5

表 9-33　B公司2023年收入费用表　　　　　　　　　　单位：亿元

项目	第一季度	第二季度	第三季度	第四季度	全年
主营业务收入	8.53	4.61	7.56	9.40	30.10
主营业务成本	1.51	0.79	1.38	1.67	5.35
主营业务税金及附加	1.20	0.78	1.22	0.05	3.25
销售费用	1.40	0.60	1.38	0.39	3.77
管理费用	0.482	0.778	0.64	1.21	3.11
财务费用	-0.067 5	-0.032 1	-0.123 5	-0.037	-0.260 1

案例思考题

1. 分别计算B公司2022年、2023年的主营业务利润率、营业利润率、净利润率，并做简要分析。

2. 分别计算B公司主营业务收入、主营业务利润、营业利润、利润总额、净利润、每股收益2023年比2022年的增长幅度，并做简要分析。

3. 阅读B公司历年产销量数据表，计算各年产销率，并分析存货积压会给B公司带来什么影响。

4. 阅读B公司毛利率数据表，简要分析其毛利率的变动趋势。

5. 阅读B公司收入结构表，计算各项收入占总收入的比重，并做简要分析。

6. 阅读B公司2022年、2023年收入费用表，计算各项费用占主营业务收入的比重，并做简要分析。

项目十

Python 在企业偿债能力分析中的应用

任务描述

本项目的任务是了解企业偿债能力分析常用的财务指标，掌握各项指标的计算方法、内涵、作用、影响因素、评价方法，学会利用多项偿债能力指标综合分析评价企业的偿债能力。

学习目标

1. 掌握短期偿债能力分析主要财务指标的内涵。
2. 掌握短期偿债能力分析主要财务指标的计算方法。
3. 掌握短期偿债能力分析财务指标的评价方法。
4. 掌握长期偿债能力分析主要财务指标的内涵。
5. 掌握长期偿债能力分析主要财务指标的计算方法。
6. 掌握长期偿债能力分析财务指标的评价方法。

技能目标

1. 能进行各项偿债能力指标的计算。
2. 能正确评价各项偿债能力指标。
3. 能对多项偿债能力指标进行综合分析评价。
4. 能对偿债能力指标进行趋势分析。
5. 能对偿债能力指标进行比较分析。

项目导入

A、B、C 三家公司 2023 年部分财务数据如表 10-1 所示。

表 10-1　A、B、C 三家公司 2023 年部分财务数据　　　　单位：万元

项目	A公司	B公司	C公司
存货	50	25	25

续表

项目	A公司	B公司	C公司
应收账款	25	50	25
库存现金	25	25	50
流动资产	100	100	100
流动负债	80	80	80
营业利润	40	40	20
折旧	10	10	5

请思考

1. A、B、C三家公司的流动比率分别是多少？是否可以通过流动比率判断它们短期财务状况的优劣？

2. A、B、C三家公司的速动比率分别是多少？是否可以通过速动比率判断它们短期财务状况的优劣？

3. 如果A、B、C三家公司属于同一行业，以上述资料为依据，仅以偿付应付账款的能力评估，外界会对哪家公司最有信心？

任务一　短期偿债能力分析

短期偿债能力是指一个企业以其流动资产支付流动负债的能力。一个企业短期偿债能力的大小，要看其流动资产与流动负债的多少和质量状况。

流动资产的质量是指其流动性，即转换为现金的能力，包括是否能不受损失地转换为现金及转换需要的时间。对于流动资产的质量，应着重理解以下三点：

第一，资产转换为现金是经过正常交易程序变现的。

第二，流动性的强弱主要取决于资产转换为现金的时间和资产预计出售价格与实际出售价格的差额。

第三，流动资产的流动性期限在1年以内或超过1年的一个正常营业周期。

流动负债也有"质量"问题。一般来说，企业的所有债务都是要偿还的，但并非所有债务都需要在到期时立即偿还，债务偿还的强制程度和紧迫性被视为负债的质量。

一般地，将流动资产与流动负债的数量进行对比，可以初步看出企业的短期偿债能力。对比分析中采用的指标主要有营运资金、流动比率、速动比率、现金比率和现金流量比率。但在评价这些指标时，必须同时关注流动资产和流动负债的质量状况。

一、营运资金

(一) 基础知识

1. 营运资金的含义

营运资金是指企业可长期自由支配的流动资金,也就是企业在某一时点所拥有的流动资产与流动负债的差额,它是反映企业短期偿债能力的绝对数指标。其计算公式为

$$营运资金 = 流动资产 - 流动负债$$

营运资金表示流动资产超过流动负债的部分。当营运资金为正值时,表明企业有能力用流动资产偿还全部短期债务;当营运资金为负值时,表明企业的流动资产已无力偿还全部短期债务,企业短期资金周转将出现困难。但是,并不是说营运资金越多越好。营运资金过多,说明企业有部分资金闲置,没有充分发挥效益,会影响获利能力。因此,营运资金应保持适当的数额。

2. 营运资金的影响因素及评价方法

由于营运资金是一个绝对量,它是否适合企业生产经营的实际需要,取决于企业生产经营规模的大小。因此,在财务分析中,通常要将本年度的营运资金与以前年度的进行比较,方能确定其是否合理。同样,由于不同企业之间、同一企业不同年份之间可能存在显著的规模差异,因此直接比较该指标而不考虑规模因素通常是没有意义的。

一般来说,零售商的营运资金较多,因为它们除流动资产以外没有什么可以偿债的资产;信誉好的餐饮企业营运资金很少,有时甚至是负数,因为其稳定的收入可以偿还同样稳定的流动负债;制造业企业一般有正的营运资金,但其数额差别很大。

(二) 任务要求

以 ABC 公司营运资金计算表的数据为例,分析 ABC 公司的营运资金,并提出改进建议。任务所需指标、数据表如表 10-2 所示。

表 10-2 任务所需指标、数据表

具体指标	营运资金	数据表	资产负债表
	营运资金趋势		营运资金计算表

注:营运资金=流动资产-流动负债。

(三) 任务资料 (表 10-3)

表 10-3 ABC 公司营运资金计算表　　　　　　　　　　单位:百万元

项目	2019 年	2020 年	2021 年
流动资产	4 000.43	3 957.78	3 844.58
流动负债	1 392.26	783.45	721.72
营运资金			

(四) 任务实施

第一步：打开 Python 界面，把"营运资金计算表"拖入项目中。（图 10-1）

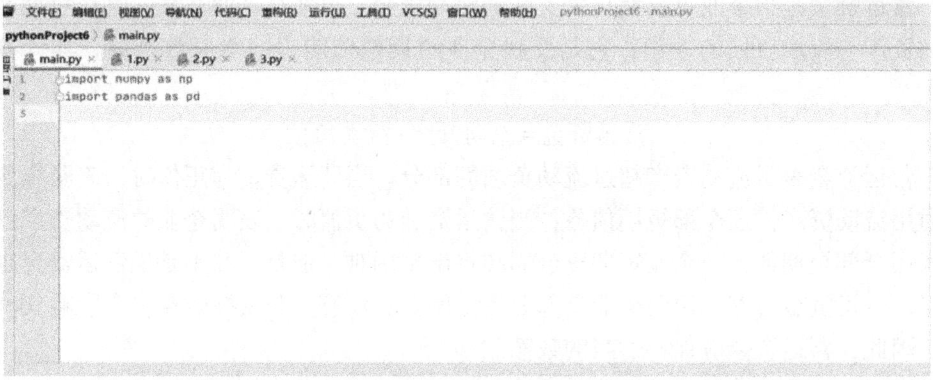

营运资金计算

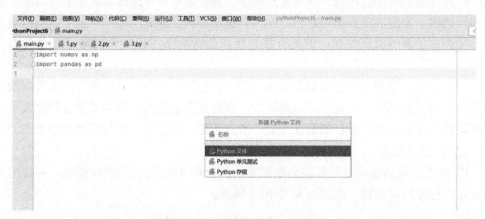

图 10-1 Python 界面

第二步：单击"文件"→"新建"，新建 Python 文件。（图 10-2）

图 10-2 新建 Python 文件界面

第三步：输入以下代码后单击"运行"按钮，得出营运资金。（代码 10-1）

代码 10-1 营运资金计算

```
import numpy as np
import pandas as pd
a=pd.read_excel('./营运资金计算表.xlsx')
print(a)
b=a.dropna(axis=1,how='all')
print(b)
c=b.set_index('项目')
print(c)
c.loc['营运资金']=c.loc['流动资产']-c.loc['流动负债']
print(c.loc['营运资金'])
```

(五)任务结果

根据代码运行结果,整理得到表10-4。

表10-4　ABC公司营运资金计算表　　　　　单位:百万元

项目	2019年	2020年	2021年
流动资产	4 000.43	3 957.78	3 844.58
流动负债	1 392.26	783.45	721.72
营运资金	2 608.17	3 174.33	3 122.86

(六)任务趋势图(代码10-2)

代码10-2　营运资金趋势图绘制

```
import numpy as np
import pandas as pd
import matplotlib.pyplot as plt
a=pd.read_excel('营运资金计算表.xlsx',index_col=0)
print(a)
plt.show()
x=['2019','2020','2021']
plt.bar(x,a.loc['营运资金',:])
plt.xlabel('年份')
plt.ylabel('营运资金/百万元')
plt.show()
```

营运资金趋势图(图10-3)如下:

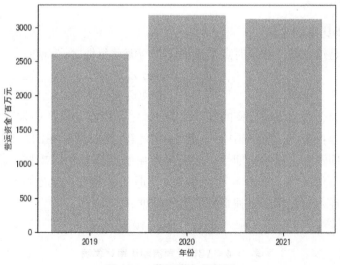

图10-3　营运资金趋势图

(七)任务数据分析

从表10-4可以看出,ABC公司2021年营运资金与2020年相比略有下降,但与2019年相比仍然有较大的增长。为了对ABC公司的营运资金有全面的认识,我们可以取更多期的数据来分析。表10-5是ABC公司营运资金的历史数据。

表10-5 ABC公司营运资金历史数据

年份	营运资金/百万元	资产总额/百万元	营运资金占资产总额的比重/%
2011	160.54	976.01	16.45
2012	176.81	1 312.59	13.47
2013	616.93	3 378.00	18.26
2014	888.21	3 450.89	25.74
2015	1 538.63	3 780.55	40.70
2016	1 435.43	3 933.56	36.49
2017	1 831.64	6 942.41	26.38
2018	1 590.59	7 394.14	21.51
2019	2 608.17	7 372.71	35.38
2020	3 174.33	7 107.05	44.66
2021	3 122.86	6 777.48	46.08

从表10-5可以看出，在绝对数上，ABC公司的营运资金随着公司资产规模的扩大而增长；在相对数上，ABC公司营运资金占资产总额的比重也随着公司资产规模的扩大而增长。分析时可结合资产负债表的结构分析：ABC公司的流动资产中货币资金和预付款项的比重逐年降低，而应收票据、应收账款和存货的比重逐年上升；ABC公司的流动负债以应付账款为主。所以，应收账款和存货的质量是影响ABC公司短期偿债能力的重要因素。

二、流动比率

（一）流动比率的含义

流动比率是指在某一特定时点上流动资产与流动负债之比，即

$$流动比率 = \frac{流动资产}{流动负债}$$

对于制造业企业，流动比率的经验值为2。之所以流动资产通常应该是流动负债的2倍，是因为：① 流动资产中的一定比例事实上是长期存在的，具有实质上的长期资产特性，即资金占用的长期性，因而应该由长期资金予以支撑；② 流动资产如果全部由流动负债支撑，亦即流动比率为1，那么一旦发生金融危机或企业信用危机，企业生产经营周转将会面临十分严重的困难。

ABC公司有关资料及流动比率的计算如表10-6所示。

表10-6 ABC公司流动比率计算表

项目	2019年	2020年	2021年
流动资产/百万元	4 000.43	3 957.78	3 844.58
流动负债/百万元	1 392.26	783.45	721.72
流动比率	2.87	5.05	5.33

由表10-6可知，ABC公司2019—2021年的流动比率呈上升趋势，表明公司的短期偿债能力逐步增强。结合同行业情况来看，ABC公司的流动比率高于行业平均水平。

(二) 流动比率的影响因素及评价方法

一般而言，流动比率的高低与营业周期关系密切：营业周期较短，原材料、在产品库存较少，应收账款周转速度较快，流动比率相对较低；反之，营业周期较长，存货规模必然较大，应收账款周转速度较慢，流动比率必然较高。例如，一般来说，制造业企业的平均营业周期要长于贸易企业，因而前者的流动比率通常要高于后者。正因为如此，在进行流动比率分析时，与行业平均水平进行比较是十分必要的，或者说跨行业比较需要适当谨慎。即使同一企业，在不同时期，如销售旺季和淡季，流动比率也会有较大的差别。因此，对流动比率的分析要根据企业的性质和实际情况来评价，不能一概而论。同时，运用流动比率时还应结合其他指标进行综合分析。

企业流动资产与流动负债的匹配方式主要取决于企业对收益与风险的态度，具体有以下三种：

激进型：流动负债不仅融通临时性流动资产的资金需要，还要解决部分永久性流动资产的资金需要。资金成本较低，但财务风险较大。此时，企业的流动比率接近1。

保守型：流动负债只融通部分临时性流动资产的资金需要，另一部分临时性流动资产和永久性流动资产均由长期负债和自有资本作为其资金来源。资金成本较高，资产投资回报率较低，但财务风险较小。此时，企业的流动比率大于2。

适中型：临时性流动资产用流动负债来解决资金需求，永久性流动资产和长期资产则用长期负债和自有资本来解决资金需求。此时，企业的流动比率接近2。

流动比率的横向或纵向比较，只能反映高低差异，不能解释原因。欲知原因，则需要具体分析应收账款、存货及流动负债水平的高低。若应收账款或存货的量不少，但其流动性（周转效率）存在问题，则应要求更高的流动比率，因为此时的流动比率（实际上是指其分子）是含有"水分"的。因此，分析评价流动比率时，需要注意以下几点：

（1）要注意对企业流动资产的结构进行分析，因为流动资产各组成项目的变现能力是不同的。流动资产中应收账款、预付款项和存货等项目，相对来说，流动性并不强。流动比率高，也许是存货积压、应收账款或预付款项增多引起的，而库存现金和银行存款可能并不充足。

（2）要注意观察一个较长时期（如5年或10年）企业流动比率的变动趋势。表10-7是ABC公司连续11年的流动比率数据。

表10-7 ABC公司流动比率历史数据

年份	流动资产/百万元	流动负债/百万元	流动比率
2011	411.74	251.20	1.64
2012	502.51	325.70	1.54

续表

年份	流动资产/百万元	流动负债/百万元	流动比率
2013	2 202.94	1 586.01	1.39
2014	2 230.08	1 341.87	1.66
2015	2 495.68	957.05	2.61
2016	2 263.10	827.66	2.73
2017	3 444.95	1 613.31	2.14
2018	3 493.70	1 903.11	1.84
2019	4 000.43	1 392.26	2.87
2020	3 957.78	783.45	5.05
2021	3 844.58	721.72	5.33

(3) 要注意分析企业有关债权人、债务人的信用授受条件。

(4) 要注意分析流动资产的真实价值。

(5) 要注意分析季节性变动对流动比率的影响。

(6) 要注意经常分析企业现金流入与流出的时间、数量及差额。

(7) 要注意分析企业向银行举债的条件。

(8) 要注意分析企业或有负债的大小。

值得注意的是,由于流动比率逐渐被大众分析者认可,因此财务报表编制者为了达到某种目的,往往用一些简单的办法便可使该指标表现出所希望的状态(良好或很差)。比如,某商业企业在年底进了一批代销(进货时未付款,售完方付款)的货物,那么在做账时流动资产与流动负债将同时增加(该笔业务金额),这样一来,如果记入当年账内,由于流动比率公式的分母(流动负债)增幅大于分子(流动资产)增幅,流动比率将有所下降;但是,如果记入下一年账内,流动比率将有所上升。

三、速动比率

(一) 速动比率的含义

速动比率是指速动资产与流动负债之比,即

$$速动比率 = \frac{速动资产}{流动负债}$$

其中,速动资产一般是指流动资产扣除存货后的剩余部分。

之所以要在流动比率之外,再以速动比率来说明企业的短期偿债能力,是因为流动资产中的存货可能存在流动性问题,即缺乏正常的变现能力。若是如此,流动比率即便看起来很正常(在2左右),只要速动比率偏低,企业的实际短期偿债能力就存在问题。速动比率的经验值为1,意味着存货占流动资产的适当比例应该为50%左右。存货比例过高且变现有困难,就意味着可用于偿还流动负债的速动资产过少。

ABC公司有关资料及速动比率的计算如表10-8所示。

表 10-8 ABC 公司速动比率计算表

项目	2019 年	2020 年	2021 年
流动资产/百万元	4 000.43	3 957.78	3 844.58
存货/百万元	602.00	851.21	878.11
速动资产/百万元	3 398.43	3 106.57	2 966.47
流动负债/百万元	1 392.26	783.45	721.72
速动比率	2.44	3.97	4.11

由表 10-8 可知，ABC 公司 2019—2021 年的速动比率呈上升趋势，表明公司的短期偿债能力逐步增强。结合同行业情况来看，ABC 公司的速动比率高于行业平均水平。

（二）速动比率的影响因素及评价方法

在分析速动比率时，首先要注意，速动资产虽然已剔除变现能力较差的存货资产，但其中的应收账款也可能存在一些潜在的问题，如可能隐藏着未冲销的坏账、逾期待催收的账款所占的比重可能过大等，这些都会影响速动比率的真实性，因此还应当对应收账款的"质量"做进一步分析；其次要注意，速动比率反映的是假设企业面临财务危机或办理清算时，在存货等资产全无市场价值的情况下，以速动资产支付流动负债的短期偿债能力，衡量的是企业在紧急情况下的应变能力，不要以为速动比率低，企业就失去了偿债能力；最后要注意，还应对速动资产的结构与变动趋势进行必要的分析，注意与本企业的历史数据及行业的平均水平进行比较。

在速动比率的计算中，还可以考虑扣除预付款项及待摊费用等，形成更为保守的速动比率，即

$$保守速动比率 = \frac{现金及现金等价物 + 有价证券 + 应收账款净额}{流动负债}$$

需要注意的是，有些行业或企业很少发生赊销业务，故而很少存在应收账款。在这种情况下，它们的速动比率往往低于经验值，但这并不一定意味着它们缺乏短期偿债能力。换言之，在几乎没有应收账款的情况下，如果流动比率正常，速动比率就一定显著地低于经验值，但这未必是个问题，只要存货周转正常即可。

ABC 公司有关资料及保守速动比率的计算如表 10-9 所示。

表 10-9 ABC 公司保守速动比率计算表

项目	2020 年	2021 年
现金及现金等价物/百万元	715.08	670.23
有价证券/百万元	1 379.99	1 259.78
应收账款净额/百万元	958.04	1 012.35
流动负债/百万元	783.45	721.72
保守速动比率	3.90	4.08

由表 10-9 可知，ABC 公司 2020—2021 年的保守速动比率呈上升趋势，表明公司

的短期偿债能力逐步增强。结合同行业情况来看，ABC 公司的保守速动比率高于行业平均水平。

有时还采用现金比率来衡量企业资产的流动性。

现金比率是指现金、现金等价物及有价证券之和与流动负债之比，即

$$现金比率 = \frac{现金及现金等价物 + 有价证券}{流动负债}$$

ABC 公司有关资料及现金比率的计算如表 10-10 所示。

表 10-10　ABC 公司现金比率计算表

项目	2020 年	2021 年
现金及现金等价物/百万元	715.08	670.23
有价证券/百万元	1 379.99	1 259.78
流动负债/百万元	783.45	721.72
现金比率	2.67	2.67

由表 10-10 可知，ABC 公司 2020—2021 年的现金比率呈稳定的态势，显示出公司有较强的短期偿债能力。结合同行业情况来看，ABC 公司的现金比率高于行业平均水平。

现金比率是最保守的短期偿债能力指标。通常情况下，分析者很少重视这一指标。因为如果企业的流动性必须依赖现金和有价证券，而不是依赖应收账款和存货的变现，就意味着企业已处于财务困境，所以该指标只有在企业已处于财务困境时，才是一个适用的指标。或者在企业已将应收账款和存货作为抵押品的情况下，或者分析者怀疑企业的应收账款和存货存在流动性问题时，以该指标评价企业的短期偿债能力才是比较适当的选择。就正常情况下的企业而言，该指标过高，可能意味着企业没有充分利用现金资源，当然也有可能是因为已经有了现金使用计划（如厂房扩建等）。

四、经营活动现金净流量与流动负债之比

经营活动现金净流量与流动负债之比反映企业用经营活动现金净流量偿还本期到期债务（一年内到期的非流动负债和流动负债）的能力。该指标越高，企业资产的流动性就越强。

ABC 公司有关资料及经营活动现金净流量与流动负债之比的计算如表 10-11 所示。

表 10-11　ABC 公司经营活动现金净流量与流动负债之比计算表

项目	2020 年	2021 年
经营活动产生的现金流量净额/百万元	738.26	467.94
流动负债/百万元	783.45	721.72
经营活动现金净流量与流动负债之比	0.94	0.65

由表 10-11 可知，ABC 公司 2021 年经营活动现金净流量与流动负债之比与 2020 年相比有明显的下降，考虑到经营活动现金净流量的下降应该是公司的现金流量不足造成的，鉴于流动比率、速动比率的情况，仍可以判断公司的短期偿债能力较强。结合同行业情况来看，ABC 公司的经营活动现金净流量与流动负债之比高于行业平均水平。

由于该指标的分子仅仅是经营活动产生的现金流量，即不包括财务活动（筹资活动与投资活动）产生的现金流量，所以该指标事实上旨在说明企业通过"经营活动"产生的"净"现金流量对短期（到期）债务偿还的保障程度。

五、短期偿债能力分析应注意的问题和考虑的因素

营运资金、流动比率、速动比率和现金比率是从流动资产与流动负债的对比关系角度评价企业短期偿债能力的四个主要指标。分析时，不能孤立地看某个指标，必须综合考察才能全面和客观地判断企业短期偿债能力的大小。在流动资产中，库存现金和银行存款及交易性金融资产、应收票据的变现能力最强；应收账款和存货的变现能力较弱，它们是影响流动资产变现能力的主要项目，也是影响企业短期偿债能力的主要因素。

（一）应收账款的变现速度

一般来说，应收账款周转速度快，表明企业回款迅速，收账费用和坏账损失少，同时也表明企业流动资产的流动性好、偿付能力强。如果应收账款占流动资产的比重很大，即使流动比率和速动比率都很高，企业的短期偿债能力也值得怀疑，还要进一步分析原因。

（二）存货的变现速度

就一般企业而言，存货在流动资产中占有相当的比重。尽管存货不能直接用于偿还流动负债，但是如果企业的存货变现速度较快，就意味着流动资产的流动性较好，未来企业会有较大的现金流入量。企业对存货进行投资的目的，在于通过存货销售获取利润。一般的制造业企业为了配合销售，都要维持相当数量的存货。存货对企业经营活动的变化非常敏感，这就要求企业将存货控制在一定水平上，使其与经营活动基本保持一致。因此，分析企业短期偿债能力时，必须考虑存货的变现速度。

（三）影响企业短期偿债能力的其他因素

上述应收账款和存货的变现能力指标，都是从财务报表资料中取得的。但还有一些财务报表资料中没有反映出来的因素，也会影响企业的短期偿债能力，甚至影响力更大。

（1）可动用的银行贷款。银行已同意、企业尚未办理贷款手续的银行贷款限额，可以随时增加企业的现金，提高企业的支付能力。

（2）准备很快变现的长期资产。由于某种原因，企业可能将一些长期资产出售转换为现金，这将增加企业资产的流动性。企业应根据短期利益和长期利益的辩证关系，正确做出出售长期资产的决策。所以，在分析该因素时，应结合具体情况具体分析，以正确评价企业的短期偿债能力。

（3）偿债能力的声誉。具有良好偿债能力声誉的企业，在偿还短期债务方面出现困难时，通常有能力筹集资金，提高短期偿债能力。这个增强变现能力的因素，取决于企业自身的信用声誉和当时的筹资环境。

（4）担保责任引起的负债。企业可能以自己的一些流动资产为他人提供担保，如为他人向金融机构借款提供担保、为他人购物提供担保、为他人履行有关经济责任提供担保等。这种担保有可能成为企业的负债，增加企业的偿债负担。为他人提供担保的信息一般在财务报表附注中披露。

任务二　长期偿债能力分析

企业对一笔债务要负两种责任：一是偿还债务本金的责任；二是支付债务利息的责任。因此，企业的长期偿债能力表现为还本能力和付息能力两个方面，可以分别从资产负债表和利润表的角度分析。利润表角度的分析侧重反映企业的付息能力，主要指标是利息保障倍数；而资产负债表角度的分析侧重反映资本结构，主要指标是资产负债率、产权比率等。

一、利息保障倍数

（一）利息保障倍数的含义

利息保障倍数是指企业年度获得的盈利对年度利息费用支出的倍数，即

$$利息保障倍数 = \frac{利息费用 + 税前利润}{利息费用}$$

公式中的分子是企业运用全部资产所获得的收益，即息税前利润。之所以不用净利润，是因为企业的利息费用在支付所得税之前就列支了，而所得税是用扣除利息费用后的利润支付的，所得税的多少对利息费用的支付不会产生影响。在无法获知利息费用时，利息费用可以用财务费用代替。

ABC 公司有关资料及利息保障倍数的计算如表 10-12 所示。

表 10-12　ABC 公司利息保障倍数计算表

项目	2020 年	2021 年
利润总额/百万元	509.80	325.76
财务费用/百万元	7.29	−2.03
利息保障倍数	70.93	—

从表 10-12 可以看出，ABC 公司 2021 年的财务费用是一个负数，表明公司没有利息支付的负担。由前面资产负债表的分析可知，2021 年 ABC 公司的资产负债率很低，没有长期借款且享受政府的贴息政策，因此其利息负担很轻。

（二）利息保障倍数的影响因素及评价方法

利息保障倍数越大，企业偿还债务利息的能力越强，通常也有能力偿还到期的债务本金。根据经验，利息保障倍数为 3 或以上时，表示企业不能偿付其债务利息的可能性较小；达到 4 时，意味着企业偿付其债务利息的能力"良好"；达到 4.5 或以上时，则为"优秀"。

之所以用利息保障倍数来衡量企业的长期偿债能力，是因为长期债务在到期前只需定期支付利息，无须支付本金。况且，对于一般企业来说，只要其资本结构基本上是稳定的，并且经营状况良好，就能通过举借新债来偿还到期债务的本金。付息能力的重要性事实上不亚于还本能力。如果企业长期以来在偿付利息方面有着良好的信用表现，企业很可能永远不需要偿还债务本金。这是因为企业的付息能力很强，就意味着当债务本金到期时，企业一般有能力筹集到新的资金，或者原有的负债能够得到展期。

利息保障倍数越大，企业无力偿还债务的可能性就较小。在金融市场高度发达的情况下，企业由于负债经营，对银行的依赖性越来越强。企业能否在经营中顺利地融资成为企业经营成败的关键，而商业银行对企业偿债能力的判断在很大程度上取决于企业的利息保障倍数。如果企业在偿付债务利息方面没有困难，通常也就可以再借款用于偿还到期的债务本金。企业通过举借新债来偿还旧债，这样就无须偿还债务本金。在这种情况下，企业筹资比较容易，筹资成本就会降低，企业就有能力在资本结构中保持一个较高的债务比例。

利息保障倍数在时间上往往有着较显著的波动性，这是因为企业的盈利水平和利息费用都会受经济周期或产业周期的显著影响而发生波动。而无论是好年景，还是差年景，利息都是必须支付的。所以，为了考察企业偿付利息能力的稳定性，一般应计算 5 年或 5 年以上的利息保障倍数。为保险起见，甚至可以选择 5 年或更长时期中最低的利息保障倍数值作为基本的利息偿付能力指标值。

在利息保障倍数的计算过程中，需要注意以下几点：

（1）根据利润表对企业偿还债务的能力进行分析，作为利息支付保障的"分子"，只应该包括那些预计在以后期间还会发生的收益，即经常性或永久性收益。所以，那些非经常发生的项目应予以排除，如非常项目与特别项目、停止经营项目、会计政策变更的累积影响。

（2）利息费用不仅包括作为当期费用反映的利息费用，还应包括资本化的利息费用（固定资产交付使用前发生的利息费用，通常在财务报表附注中揭示），因为后者同样需要支付，是否反映到当期费用只是财务会计的确认规则问题。

（3）未收到现金红利的权益性收益，只是权益法下的一种账面收益，而没有相应的现金流入企业，故不能构成支付利息的保证，应予以扣除。

（4）在计算利息保障倍数时，如果直接从利润表上取得数据，注意所得到的是

"财务费用"而非"利息费用"。前者除包括利息费用以外，还包括汇兑损益。当汇兑损益相对于利息费用足够大时，使用"财务费用"计算利息保障倍数事实上就不能真实地反映企业的付息能力。为此，应尽可能剔除汇兑损益，使用真正的利息费用。进一步讲，即便没有汇兑损益，"财务费用"也不仅仅是"利息费用"，而是"利息费用"与"利息收入"的代数和。当企业有较多的存款利息收入时，"财务费用"也可能是一个负数。需要注意的是，从技术上讲，作为利息保障倍数的分母，"利息费用"如果小于零，该指标实际上就没有意义了。这时，要么放弃使用该指标，要么对分母进行适当调整以使其变成正数。

(5) 由于债务利息是用现金支付的，而企业的当期利润是依据权责发生制原则计算出来的，这意味着企业当期利润可能很高，但不一定具有支付能力。所以，使用这一指标时，还应注意企业的现金流量与利息费用的数量关系。

利润表角度的分析只反映了企业的利息偿付能力，而利息偿付能力毕竟只是长期偿债能力的一个方面。所以，还需要从资产负债表的角度分析企业长期负债本金的偿还能力。用于分析长期负债本金偿还能力的基本财务比率主要包括资产负债率、产权比率和有形净值债务比率。

二、资产负债率

(一) 基础知识

1. 资产负债率的含义

资产负债率是指全部负债与全部资产之比，即

$$资产负债率 = \frac{负债总额}{资产总额} \times 100\%$$

资产负债率表明企业的全部资金来源中有多少是由债权人提供的，或者说企业的全部资产有多少归债权人所有。运用该指标，站在债权人的角度，可以说明债权的保障程度；站在所有者的角度，既可以说明所有者承担风险的程度，也能够反映财务杠杆的利益；站在企业的角度，既可以反映企业的实力，也能够反映企业的偿债风险。资产负债率也可用于衡量企业在发生清算时对债权人权益的保障程度。如果债权人认为负债对总资产的比例过高，将停止对企业发放贷款，企业也就得不到贷款融资。资产负债率越低，所有者权益所占的比例就越大，说明企业的实力越强，债权的保障程度越高；相反，资产负债率越高，所有者权益所占的比例就越小，说明企业的实力越弱，偿债风险越高，债权的保障程度越低，债权人的安全性越差，企业的潜在投资者越少。该指标对于债权人来说越低越好。因为企业的所有者（股东）一般只承担有限责任，而一旦企业破产清算，资产变现所得很可能低于其账面价值。所以，如果该指标过高，债权人可能遭受损失。当资产负债率大于100%时，表明企业已经资不抵债，对于债权人来说风险非常大。

2. 资产负债率的影响因素及评价方法

企业的各利益相关者在不同的利益动机驱动下，从不同的角度评价企业的资产负债率。

对于债权人而言，他们最关心的是所提供的信贷资金的安全性，期望能于约定时间收回本息。这就决定了债权人总是要求资产负债率越低越好，希望企业的每一元债务有更多的资产做后盾。如果企业的主权资本较少，表明投资者投入的份额不足，经营过程中创造和留存收益的部分较少，债权人就会感到其债权风险较大，因此会做出提前收回贷款、转移债权或不再提供信贷资金的决策。

对于投资者来说，资产负债率高，有以下好处：一是当总资产报酬率高于负债利率时，由于财务杠杆的作用，可以提高股东的实际报酬率；二是可以用较少的资本取得企业的控制权，且将企业的一部分风险转嫁给债权人，对于企业来说还可以获得资金成本低的好处。但债务也会给投资者带来风险，因为债务的成本是固定的。如果企业经营不善或遭受意外打击而出现经营风险，由于收益大幅度滑坡，借款利息还要照常支付，损失必然由所有者负担，由此增加了投资风险。对此，投资者往往用预期资产报酬率与借款利率进行比较，若前者大于后者，表明投资者投入企业的资本将获得双重利益，即在获得正常利润的同时，还能获得资产报酬率高于借款利率的差额，这时投资者希望资产负债率越高越好；若前者小于后者，表明借款利息的一部分要用投资者投入资本所获得的利润来弥补，这时投资者希望资产负债率越低越好。

从经营者的角度来看，资产负债率的高低在很大程度上取决于经营者对企业前景的信心和对风险所持的态度。如果经营者对企业前景充满信心，且经营风格较为激进，认为企业未来的总资产报酬率将高于负债利率，就会保持适当高的资产负债率，这样企业可有足够的资金来扩展业务，把握更多的投资机会，以获取更多的利润；反之，如果经营者认为企业前景不容乐观，或者经营风格较为保守，那么必然倾向于尽量使用自有资本，避免因负债过多而冒较大的风险，保持适当低的资产负债率。尽管如此，即便较为激进的经营者也不能使资产负债率过高，而应将其控制在适度水平上。由于债务成本可税前扣除，具有财务杠杆收益功能，任何企业均不可避免地要利用债务，但债务超过一定限度后，就不能为债权人所接受，企业的后续贷款也就难以为继。随着债务的增加，企业的财务风险不断加大，进而危及主权资本的安全性和收益的稳定性，也会动摇投资者对经营者的信任。

企业资产负债率多少为佳，并没有一个公认的标准。在分析和评价时，通常要结合企业的盈利能力、银行利率、通货膨胀率、国民经济的景气程度、企业之间竞争的激烈程度等多种因素，还可与行业的平均水平、本企业的历史水平及预算水平进行比较。一般来说，企业的盈利能力较强或资产周转速度较快，企业可承受的资产负债率相对较高；银行利率提高通常会迫使企业降低资产负债率，银行利率降低又会刺激企业提高资产负债率；通货膨胀率较高时期或国民经济景气时期，企业倾向于维持较高的资产负债率；行业竞争激烈，企业倾向于降低资产负债率。因此，在不同的国家、不同的宏观经济环境中，资产负债率的合理水平或适度水平有较大的差别。

经验表明，资产负债率介于30%~70%是适当的。这一指标太高，意味着负债风险过大，企业会面临巨大的偿债压力；这一指标太低，负债风险固然很小，但负债的财务杠杆效应利用太少，不利于实现企业价值和股东财富最大化。经验也表明，资产负债率存在显著的行业差异，因此分析时应注重与行业平均水平的比较。此外，该指标会受到资产计价特征的严重影响,若相互比较的两个企业中一个企业有大量的隐蔽性资产(如大量的按历史成本计价的早年获得的土地等),而另一个企业没有类似的资产,则简单的比较就可能得出错误的结论。

(二)任务要求

以 ABC 公司资产负债率计算表的数据为例,分析 ABC 公司的资产负债率,并提出改进建议。任务所需指标、数据表如表 10-13 所示。

表 10-13　任务所需指标、数据表

具体指标	资产负债率	数据表	资产负债表
	资产负债率趋势		资产负债率计算表

注:资产负债率 = $\dfrac{\text{负债总额}}{\text{资产总额}} \times 100\%$。

(三)任务资料(表 10-14)

表 10-14　ABC 公司资产负债率计算表

项目	2019 年	2020 年	2021 年
资产总额/百万元	7 372.71	7 107.05	6 777.48
负债总额/百万元	1 983.74	1 388.54	1 178.79
资产负债率/%			

(四)任务实施

第一步:打开 Python 界面,把"资产负债率计算表"拖入项目中。

第二步:单击"文件"→"新建",新建 Python 文件。

第三步:输入以下代码后单击"运行"按钮,得出资产负债率。(代码 10-3)

资产负债率计算

代码 10-3　资产负债率计算

```
import numpy as np
import pandas as pd
a=pd.read_excel('./资产负债率计算表.xlsx')
print(a)
b=a.dropna(axis=1,how='all')
print(b)
c=b.set_index('项目')
print(c)
c.loc['资产负债率/%']=c.loc['负债总额/百万元']/c.loc['资产总额/百万元']*100
print(c.loc['资产负债率/%'])
```

(五)任务结果

根据代码运行结果,整理得到表 10-15。

表 10-15　ABC 公司资产负债率计算表

项目	2019 年	2020 年	2021 年
资产总额/百万元	7 372.71	7 107.05	6 777.48
负债总额/百万元	1 983.74	1 388.54	1 178.79
资产负债率/%	26.91	19.54	17.39

（六）任务趋势图（代码 10-4）

代码 10-4　资产负债率趋势图绘制

```python
import numpy as np
import pandas as pd
import matplotlib.pyplot as plt
a=pd.read_excel('资产负债率计算表.xlsx',index_col=0)
print(a)
plt.show()
x=['2019','2020','2021']
plt.bar(x,a.loc['资产负债率/%',:])
plt.xlabel('年份')
plt.ylabel('资产负债率/%')
plt.show()
```

资产负债率趋势图（图 10-4）如下：

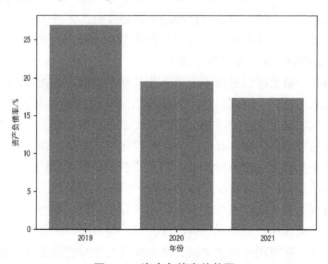

图 10-4　资产负债率趋势图

（七）任务数据分析

由表 10-15 可知，ABC 公司 2019—2021 年的资产负债率呈下降趋势，尽管 2021 年的资产总额有所下降，但负债总额的下降幅度更大，表明公司的长期偿债能力逐步增强。结合同行业情况来看，ABC 公司的资产负债率高于行业平均水平。

三、产权比率

(一) 产权比率的含义

产权比率是资产负债率的变形,是负债总额与所有者权益总额之比,即

$$产权比率 = \frac{负债总额}{所有者权益总额}$$

产权比率表明由债权人提供的资本与由投资者提供的资本的相对关系,反映企业基本财务结构的稳定程度。产权比率高,是高风险、高报酬的财务结构;产权比率低,是低风险、低报酬的财务结构。

产权比率也反映债权人投入的资本受到所有者权益保障的程度,或者说企业在发生清算时对债权人权益的保障程度。

ABC 公司有关资料及产权比率的计算如表 10-16 所示。

表 10-16　ABC 公司产权比率计算表

项目	2019 年	2020 年	2021 年
负债总额/百万元	1 983.74	1 388.54	1 178.79
所有者权益总额/百万元	5 388.97	5 718.51	5 598.69
产权比率	0.37	0.24	0.21

由表 10-16 可知,ABC 公司 2019—2021 年的产权比率呈下降趋势,尽管 2021 年的所有者权益总额有所下降,但负债总额的下降幅度更大,表明公司的长期偿债能力逐步增强。结合同行业情况来看,ABC 公司的产权比率高于行业平均水平。

(二) 产权比率的影响因素及评价方法

产权比率与资产负债率都是用于衡量企业长期偿债能力的指标,具有共同的经济意义,两者可以互相补充。因此,对产权比率的分析可以参考对资产负债率的分析。在资产负债率分析中应当注意的问题,在产权比率分析中也应引起注意。

但产权比率与资产负债率是有区别的。产权比率侧重揭示债务资本与权益资本的相互关系,说明企业财务结构的风险性,以及所有者权益对偿债风险的承受能力;资产负债率侧重揭示总资产中有多少是靠负债取得的,说明债权人权益的受保障程度。

所有者权益就是企业的净资产,产权比率所反映的偿债能力是以净资产为物质保障的。净资产中的某些项目,如无形资产等,其价值具有极大的不确定性,且不易形成支付能力。因此,在使用产权比率时,必须结合有形净值债务比率做进一步分析。

四、有形净值债务比率

有形净值债务比率是产权比率的改进形式,是企业负债总额与有形资产的比率。有形资产是将无形资产、长期待摊费用从所有者权益中扣除后的净资产。其计算公式为

$$有形净值债务比率 = \frac{负债总额}{所有者权益 - 无形资产 - 长期待摊费用}$$

有形净值债务比率实际上是产权比率的延伸,是更谨慎、更保守地反映债权人权益受保障程度的指标。之所以要将无形资产从所有者权益中扣除,是因为从保守的观点来看,在企业处于破产状态时,无形资产往往会发生严重贬值,因而不会像有形资产那样为债权人提供保障。而长期待摊费用本身就是企业费用的资本化,它们往往不能用于偿债。因此,该指标可用于衡量在企业陷入财务危机或面临清算时债权人权益的受保障程度。

ABC 公司有关资料及有形净值债务比率的计算如表 10-17 所示。

表 10-17 ABC 公司有形净值债务比率计算表

项目	2019 年	2020 年	2021 年
负债总额/百万元	1 983.74	1 388.54	1 178.79
所有者权益/百万元	5 388.97	5 718.51	5 598.69
无形资产/百万元	80.56	73.40	67.16
长期待摊费用/百万元	1.43	1.14	1.24
有形净值债务比率	0.37	0.25	0.21

由表 10-17 可知,ABC 公司 2019—2021 年的有形净值债务比率呈下降趋势,尽管 2021 年的所有者权益总额有所下降,但负债总额和无形资产的下降幅度更大,表明公司的长期偿债能力逐步增强。结合同行业情况来看,ABC 公司的有形净值债务比率高于行业平均水平。

五、长期资产适合率

$$长期资产适合率 = \frac{所有者权益 + 长期负债}{固定资产净值 + 长期投资净值}$$

该指标反映企业长期的资金占用与长期的资金来源之间的配比关系。该指标大于 1,说明企业的长期资金来源充足,短期债务风险小;该指标小于 1,说明企业一部分长期资产的资金由短期负债提供,存在难以偿还短期债务的风险。

六、经营活动现金流量与负债总额之比

从现金流量表的角度分析企业的长期偿债能力,通常使用经营活动现金流量与负债总额之比。该指标反映企业用经营活动产生的现金流量偿还所有债务的能力。该指标越高,企业的长期财务安全性就越高。

在该指标的计算中,"分子"使用经营现金流量而非全部现金流量,是因为从长期来看,经营活动现金流量相较于筹资活动和投资活动现金流量而言更具有可持续性;"分母"负债总额,在保守计算中可以包括诸如"递延税款贷项""可赎回优先股"等所有介于传统意义上的负债与所有者权益之间的项目。

七、影响长期偿债能力的其他因素

除上述各种比率指标用以分析和评价企业的长期偿债能力外,还有一些因素影响

企业的长期偿债能力，在分析时必须引起足够的重视。

（一）长期租赁

当企业急需某种设备或资产而又缺乏足够的资金时，企业可以通过租赁的方式来解决。租赁有两种形式：融资租赁和经营租赁。

融资租赁是由租赁公司垫付资金购买设备租给承租人使用，承租人按合同规定支付租金（包括设备买价、利息、手续费等）。一般情况下，在承租人付清最后一笔租金后，设备所有权归承租人所有。因此，在融资租赁形式下，租入的固定资产作为企业的固定资产入账进行管理，相应的租赁费用作为长期负债处理。这种资本化的租赁，在分析企业的长期偿债能力时，已经包括在资产债务率指标的计算之中。

经营租赁是为满足经营使用上的临时或季节性需要而发生的资产租赁。经营租赁是一种短期租赁，但当企业的经营租赁量比较大、期限比较长或具有经常性时，则构成一种长期性筹资，这种长期性筹资虽然不包括在长期负债之内，但到期时必须支付租金，会对企业的长期偿债能力产生影响。因此，如果企业经常发生经营租赁业务，应考虑租赁费用对企业长期偿债能力的影响。

（二）担保责任

担保项目时间长短不一，有的涉及企业的长期负债，有的涉及企业的短期负债。在分析企业的长期偿债能力时，应根据有关资料判断担保责任带来的潜在长期负债问题。

（三）或有项目

或有项目是指在未来某个或几个事件发生或不发生的情况下会带来收益或损失，但现在还无法肯定是否发生的项目。或有项目的特点是现存条件的最终结果不确定，对它的处理方法要取决于未来的发展。或有项目一旦发生，便会影响企业的财务状况，因此企业不得不给予它们足够的重视。在分析企业的长期偿债能力时，要考虑或有项目的潜在影响。

思考与练习

一、单项选择题

1. 企业营运能力分析的目的是（　　）。

A. 评价企业资产的利用效率

B. 评价企业负债经营的效果

C. 分析企业资本利用的潜力

D. 分析企业资产转换为现金及现金等价物的时间

2. 衡量企业长期偿债能力的指标是（　　）。
   A. 流动比率　　　B. 现金比率　　　C. 资产负债率　　　D. 市盈率

3. 某公司2023年12月31日资产负债表显示，流动资产总额为2 000万元，流动负债总额为1 600万元，则该公司2023年的流动比率为（　　）。
   A. 1.125　　　B. 1.25　　　C. 1　　　D. 0.8

4. 某公司2023年12月31日资产负债表显示，资产总额为500万元，负债总额为400万元，则该公司2023年的资产负债率为（　　）。
   A. 50%　　　B. 125%　　　C. 60%　　　D. 80%

5. 企业的权益乘数越大，长期偿债能力就（　　）。
   A. 越强　　　B. 越弱　　　C. 不确定　　　D. 两者不相关

6. 下列属于速动资产的是（　　）。
   A. 存货
   B. 库存现金
   C. 无形资产
   D. 长期债券投资

7. 某公司2023年12月31日资产负债表显示，流动资产总额为100万元，其中存货为40万元，流动负债总额为80万元。假设没有其他资产，则该公司2023年的速动比率为（　　）。
   A. 0.75　　　B. 1.25　　　C. 1　　　D. 0.8

8. 某公司2023年度利润表显示，净利润为750万元，所得税费用为250万元，财务费用为500万元，则该公司2023年的利息保障倍数为（　　）。
   A. 3　　　B. 2　　　C. 1　　　D. 0.5

9. 流动比率是（　　）。
   A. 静态分析指标
   B. 动态分析指标
   C. 外部分析指标
   D. 内部分析指标

10. 下列关于短期偿债能力指标的判断，正确的是（　　）。
    A. 企业营运资金越多越好
    B. 流动比率越高，说明短期偿债能力越强，因此企业应该不断追求更高的流动比率
    C. 不同行业的速动比率有很大差别，因此不存在统一的速动比率标准
    D. 现金比率高，不能说明企业支付能力强，所以这个指标过高不一定是好事

二、多项选择题

1. 流动比率没有考虑的因素包括（　　）。
   A. 流动资产结构
   B. 长期资产结构
   C. 流动负债结构
   D. 短期资产结构
   E. 流动负债风险

2. 速动资产主要包括（　　）。
   A. 货币资金　　　B. 短期投资　　　C. 应收账款　　　D. 应收票据
   E. 存货

3. 对应收账款周转率正确计算有较大影响的因素有（   ）。

A. 季节性经营的企业使用这个指标时不能反映实际情况

B. 大量使用分期付款结算方式

C. 大量的销售为现销

D. 企业提高应收账款回收效率

E. 年末销售大幅度上升或下降

三、判断题

1. 流动资产和速动资产是同一个概念。（   ）

2. 企业流动资产数量和质量超过流动负债数量和质量的程度，就是企业的短期偿债能力。（   ）

3. 存货属于流动资产。（   ）

4. 资产负债率属于静态指标。（   ）

5. 资产负债率越低越好。（   ）

四、计算分析题

1. 睿华公司2023年年末流动资产总额为720万元，非流动资产总额为780万元，流动负债总额为230万元，非流动负债总额为370万元。

要求：

（1）计算睿华公司的资产负债率、股东权益比率。

（2）根据计算结果分析股东权益比率与资产负债率之间的关系。

2. 睿太公司2020年、2021年和2022年的净利润分别为2 000万元、3 200万元和4 000万元；所得税税率为25%；利息费用分别为200万元、400万元和200万元。睿太公司所属行业2020—2022年的利息保障倍数平均数分别为12、10和9。

要求：

（1）分别计算睿太公司2020—2022年的利息保障倍数。

（2）分析睿太公司利息偿付的保障程度。

3. 安泰公司2021年、2022年和2023年的经营活动现金流量分别为400万元、500万元和600万元；现金所得税支出分别为25万元、40万元和50万元；现金利息费用分别为50万元、75万元和50万元。安泰公司所属行业2021—2023年的现金流量利息保障倍数平均数分别为12、11和16。

要求：

（1）分别计算安泰公司2021—2023年的现金流量利息保障倍数。

（2）分析安泰公司利息偿付的现金保障程度。

4. 东瑞公司本年年末流动资产余额为400万元，非流动资产余额为800万元，流动负债余额为200万元，非流动负债余额为600万元。东瑞公司所处行业的资产负债率为50%。

要求：

（1）计算东瑞公司的资产负债率。

（2）试根据行业资产负债率情况，分析东瑞公司的长期偿债能力。

5. 安华公司本年实现净利润 1 000 万元，资产总额为 2 500 万元，资产负债率为 60%。

要求：

（1）计算安华公司的权益乘数。

（2）简要说明权益乘数反映的企业长期偿债能力情况。

6. 华耀公司 2023 年年末资产总额为 1 000 万元，负债总额为 700 万元，本年实现净利润 100 万元。

要求：

（1）计算华耀公司的资产负债率和权益乘数。

（2）简要说明资产负债率与权益乘数之间的关系。

7. G 公司 2023 年 7 月的速动比率为 1.2，流动资产包括存货、货币资金、短期有价证券和应收账款四个项目，其中应收账款占整个公司流动负债的比例为 40%。

要求：计算 G 公司 2023 年 7 月的现金比率，并做简要评价。

五、综合实践训练题

B 电器公司偿债能力相关资料如表 10-18、表 10-19 所示。

表 10-18　B 电器公司短期偿债能力分析表

项目	2022 年	2023 年
流动资产/亿元	695.16	883.32
速动资产/亿元	542.78	668.29
经营活动现金净流量/亿元	80.55	160.87
流动负债/亿元	734.53	768.94
流动比率		
速动比率		
经营现金比率		

表 10-19　B 电器公司长期偿债能力分析表

项目	2022 年	2023 年
资产总额/亿元	1 312.55	1 514.63
负债总额/亿元	936.75	1 047.13
所有者权益总额/亿元	375.80	467.50
利润总额/亿元	50.37	69.26
利息费用/亿元	7.21	13.93
资产负债率/%		
股东权益比率/%		
产权比率		
利息保障倍数		

案例思考题

1. 对 B 电器公司的短期偿债能力进行分析，主要侧重计算并分析流动比率、速动比率，并结合流动资产和流动负债的具体项目对 B 电器公司的短期偿债能力进行评价。

2. 对 B 电器公司的长期偿债能力进行分析，主要侧重计算并分析资产负债率、股东权益比率、权益乘数、产权比率等指标。

3. 在企业财务分析实践中，评价短期偿债能力时应注意哪些问题？你认为 B 电器公司的短期偿债能力如何？

4. 在企业财务分析实践中，评价长期偿债能力时是否应对企业的盈利能力进行分析？长期偿债能力与盈利能力之间有何矛盾？如何解决这一矛盾？结合 B 电器公司的盈利性，你认为 B 电器公司的长期偿债能力如何？

项目十一

Python 在企业发展能力分析中的应用

任务描述

本项目的任务是熟悉企业发展能力的含义，了解企业发展能力分析常用的财务指标，掌握各项指标的计算方法、内涵、作用、影响因素、评价方法，学会利用多项发展能力指标综合分析评价企业的发展能力。

学习目标

1. 熟悉企业发展能力的含义。
2. 了解企业发展能力分析的意义。
3. 明确企业发展能力分析的方法。
4. 熟悉并掌握企业发展能力分析主要指标的计算和评价。

技能目标

1. 能选择正确的企业发展能力分析方法。
2. 能根据企业发展能力分析指标的公式进行计算。
3. 能利用多项发展能力指标综合分析评价企业的发展能力。

项目导入

懂财务的人会用销售增长率、税前或税后利润、资产回报率、权益回报率或每股收益及现金流量等财务指标去评估一个企业的业绩。一些资深分析员则会利用各种财务比率，如流动比率（流动资产与流动负债的比率）或简单的库存周转率（每年销售额与平均库存的比率），更深一层地去考察企业的短期业绩。以这种传统的方法来评估企业的业绩，通常是财务数字越好，企业就越成功。

问题是，在现实世界，单纯从财务指标去评估一个企业的业绩是不全面和不平衡的。2001年美国安然事件给全世界的管理界和财经界带来震撼。1992年"平衡记分卡"（Balanced Scorecard）的两位创始人罗伯特·卡普兰和戴维·诺顿建立此新的评估和管理系统框架时，上述财务事件还未发生，但是他们已经意识到问题的存在。

他们率先设问：如果是衡量一个企业的短期业绩，财务指标可能是好用的，但若一个企业有长期的生存目标，光用财务指标去衡量是否足够？传统财务衡量方法的最大弊端在于，过分重视取得和维持短期财务结果，这样一来，就可能使企业急功近利，在短期业绩方面投资过多，在长期价值创造方面，特别是在使未来的增长得以实现的无形的知识资产方面投资过少。今天，每个人都必须认识到的现实是，有形资产是以加法形式增长的，而无形资产一旦得到合理利用，其带来的价值却是以乘法形式增长的。

过去的管理以控制为中心，所以利用财务去控制也就成为自然而然的事情。简单地说，财务控制者不管客户是否满意，也不管企业的业务流程是否合理，更不管新产品开发对企业未来表现的影响，他们要管的只是财务业绩。不可避免的是，随着管理者们受到压力，被要求不断取得出色的短期财务业绩，这种压力可能会迫使企业纷纷减少各方面的开支。除客户和市场开发外，这些开支还包括新产品的开发、工艺流程的改进、人力资源的开发、信息技术和数据系统的开发等。在短时间内，财会模式把开支的这些削减当作收入的增加来报告，尽管这些削减侵蚀了企业资产和创造未来经济价值的能力。抑或一个企业通过提价或降低服务水平来剥削客户，从而使短期财务结果最大化。这些现象非常普遍，都是仅用财务指标去评估企业业绩的"后遗症"。在中国，甚至一些最优秀的企业都不能免除完全以财务结果为导向的短期行为。例如，一家知名的IT公司几乎每年都要进行一次机构大调整。业绩平平的总经理一般会被"拿下"，毫无建树的业务部门可能会被撤销。在以年为单位的考评体制下，这家公司的具体业务负责人不可能制定出超过半年的战略。这种考评体制是对短期商业利益的有效保障，但必然形成对长期发展的漠视和战略能力的扼杀。

请思考

1. 什么才是经营企业至关重要的东西？是利润，还是持续发展？
2. 如何才能客观地评价一个企业的发展能力？
3. 有没有什么方法能够正确评价企业的发展能力？

任务一　企业发展能力分析认知

一、企业发展能力的含义

企业为了生存和竞争，需要不断发展。例如，企业增加营运资金、更新改造工艺设备、扩大生产规模和应对市场竞争风险，都需要企业有能力投资，有投资才能有较大发展。这就要求企业要有能力筹集投资所需资金，资金充足才能保证企业稳步发展。企业筹集资金的途径有两条：一条是依靠企业经营，通过实现利润等内部渠道筹集所需资金，即企业的自我发展能力；另一条是向外借款，通过发行债券、股票来筹集所需资金。企业通过外部筹集资金而发展的能力，称为筹资发展能力。企业的发展能力也就是企业自我发展能力和筹资发展能力的组合。

一个企业的经营业绩集中表现为该企业的经营成果，企业经营成果的好坏又可以进一步分解为经营成果的规模和经营成果的稳定性。在财务评价中，用盈利能力指标来反映企业经营成果规模的大小，用支付能力（偿债能力）指标来反映企业经营成果的稳定性。通过分析企业资产的利用效率，可以考核一个企业管理效率的高低，管理效率越高，企业资产的周转速度就越快，从而资产的变现速度就越快，企业的支付能力就越强。

企业的支付能力、盈利能力和管理效率都是从不同的侧面对企业发展能力的具体分解，较强的支付能力是实现企业发展的前提条件，较强的盈利能力则是实现企业发展的关键，而较高的管理效率又是提高盈利能力的必由之路。所以，增强企业的支付能力、盈利能力，提高企业的管理效率，都是为了企业未来的生存和发展，都是为了增强企业的发展能力。可以说，将企业的发展能力进一步分解，就是企业的支付能力、盈利能力和管理效率；将企业的支付能力、盈利能力和管理效率概括起来，就是企业的发展能力。

二、企业发展能力分析的意义

对企业发展能力分析的意义在于保证企业长远发展，控制企业经营中的短期行为。在企业的财务评价体系中加入发展能力的考核指标，对于完善现代企业制度和现代企业的理财目标具有极其重要的意义。

第一，考核企业的发展能力，可以抑制企业的短期行为，有利于完善现代企业制度。企业的短期行为集中表现为追求眼前利润，忽视企业资产的保值与增值，为了实现短期利润，有些企业不惜损耗设备、少计费用和成本。增加对企业发展能力的考核后，不仅要考核企业目前实现的利润，还要考核企业资产的保值与增值情况，就可以在一定程度上抑制企业的短期行为，真正地增强企业的经济实力，完善现代企业制度。

第二，考核企业的发展能力，有利于完善现代企业的理财目标。现代企业的理财目标应该是实现企业价值的最大化，为了实现企业价值的最大化，一方面要求企业追求利润，扩大财务成果；另一方面要求企业不断改善财务状况，提高经营成果的稳定性。为此，不仅要分别对企业的财务状况和财务成果进行考核，更重要的是要将财务状况与财务成果结合起来，综合地考核企业的发展能力。

三、企业发展能力分析方法

企业发展能力分析主要是计算一些财务指标的增长率，计算增长率主要有以下两种方法。

（一）同比分析

业绩趋势分析旨在发现和确认企业历史业绩的趋势性，判断业已形成的趋势是否发生改变及其原因。最基本的趋势分析方法是同比分析。开展同比分析，首先应选择一个与被分析会计期间没有季节性差异的会计期间作为基期,然后对各会计期间的财务数据进行对比。换句话说,同比分析就是将一个会计期间的财务数据与相隔一年或一年以上会计期间的财务数据进行对比,判断企业业绩的增减变动情况。

例如,2020 年度与 2005 年度之间,2021 年第一季度与 2020 年第一季度之间,2015 年年末与 2005 年年末之间,所进行的财务数据对比都属于同比范畴。通常,财务报表项目的增减变动情况用"%"来表示,如本年度主营业务收入为 1 500 万元,上年度为 1 000 万元,同比增长 50%;财务比率的增减变动情况用"百分点"来表示,如本年度营业成本比率为 76.24%,上年度为 78.56%,同比下降 2.32 个百分点。

(二)环比分析

虽然同比分析在判断企业业绩增减变动时具有消除季节性因素的优势,但也存在劣势。例如,由于年度财务报表不提供最近 6 个月或一个季度的数据,同比分析不能揭示企业距年终最近 6 个月或一个季度的业绩增减变动情况,而这段时间一旦发生业绩"拐点",即较大幅度的增减变动,分析结论就可能形成误导。及时发现业绩"拐点"对投资决策极富有意义,趋势分析的重点就是发现"拐点"。所谓环比分析,就年报而言,就是将下半年业绩数据与上半年业绩数据做比较。其中,下半年业绩数据可以用全年数减去中期数获得,将得数除以中期数,再乘以百分之百,便得出报告期环比增减变动比率或幅度。

例如,某企业 2023 年全年主营业务收入为 395 364 万元,2023 年中期主营业务收入为 266 768 万元,将两者相减得出 2023 年下半年主营业务收入为 128 596 万元,再用 128 596 万元除以 266 768 万元,乘以百分之百,便得出该企业报告期主营业务收入环比大幅滑坡 51.79% 的分析结果。环比分析可消除年报缺陷对投资者造成的误导。

任务二　企业发展能力分析指标

一、销售增长指标

营业收入是企业获利的源泉。一个企业只有保持销售的稳定增长,才能不断地增加收入,提高盈利能力。盈利能力提高,利润增加,才能为企业占有市场、开发新产品、进行技术改造提供资金来源,才能促进企业的进一步发展。因此,销售增长指标是评价企业发展状况和发展能力的重要指标,主要包括营业收入增长率、三年营业收入平均增长率和可持续增长率。

(一)营业收入增长率

1. 基础知识

营业收入增长率是反映企业销售增长情况的财务指标,它是将本期的营业收入与上期的营业收入相比较,以说明企业营业收入的增长情况。其计算公式为

$$营业收入增长率 = \frac{本期营业收入 - 上期营业收入}{上期营业收入} \times 100\%$$

不断增加的营业收入是企业生存的基础和发展的条件。因此,在各种反映企业发展能力的财务指标中,营业收入增长率指标是最关键的,因为只有实现企业销售额的不断增长,企业的净利润增长和净权益增长才有保证,企业的规模扩大才能建立在一个稳固的基础之上。

营业收入增长率分析还应考虑营业收入增长的具体原因,即要弄清楚企业销售增长的来源。这些来源包括:① 销售更多的产品或服务(最容易的方法);② 提高价格(需要强势品牌或垄断的市场地位才能维持长久);③ 销售新的产品或服务;④ 购买其他企业(特别注意,保持警觉)。

营业收入增长率可以用来衡量企业产品所处的生命周期,判断企业发展所处的阶段。一般来说,如果营业收入增长率超过10%,说明企业产品处于发展期,将继续保持较好的增长势头,企业尚未面临产品更新的风险,属于发展型企业;如果营业收入增长率在5%~10%,说明企业产品已进入稳定期,不久将进入衰退期,企业需要着手开发新产品;如果营业收入增长率低于5%,说明企业产品已进入衰退期,保持市场份额已经很困难,营业利润开始滑坡,如果没有已开发好的新产品,企业将步入衰退期。

2. 任务要求

以 ABC 公司营业收入增长率计算表的数据为例,分析 ABC 公司的营业收入增长率,并提出改进建议。任务所需指标、数据表如表 11-1 所示。

表 11-1 任务所需指标、数据表

具体指标	营业收入增长率	数据表	利润表
	营业收入增长率趋势		营业收入增长率计算表

注:营业收入增长率=(本期营业收入−上期营业收入)/上期营业收入×100%。

3. 任务资料(表 11-2)

表 11-2 ABC 公司营业收入增长率计算表

项目	2016 年	2017 年	2018 年	2019 年	2020 年	2021 年
营业收入/百万元	4 828.38	11 441.82	11 553.52	11 688.37	15 449.48	16 623.43
营业收入增长率/%						

4. 任务实施

第一步:打开 Python 界面,把"营业收入增长率计算表"拖入项目中。(图 11-1)

营业收入增长率计算

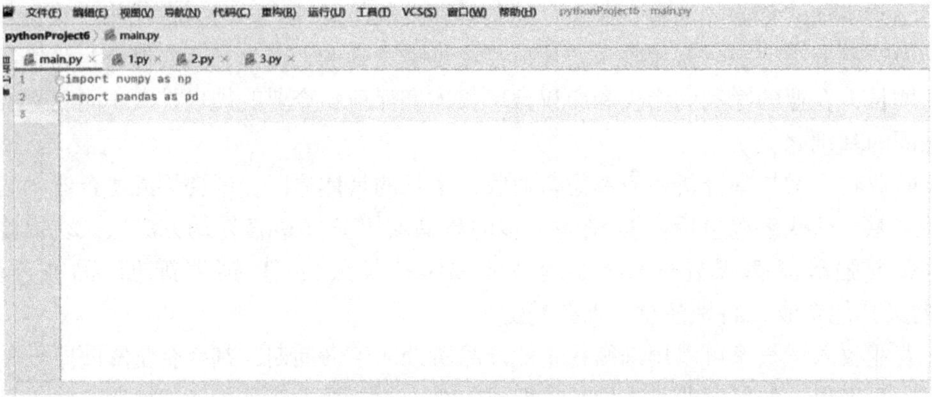

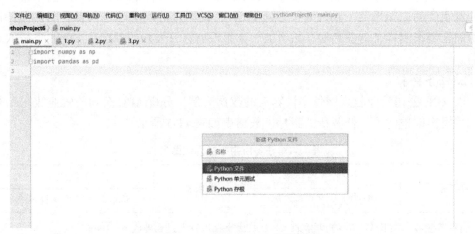

图 11-1　Python 界面

第二步：单击"文件"—"新建"，新建 Python 文件。（图 11-2）

图 11-2　新建 Python 文件界面

第三步：输入以下代码后单击"运行"按钮，得出营业收入增长率。（代码 11-1）

代码 11-1　营业收入增长率计算

```
import numpy as np
import pandas as pd
a=pd.read_excel('./营业收入增长率计算表.xlsx')
print(a)
b=a.dropna(axis=1,how='all')
print(b)
c=b.set_index('项目')
c.loc['营业收入增长率/%']=( c.loc['营业收入/百万元','2021年']- c.loc['营业收入/百万元','2020年'])/ c.loc['营业收入/百万元','2020年']*100
print(c.loc['营业收入增长率/%'])
```

用以上方法计算出其他年份的营业收入增长率。

5. 任务结果

根据代码运行结果，整理得到表 11-3。

表 11-3 ABC 公司营业收入增长率计算表

项目	2016 年	2017 年	2018 年	2019 年	2020 年	2021 年
营业收入/百万元	4 828.38	11 441.82	11 553.52	11 688.37	15 449.48	16 623.43
营业收入增长率/%	—	136.97	0.98	1.17	32.18	7.60

6. 任务趋势图（代码 11-2）

代码 11-2 营业收入增长率趋势图绘制

```
import numpy as np
import pandas as pd
import matplotlib.pyplot as plt
a=pd.read_excel('营业收入增长率计算表.xlsx',index_col=0)
print(a)
plt.show()
x=['2017','2018','2019','2020','2021']
plt.plot(x,a.loc['营业收入增长率/%','2017年':])
plt.xlabel('年份')
plt.ylabel('营业收入增长率/%')
plt.show()
```

营业收入增长率趋势图（图 11-3）如下：

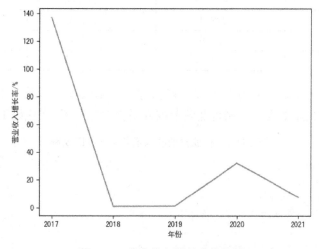

图 11-3 营业收入增长率趋势图

7. 任务数据分析

从表 11-3 可以看出，ABC 公司营业收入在 2017 年经历了一次快速增长后，2018 年和 2019 年的增长明显放缓，这可能与公司所处的发展阶段有关；2020 年和 2021 年再次进入快速增长期，显示出公司持续的发展能力。

8. 行业数据分析

2021—2022 年中国上市公司分行业营业收入情况如表 11-4 所示。

表 11-4 2021—2022 年中国上市公司分行业营业收入情况

行业	营业收入/亿元		营业收入增长率/%
	2021 年	2022 年	
制造业	238 079.54	264 679.26	11.17
金融业	100 651.23	98 800.64	−1.84
采矿业	76 579.17	95 453.66	24.65
建筑业	81 795.83	88 222.54	7.86
批发零售业	53 664.63	53 061.93	−1.12
信息技术业	17 062.17	27 669.43	62.17
房地产业	24 332.12	22 671.89	−6.82
水电煤气业	18 559.83	22 124.10	19.20
运输仓储业	19 674.98	20 224.60	2.79
商业服务业	8 932.95	9 656.75	8.10
农林牧渔业	3 078.25	3 574.91	16.13
文化传播业	2 132.56	2 065.49	−3.15
公共环保业	2 263.14	2 037.21	−9.98
科研服务业	1 684.09	2 017.75	19.81
卫生业	642.72	835.99	30.07
综合类	478.51	675.60	41.19
住宿餐饮业	228.43	212.01	−7.19
教育业	161.97	117.76	−27.30
居民服务业	3.12	2.93	−6.09

为了更清晰地呈现不同行业上市公司营业收入增长率的差异，下面基于表 11-4 中的营业收入增长率数据，绘制行业营业收入增长率分布图。（代码 11-3）

代码 11-3 行业营业收入增长率分布图绘制

```
import numpy as np
import pandas as pd
import matplotlib.pyplot as plt
a=pd.read_excel('行业营业收入增长率计算表.xlsx')
print(a)
ra=a.dropna(axis=0,how='any')
ra.set_index('行业',inplace=True)
fig=plt.figure(figsize=(25,4))
plt.rcParams['font.sans-serif']=['SimHei']
plt.plot(ra.index,ra['营业收入增长率/%'])
x1=ra.index
y1=ra['营业收入增长率/%']
for a,b in zip(x1,y1):
    plt.text(a,b,b,ha='center',va='bottom',fontsize=10)
plt.xticks(rotation=30)
plt.ylabel('营业收入增长率/%')
plt.show()
```

行业营业收入增长率分布图（图 11-4）如下：

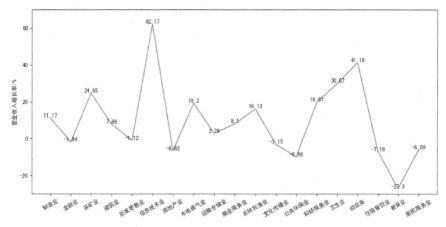

图 11-4　行业营业收入增长率分布图

需要注意的是，营业收入增长率仅仅反映近期营业收入的实际变动，无法确定未来的变动趋势。因此，在进行营业收入增长率分析时，应结合企业历年的营业收入水平、企业市场占有情况、行业未来发展及其他影响企业发展的潜在因素进行前瞻性预测。同时，在分析过程中应确定比较的标准，分别与同类企业和行业平均水平进行比较。

另外，营业收入增长率直接将本年营业收入与上年营业收入比较，会受到基数的影响。一些偶然性因素的存在，如自然灾害、生产事故等，可能导致上年或本年营业收入异常，造成营业收入增长率偏高或偏低。这样，如果上年营业收入特别小，即使本年营业收入有较小的增长，也会出现较大的营业收入增长率，使营业收入增长率不能反映正常的变动，不利于进行比较。比如，某企业上年营业收入为 20 万元，本年营业收入为 100 万元，则营业收入增长率为 400%[（100-20）/20×100%]，显然，这与往年相比出现异常，不能认为企业具有很强的发展能力。

（二）三年营业收入平均增长率

为了消除营业收入短期波动对营业收入增长率指标产生的影响，可以通过分析营业收入的长期变动趋势来评价企业的发展能力，即计算连续三年营业收入的平均增长率。

三年营业收入平均增长率表明企业营业收入连续三年的增长情况，反映了企业销售增长的长期趋势和稳定程度。其计算公式为

$$三年营业收入平均增长率 = \left(\sqrt[3]{\frac{本年营业收入总额}{三年前年度营业收入总额}} - 1 \right) \times 100\%$$

该指标避免了某些年份营业收入因受偶然性因素的影响而出现异常所导致的对企业发展能力的错误判断。

（三）可持续增长率

1. 基础知识

营业收入的增加是由更多的各种类型资产的增加支持的，这些资产必须付现购

买。留存收益和新借款项带来的仅仅是数量有限的现金。除非企业准备发行股票，否则在不过度使用企业资源的情况下，这个限量会封住企业所能取得增长率的上限，这就是可持续增长率。可持续增长率是指在不增发新股并保持目前经营效率和财务政策的条件下，企业销售所能实现的最高增长率。

图 11-5 显示的是快速成长型企业的状况。它用两个长方形代表企业的资产负债表。一个表示资产，另一个表示权益（负债和所有者权益）。两个没有阴影的长方形代表年初的资产负债表。因为资产必须等于负债加所有者权益，所以左右两边相对应的长方形高度都是一样的。现在，假设企业要在接下来的年度增加销售，那么它就必须增加诸如库存、应收账款等资产及提高生产能力。图 11-5 中资产方的阴影部分代表用于支持新增销售所必需的新增资产的价值。因为假定企业不发行新股票，所以增加资产所需要的现金只能来自留存收益和增加负债。

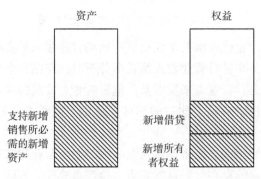

图 11-5 新增销售所要求的新增资产和新增筹资

从图 11-5 可以看出，在不改变资本结构的情况下，随着所有者权益的增长，负债也应同比例增长，负债和所有者权益的增长一起限定了资产所能扩展的速度，后者反过来限制了销售的增长速度。因此，一个企业的可持续增长率就是股东权益的增长率。其计算公式为

可持续增长率＝股东权益增长率＝股东权益本期增加额/期初股东权益×100%
＝销售净利率×总资产周转率×留存收益率×权益乘数*

从以上等式可以看出，企业的可持续增长率取决于企业的经营业绩和财务政策，如留存收益率取决于管理层对企业利润分配的程度，而权益乘数反映了企业关于财务杠杆的政策。另外，如果企业的营业收入没有按照可持续增长率增长，等式中的一个或多个比率就必须改变。这意味着当一个企业的营业收入以超过它的可持续增长率增长时，最好能够改善经营（提高销售净利率或总资产周转率）或转变财务政策（提高留存收益率或财务杠杆）。

我们可以根据企业的实际营业收入增长率与营业收入可持续增长率的偏离程度及造成这种偏离的原因，对企业未来的营业收入增长情况进行分析。

（1）如果企业的实际营业收入增长率远高于营业收入的可持续增长率，我们应

---

* 权益乘数＝年平均总资产÷期初股东权益。

当进一步分析其原因。若系销售净利率或总资产周转率提高，则说明企业通过自身的利润增长为企业的加速发展提供了资金；若系企业的资产负债率提高，则说明企业是利用财务杠杆通过举债为企业的加速发展提供了资金，但这种营业收入增长率高于营业收入可持续增长率的高速增长很难持续下去。这时企业如若希望营业收入继续高速增长，可能需要通过增发新股或配股来实现。

（2）如果企业的实际营业收入增长率低于营业收入的可持续增长率，那么说明企业未能充分利用自身的经济资源。这时企业可以偿还更多的银行贷款，以适当降低财务杠杆率，或者寻找新的项目，以充分利用经济资源，否则企业很容易因拥有较多的现金资源而成为被并购的对象。

由此，可以得出以下结论：

（1）超过企业可持续增长率的营业收入增长率会加速企业资源的消耗，这种增长率通常是无法持续的。不能简单地认为今后的营业收入增长率会等于当前的营业收入增长率。

（2）低于企业可持续增长率的营业收入增长率会造成企业资源的浪费。企业应当更多地归还银行贷款，发放股利或寻找新的项目。

（3）当企业的实际营业收入增长率高于营业收入的可持续增长率时，企业可能会因资金短缺而减少现金股利的支付。

（4）营业收入增长最大化不应成为企业的经营和财务目标，否则企业今后很可能陷入资金紧张的财务困境。

2. 任务要求

以 ABC 公司可持续增长率计算表的数据为例，分析 ABC 公司的可持续增长率，并提出改进建议。任务所需指标、数据表如表 11-5 所示。

表 11-5 任务所需指标、数据表

具体指标	可持续增长率	数据表	资产负债表
	可持续增长率		利润表
	可持续增长率趋势		可持续增长率计算表

注：可持续增长率=销售净利率×总资产周转率×留存收益率×权益乘数。

3. 任务资料（表 11-6）

表 11-6 ABC 公司可持续增长率计算表

项目	2018 年	2019 年	2020 年	2021 年
销售净利率/%	3.44	3.16	2.39	1.44
总资产周转率/次	1.61	1.58	2.13	2.39
留存收益率/%	0.40	0.35	0.89	-0.50
权益乘数	1.45	1.45	1.34	1.21
可持续增长率/%				

4. 任务实施

第一步：打开 Python 界面，把"可持续增长率计算表"拖入项目中。

第二步：单击"文件"→"新建"，新建 Python 文件。

第三步：输入以下代码后单击"运行"按钮，得出可持续增长率。（代码 11-4）

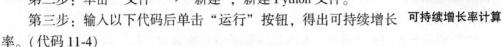

可持续增长率计算

代码 11-4　可持续增长率计算

```
import numpy as np
import pandas as pd
a=pd.read_excel('./可持续增长率计算表.xlsx')
print(a)
b=a.dropna(axis=1,how='all')
print(b)
c=b.set_index('项目')
print(c)
c.loc['可持续增长率/%']=c.loc['销售净利率/%']*c.loc['总资产周转率/次']*c.loc['留存收益率/%']*c.loc['权益乘数']
print(c.loc['可持续增长率/%'])
```

5. 任务结果

根据代码运行结果，整理得到表 11-7。

表 11-7　ABC 公司可持续增长率计算表

项目	2018 年	2019 年	2020 年	2021 年
销售净利率/%	3.44	3.16	2.39	1.44
总资产周转率/次	1.61	1.58	2.13	2.39
留存收益率/%	0.40	0.35	0.89	−0.50
权益乘数	1.45	1.45	1.34	1.21
可持续增长率/%	3.21	2.53	6.07	−2.08

6. 任务趋势图（代码 11-5）

代码 11-5　可持续增长率趋势图绘制

```
import numpy as np
import pandas as pd
import matplotlib.pyplot as plt
a=pd.read_excel('可持续增长率计算表.xlsx',index_col=0)
print(a)
plt.show()
x=['2018','2019','2020','2021']
plt.plot(x,a.loc['可持续增长率/%',:])
plt.xlabel('年份')
plt.ylabel('可持续增长率/%')
plt.show()
```

可持续增长率趋势图（图 11-6）如下：

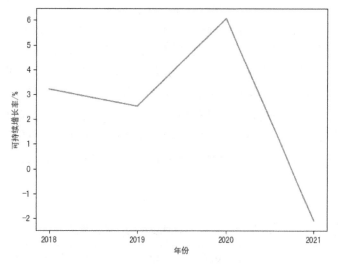

图 11-6　可持续增长率趋势图

7. 任务数据分析

将表 11-7 中的可持续增长率与表 11-3 中的实际增长率（营业收入增长率）比较可以发现，ABC 公司的实际增长率在 2018 年、2019 年低于可持续增长率，这两年公司靠自身能力维持企业增长，并有余力偿还一些债务，保持较低的财务杠杆；ABC 公司的实际增长率在 2020 年和 2021 年都大于可持续增长率，那么公司是怎样应付实际增长率高于可持续率的呢？从表 11-7 中这两年的前四个比率可以看出，2020 年，ABC 公司提高了总资产周转率和留存收益率，同时进一步降低了财务杠杆，销售净利率降至 2.39%，这些因素促使公司的可持续增长率维持在 6.07%，但公司的实际增长率达到 32.18%，为了保持这种高速增长，公司增加了股本（参见项目五 ABC 公司资产负债表）；2021 年，ABC 公司实行了高比例分配策略，利润分配大于当年净利润，为了适应高增长率，公司筹措了短期债务资金，这在前面的资产负债表分析中可以看出。

二、资产增长指标

资产是企业生产经营活动的物质条件，是企业用以取得收入的资源，也是企业偿还债务的保障。企业的资产规模与其经营规模是相适应的，资产规模扩大表明企业兴旺发达。通常情况下，发展能力强的企业都能保证资产的稳定增长，因此，资产增长可用以表明企业的发展状况和发展能力，也是实现企业价值的重要手段。评价企业资产增长的指标主要有总资产增长率、三年总资产平均增长率和固定资产成新率。

（一）总资产增长率

总资产增长率是企业本年总资产增长额与年初资产总额的比率，是从企业资产总量增长方面衡量企业发展能力的指标，表明企业规模扩大对企业发展后劲的影响。其计算公式为

$$总资产增长率 = \frac{本年总资产增长额}{年初资产总额} \times 100\%$$

本年总资产增长额 = 年末资产总额 – 年初资产总额

总资产增长率大于零,说明企业资产增加了,生产经营规模扩大了。总资产增长率越高,说明企业资产增长的速度越快,获得规模效益的能力越强。但应注意资产规模扩张的质与量之间的关系及企业的后续发展能力,避免盲目扩张。影响企业资产规模的因素主要有两个:一是企业对外举债而扩大资产规模;二是企业所有者权益增加而引起资产规模的扩大,既包括企业实现利润而增加企业资产,也包括企业吸收新的投资而使资产规模扩大,具体是什么原因引起企业资产规模的扩大,在评价总资产增长率指标时应予以考虑。

ABC 公司有关资料及总资产增长率的计算如表 11-8 所示。

表 11-8　ABC 公司总资产增长率计算表

项目	2016 年	2017 年	2018 年	2019 年	2020 年	2021 年
总资产/百万元	4 035.09	6 942.41	7 394.14	7 372.71	7 107.05	6 777.48
总资产增长率/%	—	72.05	6.51	-0.29	-3.60	-4.64

由表 11-8 可知,ABC 公司的总资产在经历 2017 年的快速增长后,2018 年保持了一定的增长,2019 年以来呈现逐年下滑的趋势,这也许与公司所处的行业周期有关。

除计算总资产增长率来对资产增长情况进行分析外,还可以对各类具体资产的增长情况进行分析。可以计算以下指标:流动资产增长率、固定资产增长率、无形资产增长率及员工增长率。计算时都是用本年增长额除以年初数额。

分析企业资产增长现状和增长趋势时,应注意企业间的可比性问题。

(1) 不同企业的资产利用效率不同,为了保持净收益的同幅度增长,资产利用效率低的企业需要更大幅度的资产增长。

(2) 不同企业采取的发展策略会体现在资产增长率上。

(3) 会计处理方法的不同会影响资产增长率(影响资产的账面价值)。

(4) 受历史成本原则的影响,资产总额反映的只是资产的取得成本而非现时价值。

(5) 由于一些重要资产无法体现在资产总额中(如人力资源、某些非专利技术等),资产增长率指标无法反映企业真正的资产增长情况。

在实际分析中,还应注意企业资产本期和上期中的偶然性因素对指标的影响。

(二) 三年总资产平均增长率

为了避免资产增长率受资产短期波动的影响,可以通过计算连续三年资产的平均增长率来反映企业较长时期内的资产增长情况,从资产增长的长期趋势和稳定程度来判断企业的发展能力。其计算公式为

$$三年总资产平均增长率 = \left(\sqrt[3]{\frac{年末资产总额}{三年前年末资产总额}} - 1\right) \times 100\%$$

三年总资产平均增长率指标消除了资产短期波动的影响，反映了企业较长时期内的资产增长情况，是衡量企业发展能力的一个重要指标。该指标大于零，表明企业资产呈现增长趋势，企业有能力不断扩大生产经营规模，有较大的发展潜力；该指标越高，表明企业资产增长的速度越快，发展的潜力越大。

（三）固定资产成新率

固定资产成新率是企业当期平均固定资产净值与平均固定资产原值的比率，反映企业所拥有的固定资产的新旧程度，体现企业固定资产更新的快慢和持续发展的能力。其计算公式为

$$固定资产成新率 = \frac{平均固定资产净值}{平均固定资产原值} \times 100\%$$

该指标较高，表明企业的固定资产较新，技术性能较好，可以为企业服务较长时间，企业对扩大再生产的准备比较充足，发展的可能性较大；相反，该指标较低，表明企业的设备陈旧，技术性能落后，将严重制约企业未来发展。

利用固定资产成新率指标分析固定资产新旧程度时，应注意折旧方法、生产经营周期等因素对固定资产成新率的影响，如加速折旧法下的固定资产成新率小于平均年限法下的固定资产成新率、处于发展期的企业与处于衰退期的企业会有不同的固定资产成新率等。同时，也应注意不同企业之间的可比性。

三、资本扩张指标

权益资本是企业的"家底"，是企业的净资产，它可为企业实现规模经营提供资金来源。企业的资本扩张既可源于外部资金的加入，也可源于留存收益的增加。外部资金的加入表明企业获得了新的资本，具备了进一步发展的能力；而留存收益的增加反映了企业通过自身的生产经营活动，扩大了企业的净资产规模，表明了企业进一步发展的能力和后劲。评价企业资本扩张的指标主要有资本积累率、三年资本平均增长率等。

（一）资本积累率

资本积累率是本年所有者权益增长额与年初所有者权益余额的比率，是企业当年所有者权益总的增长率，反映企业当年净资产的变动水平。其计算公式为

$$资本积累率 = \frac{本年净资产增长额}{年初净资产} \times 100\%$$

较多的资本积累是企业发展强盛的标志，是企业扩大再生产的源泉。资本积累率是评价企业发展潜力的重要指标。一个企业的所有者权益扩大了，该企业就有能力继续举"债"，企业的规模就可以进一步扩大，企业也就能够顺利地实现增长，企业对借入债务的偿还才有保证。该指标体现了企业资本的保全和增值情况。该指标越高，表明本年度企业资本积累越多，应对风险和持续发展的能力越强；该指标如为负值，表明本年度企业资本受到侵蚀，所有者权益受到侵害。

分析评价资本积累率指标时，应注意本期与上期权益资本变动的偶然性因素，特别是实收资本的变动对资本积累率的影响。

ABC 公司有关资料及资本积累率的计算如表 11-9 所示。

表 11-9　ABC 公司资本积累率计算表

项目	2017 年	2018 年	2019 年	2020 年	2021 年
所有者权益/百万元	4 932.18	5 089.95	5 388.97	5 718.51	5 598.69
资本积累率/%	—	3.20	5.87	6.12	−2.10

由表 11-9 可知，ABC 公司的资本积累率近年来呈现稳步增长的趋势，尽管 2021 年有所下降，但从所有者权益的数额上看，仍处于稳定状态。

（二）三年资本平均增长率

资本积累率指标有一定的滞后性，仅反映当期情况，为了反映企业资本保全和增值的历史发展情况，了解企业的发展趋势，可以通过计算连续三年资本的平均增长率来反映企业较长时期内的资本扩张情况，从资本扩张的长期趋势和稳定程度来判断企业的发展能力。其计算公式为

$$三年资本平均增长率 = \left(\sqrt[3]{\frac{年末净资产总额}{三年前年末净资产总额}} - 1 \right) \times 100\%$$

该指标越高，表明企业所有者权益受到的保障程度越大，企业可以长期使用的资金越充裕，企业抗风险和连续发展的能力越强。

利用该指标分析时，应注意所有者权益各类别的增长情况。实收资本的增长一般源于外部资金的加入，表明企业具备了进一步发展的基础，但并不表明企业过去具有很强的发展和积累能力；留存收益的增加表明企业通过自身经营积累了发展后备资金，既反映企业在过去经营中的发展能力，也反映企业进一步发展的后劲。

四、利润增长指标

企业的目标是生存、发展和获利，企业的生存与发展主要取决于企业是否盈利，因此获利是企业发展的原动力。在评价企业发展能力时，还要关注企业的利润增长指标，主要包括营业利润增长率、净利润增长率等。

（一）营业利润增长率

营业利润是企业经营活动中营业收入减去营业成本、税金及附加、期间费用、资产减值损失，加上公允价值变动净收益、投资净收益的值。

营业利润增长率是企业本年营业利润增长额与上年营业利润的比率。营业利润增长率反映企业营业利润的增减变动情况，是评价企业经营发展和盈利能力状况的综合指标。其计算公式为

$$营业利润增长率 = \frac{本年营业利润增长额}{上年营业利润} \times 100\%$$

主营业务利润增长率是本年主营业务利润较上年增长的幅度。该指标越高，表明本年主营业务利润较上年增加得越多。主营业务利润增长率超过主营业务收入增长率越多，说明企业的主营业务收入弥补成本费用的能力越强，企业抵御价格降低、成本上升和销售下降的能力越强，进而说明企业主营业务的获利能力较强，能推动整个企

业获得更多的利润。若主营业务利润增长率小于主营业务收入增长率，则说明企业取得的收入不能消化成本费用的上涨，主营业务的获利能力下降。

ABC 公司有关资料及营业利润增长率的计算如表 11-10 所示。

表 11-10　ABC 公司营业利润增长率计算表

项目	2016 年	2017 年	2018 年	2019 年	2020 年	2021 年
营业利润/百万元	370.60	987.33	652.17	607.48	627.66	439.32
营业利润增长率/%	—	166.41	-33.95	-6.85	3.32	-30.01

由表 11-10 可知，ABC 公司的营业利润在 2017 年经历了一次快速增长后，2018 年大幅度下滑，这可能与企业的发展周期有关。2019 年继续下滑，2020 年虽有增长但仍低于 2017 年水平，2021 年再次进入快速下滑期，显示出公司近几年的发展能力趋减。这或许与近几年家电市场的激烈竞争有关。

（二）净利润增长率

企业发展的内涵是企业价值的增长，企业价值表现为给企业带来未来现金流的能力，因此可以用净利润的增长来近似代替企业价值的增长，以净利润增长率来分析企业的发展能力。净利润增长率反映企业获利能力的变动情况和长期的盈利能力发展趋势。其计算公式为

$$净利润增长率 = \frac{本期净利润 - 上期净利润}{上期净利润} \times 100\%$$

净利润增长率是用来考核企业净利润，即税后利润增长情况的财务指标。只有净利润增长了，企业所有者权益的增长才有保证，企业的增长才有根基。通常，企业发展所需资金的来源有三个：一是投资者注入新资金；二是向金融机构举债；三是靠自我积累。对于投资者来说，注入新资金意味着风险和代价。向金融机构举债，不仅需要支付筹资费用，增加经营的财务风险，而且举债也不是企业单方面就能决定的事。所以，对于企业而言，自我积累是最安全、代价最低的资金来源。企业自我积累的最大限度即为企业的全部净利润，因此只有净利润不断增长的企业，自我积累才能逐年增加。随着企业自我积累逐年增加，企业可用于发展的资金不断增多，企业经营规模不断扩大，发展后劲不断增强，发展前景将越来越好。

该指标通常越高越好。企业的发展必然体现出净利润的增长，但两者并不一定同步，净利润的增长可能滞后于企业的发展，这就使得净利润增长率无法真正反映企业的发展能力，只是近似代替。

ABC 公司有关资料及净利润增长率的计算如表 11-11 所示。

表 11-11　ABC 公司净利润增长率计算表

项目	2016 年	2017 年	2018 年	2019 年	2020 年	2021 年
净利润/百万元	424.09	617.84	397.06	368.95	369.43	239.11
净利润增长率/%	—	45.69	-35.73	-7.08	0.13	-35.28

由表 11-11 可知，ABC 公司的净利润在经历 2017 年的快速增长后，2018 年出现了较大幅度的下滑，2019 年和 2020 年有所趋稳，2021 年再次出现大幅的下滑，说明公司的发展能力值得怀疑。这也许与公司所处的行业周期有关。

分析评价净利润增长率指标时，需要注意以下问题：

（1）分析净利润增长率时，应结合主营业务收入增长率综合判断。主营业务收入是企业在其主要业务或主体业务活动中所取得的营业收入。它在企业的营业收入中占有较大的比重，直接影响着企业的经济利益。因此，一般情况下，净利润增长率和主营业务增长率会保持正相关性，但是一些企业在投资收益，特别是证券投资收益中获利较多的时候，净利润增长很快，主营业务收入增长率却很低。这样的情况出现并不代表这些企业有很好的发展预期，因为其投资收益的持久性如何无法预测。

（2）在用净利润增长率时，要尽量使用净利润年增长率。这样可以很好地排除一些周期性行业的季度净利润变动幅度较大的问题。例如，房地产业、百货商业等都是周期性行业，它们在销售淡季或财务回收淡季，季度净利润都极低，净利润增长率环比可能都是负数。因此，净利润计算周期的选择很关键。一般企业建议用年净利润作为基准，至少三年的连续纵向比较才能比较好地反映企业的持续盈利能力，用它来判断企业的成长性会比较准确。

（3）净利润季增长率一般在以下两种情况下使用比较合适：一是刚上市的公司，可能没有连续三年的财务报表可供参考，这时可用环比净利润季增长率来判断公司是否具有高成长性；二是上市公司扭亏为盈，还没有出现连续三年的净利润正增长时，使用同比和环比净利润季增长率来判断公司是否将具备高成长性特征。

（4）注意偶发性变动因素的影响。有时候，企业的年净利润或季净利润会出现突然的变化，比如说突然增加，然后又回到原来的增长轨道。这样的偶发性变动应该在净利润增长率计算中剔除。

五、反映上市公司发展能力的特殊指标

（一）股利增长率

股利增长率与企业价值（股票价值）有很密切的关系。戈登模型（Gordon Model）认为，股票价值等于下一年的预期股利除以要求的股票收益率和预期股利增长率的差额所得的商，即 $\dfrac{DPS}{r-g}$（其中 DPS 表示下一年的预期股利，r 表示要求的股票收益率，g 表示预期股利增长率）。从该模型的表达式可以看出，股利增长率越高，股票价值越高。

$$股利增长率 = \dfrac{本年每股股利增长额}{上年每股股利} \times 100\%$$

投资者从企业获得的利益分为资本利得（股价的上涨）和股利两类，投资者在退出前从企业获得利益的唯一来源就是股利。虽然企业的股利政策是综合各种因素的结果，但股利的持续增长一般被理解为企业的持续发展。

（二）三年股利平均增长率

三年股利平均增长率表明企业股利连续三年的增长情况，体现企业的发展潜力。其计算公式为

$$三年股利平均增长率 = \left(\sqrt[3]{\frac{本年每股股利}{三年前每股股利}} - 1 \right) \times 100\%$$

（三）每股收益增长率

每股收益是上市公司财务报表中最重要的指标。每股收益是本年净利润与年末普通股股份总数的比值，反映普通股的获利能力。上市公司股票的每股收益越高，说明其盈利能力越强，股东获取投资报酬越有保障。如果将股票的市价与每股收益比较，还可以得到市盈率指标。该指标反映投资者对单位净利润所愿意支付的价格，进而反映上市公司股票投资报酬的高低和风险的大小。

每股收益增长率反映了普通股可以分得的利润的增长程度。该指标通常越高越好。每股收益增长率可以反映股东权益的增长情况。其计算公式为

$$每股收益增长率 = \frac{本期每股收益 - 上期每股收益}{上期每股收益} \times 100\%$$

ABC 公司有关资料及每股收益增长率的计算如表 11-12 所示。

表 11-12　ABC 公司每股收益增长率计算表

项目	2016 年	2017 年	2018 年	2019 年	2020 年	2021 年
每股收益/元	0.750	0.770	0.500	0.460	0.309	0.200
每股收益增长率/%	—	2.67	-35.06	-8.00	-32.83	-35.28

由表 11-12 可知，ABC 公司的每股收益呈逐年下滑趋势，说明公司的发展能力在下降。

思考与练习

一、单项选择题

1. 反映企业发展能力的指标是（　　）。
   A. 销售增长率　　　　　　　　　　B. 总资产收益率
   C. 资产负债率　　　　　　　　　　D. 总资产周转率
2. 企业本年的销售增长率如果大于零，说明（　　）。
   A. 企业本年的销售收入有所增长　　B. 企业本年的销售收入有所下降
   C. 企业本年的销售增长速度越慢　　D. 企业的市场前景不好

3. 企业本年的销售增长率如果小于零,说明( )。
A. 企业本年的销售收入有所增长　　B. 企业本年的产品销售不出去
C. 企业本年的销售增长速度越快　　D. 企业的市场前景不好
4. 股利政策的核心是( )。
A. 每股股利　　B. 每股收益　　C. 市盈率　　D. 股利支付率

二、多项选择题

1. 企业营业增长能力分析包括( )。
A. 对销售增长的分析　　B. 对总资产规模增长的分析
C. 对净资产规模增长的分析　　D. 对利润增长的分析
E. 对股利增长的分析
2. 与股本相关的盈利能力指标有( )。
A. 每股收益　　B. 每股股利
C. 净资产收益率　　D. 股利支付率
E. 市盈率
3. 可用于分析企业发展能力的有( )。
A. 企业竞争能力　　B. 企业周期
C. 行业周期　　D. 企业发展能力财务比率
E. 行业竞争

三、判断题

1. 每股收益相等的两家公司,股利支付率较高的公司,每股股利较低。( )
2. 与股东能够获得企业增长的好处相比,债权人只能获得固定的利息。( )
3. 企业的股东是企业盈利增长风险和收益的最终承担者。( )
4. 企业的股东比债权人更关心企业的盈利状况。( )
5. 每股收益相等的两家公司,市盈率较高的公司,每股市价较低。( )

四、计算分析题

1. I 公司和阳安公司 2023 年每股收益均为 0.4 元。I 公司当年有关会计资料如下:发行在外的普通股股数为 1 500 万股,每股全年平均市场价格是 8 元。阳安公司当年有关会计资料如下:发行在外的普通股股数为 1 500 万股,每股全年平均市场价格是 32 元。假定两家公司处于同一行业。

要求:
(1) 分别计算 I 公司和阳安公司的市盈率。
(2) 分析两家公司的盈利和风险状况。

2. 光美公司 2020 年、2021 年和 2022 年的平均固定资产净值分别为 150 万元、175 万元和 200 万元,平均固定资产原值分别为 325 万元、340 万元和 360 万元。

要求:
(1) 计算光美公司 2020—2022 年每年的固定资产成新率。
(2) 分析运用固定资产成新率时需要注意的问题。

3. 子阳公司 2020 年、2021 年、2022 年和 2023 年的销售收入分别为 500 万元、

750万元、800万元和700万元。

要求：

（1）计算子阳公司2021—2023年每年的销售增长率。

（2）分析子阳公司所处的生命周期。

4. 华伟公司2020年、2021年、2022年和2023年的销售收入分别为5 800万元、5 974万元、6 272.7万元和6 649.1万元，所处行业2021—2023年的销售增长率分别为2%、3%和3%。

要求：

（1）计算华伟公司2021—2023年每年的销售增长率。

（2）根据所给出的行业销售增长率，分析华伟公司的销售增长情况。

项目十二

Python 在财务综合分析中的应用

任务描述

本项目的任务是将有关财务指标按其内在联系结合起来，系统、全面、综合地对企业的财务状况和经营成果进行剖析、解释和评价，说明企业整体财务状况和经营成果的优劣。通过本项目的学习，学生可以了解综合财务分析的特点、类型，掌握综合财务分析的方法，并能根据分析内容撰写财务分析报告。

学习目标

1. 了解综合财务分析的特点、类型。
2. 掌握财务比率综合评分法的应用。
3. 掌握沃尔比重评分法的应用。
4. 掌握杜邦分析法的应用。
5. 了解财务分析报告的撰写要求与步骤。

技能目标

1. 能运用财务比率综合评分法进行财务报表综合分析。
2. 能运用沃尔比重评分法进行财务报表综合分析。
3. 能运用杜邦分析法进行财务报表综合分析。
4. 能根据常用综合财务分析方法的分析内容撰写财务分析报告。

项目导入

华强公司 2023 年的有关财务资料如表 12-1、表 12-2 所示。

表 12-1　资产负债表（简表）

编制单位：华强公司　　　　2023 年 12 月 31 日　　　　　　　　单位：万元

项目	年初数	年末数
流动资产：		
货币资金	4 000	5 400
短期投资	27 000	29 000
应收账款	33 800	32 400
减：坏账准备	1 600	1 900
应收账款净额	32 200	30 500
存货	36 200	23 600
流动资产合计	99 400	88 500
长期投资	49 400	44 300
固定资产：		
固定资产原值	58 900	58 100
减：累计折旧	6 100	7 800
固定资产净值	52 800	50 300
无形及递延资产	2 500	1 900
资产总计	204 100	185 000
流动负债	101 100	79 800
非流动负债	200	600
负债合计	101 300	80 400
所有者权益合计	102 800	104 600
负债和所有者权益总计	204 100	185 000

注：华强公司拥有普通股 40 000 万股，每股面值 1 元。2023 年 12 月 31 日每股市价为 10 元。

表 12-2　利润表（简表）

编制单位：华强公司　　　　2023 年度　　　　　　　　单位：万元

项目	本期数
一、主营业务收入	205 000
减：主营业务成本	164 000
主营业务税金及附加	200
二、主营业务利润	40 800
加：其他业务利润	1 200
减：销售费用	16 000
管理费用	14 400
财务费用	2 100
加：投资收益	26 700
三、营业利润	36 200

续表

项目	本期数
加：营业外收入	6 600
减：营业外支出	5 100
四、利润总额	37 700
减：所得税费用	11 300
五、净利润	26 400

注：财务费用全部为利息费用。

请思考

1. 计算华强公司流动比率、速动比率、资产负债率、利息保障倍数、长期资产适合率、应收账款周转率、存货周转率、销售净利率、总资产报酬率、净资产收益率。

2. 通过对上述指标的分析，你能发现华强公司在经营管理上可能存在的问题吗？

任务一 综合财务分析认知

财务分析的最终目的在于全面、准确、客观地揭示企业的财务状况和经营成果，借以对企业经济效益的高低做出合理评价。显然，仅仅计算几个简单的、孤立的财务比率，是不可能得出合理、公允的综合性结论的。只有将各种财务报表、指标的分析与评价融为一体，才能从总体上把握企业财务状况和经营成果的优劣。

一、综合财务分析的含义

综合财务分析就是将有关财务指标按其内在联系结合起来，系统、全面、综合地对企业的财务状况和经营成果进行剖析、解释和评价，说明企业整体财务状况和经营成果的优劣。

企业的财务指标有很多，而单个财务指标只能说明问题的某一个方面，且不同财务指标之间可能会有一定的矛盾或不协调性。例如，偿债能力很强的企业，其盈利能力可能会很弱；或者偿债能力很强的企业，其营运能力可能会较差。所以，只有将一系列的财务指标有机地联系起来，作为一套完整的体系，做出系统的评价，才能对企业经济活动的总体变化规律做出本质的描述，才能对企业的财务状况和经营成果得出总括性的结论。综合财务分析的意义也正在于此。

二、综合财务分析的特点

综合财务分析相对于财务报表单项分析而言，具有以下特点。

（一）分析方法不同

单项分析通常是把企业财务活动的总体分解为各个具体部分，认识每一个具体的财务现象，可以对财务状况和经营成果的某一个方面做出判断和评价；而综合财务分析是从企业财务活动的总体上对个别财务现象做出归纳综合，着重从整体上概括财务活动的本质特征。因此，单项分析具有实务性和实证性，是综合分析的基础；综合分析是对单项分析的抽象和概括，具有高度的抽象性和概括性。如果不把具体的问题提高到理性高度认识，就难以对企业的财务状况和经营成果做出全面、完整和综合的评价。因此，综合分析要以各单项分析为基础，各单项分析指标的要素及其计算必须真实、全面和适当，所设置的分析指标必须能够涵盖企业盈利能力、偿债能力、营运能力等诸方面总体分析的要求。只有把单项分析与综合分析结合起来，才能提高财务分析的质量。

（二）分析重点和基准不同

单项分析的重点和基准是财务计划、财务理论标准，而综合分析的重点和基准是企业整体发展趋势。因此，单项分析把每个分析指标放在同等重要的位置来处理，它难以考虑各指标之间的相互关系；而综合分析强调各指标有主辅之分，一定要抓住主要指标。只有抓住主要指标，才能抓住影响企业财务状况和经营成果的主要矛盾，在主要指标分析的基础上再对辅助指标进行分析，才能分析透彻、把握准确。各主辅指标功能应相互协调匹配，在利用主辅指标时，还应特别注意主辅指标间的本质联系和层次关系。

（三）分析目的不同

单项分析的目的是有针对性地侧重找出企业财务状况和经营成果某一个方面存在的问题，并提出改进措施；综合分析的目的是全面评价企业的财务状况和经营成果，并提出具有全局性的改进意见。显然，只有综合分析获得的信息才是最系统、最完整的，单项分析仅仅涉及一个领域或一个方面，往往达不到这样的目的。

任务二　综合财务分析方法

一、财务比率综合评分法

（一）财务比率综合评分法概述

财务比率反映企业财务报表各项目之间的对比关系，以此来揭示企业的财务状况。但是，一项财务比率只能反映企业某一方面的财务状况。为了进行综合的财务分析，可以编制财务比率汇总表，这样将反映企业财务状况的各类财务比率集中在一张表中，就能够清晰地反映企业各方面的财务状况。在编制财务比率汇总表时，可以考虑对不同时期或不同企业的财务比率进行纵向或横向的比较分析。

企业财务状况的比较分析主要有以下两种：

（1）将企业本期的财务比率同过去几个会计期间的财务比率进行比较，这是纵向比较，可以分析企业的发展趋势。

（2）将本企业的财务比率与行业的平均财务比率或行业先进的财务比率进行比较，这是横向比较，可以了解企业在行业中所处的地位，以便综合评价企业的财务状况。这种方法在企业的综合财务分析中经常使用，不过它存在两个缺点：① 需要企业找到行业的平均财务比率或行业先进的财务比率等资料作为参考标准，但在实际工作中，这些资料有时可能难以找到；② 只能定性地描述企业的财务状况，如比行业平均水平略好或略差、与行业平均水平相当，而不能用定量的方式来评价企业的财务状况。因此，为了克服这两个缺点，可以采用财务比率综合评分法。

（二）财务比率综合评分法的应用程序

采用财务比率综合评分法进行企业财务状况的综合分析，一般要遵循以下程序。

1. 选定评价企业财务状况的财务比率

选择的财务比率，一要具有全面性，反映企业偿债能力、营运能力和获利能力的三大类财务比率都应包括在内；二要具有代表性，即要选择能够揭示企业财务状况的重要财务比率；三要具有变化方向的一致性，即当财务比率增大时，表示财务状况的改善，相反，当财务比率减小时，表示财务状况的恶化。

2. 确定各项财务比率的标准评分值

根据各项财务比率的重要程度，确定其标准评分值，即重要性系数。各项财务比率的标准评分值之和应当等于100分。各项财务比率标准评分值的确定是财务比率综合评分法应用中的一个重要问题，它直接影响到对企业财务状况的评分。对于各项财务比率的重要程度，不同的分析者可能会有截然不同的态度，但一般应根据企业经营活动的性质、企业的生产经营规模、企业的市场形象和分析者的分析目的等因素来确定。

3. 确定各项财务比率评分值的上限和下限

确定各项财务比率评分值的上限和下限，也就是确定各项财务比率的最高评分值和最低评分值。这主要是为了避免个别财务比率的异常对总分造成不合理的影响。

4. 确定各项财务比率的标准值

财务比率的标准值是指财务比率在本企业现时条件下最理想的数值，亦即最优值。财务比率的标准值通常可以参照行业的平均水平并经过调整后确定。

5. 计算企业在一定时期内各项财务比率的实际值

企业经过一定时期的经营，财务状况和经营成果通过财务报表展现出来，这时可以借助于财务报表计算企业在一定时期内各项财务比率的实际值，目的是和各项财务比率的标准值对比。

6. 计算关系比率

关系比率是指财务比率的实际值与标准值的比率，即关系比率等于财务比率的实际值除以标准值。

7. 计算各项财务比率的实际得分

各项财务比率的实际得分是关系比率与标准值的乘积，每项财务比率的实际得分都不得超过上限或下限，所有财务比率实际得分的合计数就是企业财务状况的综合得分。如果综合得分等于或接近 100 分，说明企业的财务状况良好，达到了预先确定的标准；如果综合得分低于 100 分很多，说明企业的财务状况较差，应当采取适当的措施加以改善；如果综合得分超过 100 分很多，说明企业的财务状况很理想。

二、沃尔比重评分法

沃尔比重评分法是由财务综合分析的先驱者之一亚历山大·沃尔提出的。他在 20 世纪初提出了信用能力指数的概念，把若干项财务比率用线性关系结合起来，以此评价企业的财务状况。他选择了 7 项财务比率，分别给定了其在总评价中所占的比重，然后确定标准比率，并与实际比率相比较，评出每项财务比率的得分，最后得出总评分，以此对企业的财务状况做出评价。

沃尔比重评分法采用的 7 项财务比率分别是流动资产/流动负债、净资产/负债、资产/固定资产、销售成本/存货、销售额/应收账款、销售额/固定资产和销售额/净资产，分别给予 25 分、25 分、15 分、10 分、10 分、10 分和 5 分的分数权重，总计 100 分。利用沃尔比重评分法，对 ABC 公司 2021 年的财务状况进行评分，如表 12-3 所示。

表 12-3　ABC 公司 2021 年沃尔比重评分法分析表

财务比率	比重（1）	标准比率（2）	实际比率（3）	相对比率（4=3÷2）	评分（5=1×4）
流动资产/流动负债	25	2.0	5.3	2.7	66
净资产/负债	25	1.5	4.7	3.1	78
资产/固定资产	15	2.5	4.5	1.8	27
销售成本/存货	10	8.0	16.7	2.1	21
销售额/应收账款	10	6.0	16.4	2.7	27
销售额/固定资产	10	4.0	11.0	2.8	28
销售额/净资产	5	3.0	3.0	1.0	5
合计	100	—			252

由表 12-3 可知，ABC 公司 2021 年的财务状况评分是 252 分。按照沃尔比重评分法的原理，评分越高，企业总体价值就越高，这表明 ABC 公司的财务状况是良好的。

沃尔比重评分法解决了在分析企业各项财务指标时如何评价指标的优劣，以及如何判定企业整体财务状况在行业中所处的水平等问题。但原始意义上的沃尔比重评分法有两个缺陷：一是选择这 7 项财务比率及给定的比重，在理论上难以证明，缺乏说服力；二是从技术上讲，由于评分是相对比率与比重相"乘"计算出来的，当某项指标严重异常（过高或过低，甚至是负数）时，会对总评分产生不合逻辑的重大影响。因此，在采用此方法进行财务状况综合分析和评价时，应注意以下几个方面的问题：① 行业的标准值必须准确无误；② 标准评分值应根据指标的重要程度合理确定；③ 指标应尽可能全面，采用指标越多，分析的结果越接近现实。尽管沃尔比重评分法在理论上还有待证明，在技术上也需要完善，但它在实践中还是具有较为广泛的应用价值。

三、杜邦分析法

（一）基础知识

1. 杜邦分析法的含义及分析步骤

利用财务比率综合评分法，虽然可以了解企业各方面的财务状况，但是不能反映企业各方面财务状况之间的关系，无法揭示企业各项财务比率之间的相互关系。实际上，企业的财务状况是一个完整的系统，内部各个因素是相互依存、相互作用的，任何一个因素的变动都会引起企业整体财务状况的改变。财务分析人员必须深入了解企业财务状况内部的各个因素及其相互关系，才能较全面地揭示企业财务状况的全貌。

杜邦分析法又称杜邦财务分析体系，是利用各主要财务指标之间的内在联系来综合分析企业财务状况的方法。杜邦分析法是由美国杜邦公司于 1910 年首先采用的。这种方法主要是利用一些基本财务比率之间的内在数量关系，建立一套系列相关的财务指标的综合模型，从投资者对企业要求的最终目标出发，经过层层指标分解，从而能系统地分析和了解影响企业最终财务目标实现的各个因素的作用机制。

杜邦财务分析体系的内容可用杜邦财务分析体系图来表示（图 12-1）。

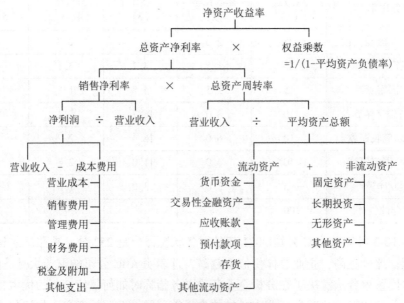

图 12-1 杜邦财务分析体系图

杜邦财务分析体系主要反映了以下财务比率关系：

（1）净资产收益率与总资产净利率和权益乘数之间的关系。

净资产收益率＝总资产净利率×权益乘数

权益乘数＝平均总资产/平均净资产＝1/（1－平均资产负债率）

（2）总资产净利率与销售净利率和总资产周转率之间的关系。

总资产净利率＝销售净利率×总资产周转率

销售净利率＝净利润/营业收入

总资产周转率＝营业收入/平均资产总额

杜邦财务分析体系在揭示上述几种关系之后，再将净利润、总资产进行层层分解，这样就可以全面、系统地揭示企业的财务状况及财务系统内部各个因素之间的相互关系。

2. 杜邦财务分析体系图涉及的主要财务比率

（1）净资产收益率是一个综合性最强的财务比率，是杜邦财务分析体系的核心。它反映所有者投入资本的获利能力，同时也反映企业筹资、投资、资产运营等活动的效率。决定净资产收益率高低的因素有三个：权益乘数、销售净利率和总资产周转率。权益乘数、销售净利率和总资产周转率分别反映了企业的负债比率、盈利能力比率和资产管理效率比率。

（2）权益乘数主要受资产负债率影响。负债比率越大，权益乘数越高，说明较高的负债程度能给企业带来较多的杠杆利益，同时也会给企业带来较大的风险。

（3）总资产净利率说明企业资产利用的效果，影响总资产净利率的因素有产品价格、单位产品成本、产品产量和销量、资金占用量等，可以用它来分析经营中存在的问题，提高销售利润率，加速资金周转。

（4）销售净利率反映企业净利润与销售收入的关系，从这个意义上看，提高销售净利率是提高企业盈利能力的关键所在。要想提高销售净利率：一是要提高销售收入；二是要降低成本费用，而降低各项成本费用开支是企业财务管理的一项重要内容。各项成本费用开支的列示，有利于企业进行成本费用的结构分析，加强成本控制，以便为寻求降低成本费用的途径提供依据。该指标可进一步分解为销售毛利率、销售税金率、销售成本率、销售期间费用率等指标。

（5）总资产周转率反映总资产的周转速度，总资产的周转速度越快，表明企业的销售能力越强。该指标可进一步分解为长期资产周转率、流动资产周转率、应收账款周转率等指标。

综上所述，杜邦分析法以净资产收益率为主线，将企业在某一时期的销售成果和资产运营状况全面联系在一起，层层分解，逐步深入，构成一个完整的分析体系。它能较好地帮助管理者发现企业财务管理和经营管理中存在的问题，能够为改善企业经营管理提供十分有价值的信息，因而得到普遍的认同并在实际工作中得到广泛的应用。

但是，杜邦分析法毕竟只是财务分析方法的一种，作为一种综合分析方法，它并不排斥其他财务分析方法。相反，与其他财务分析方法结合，不仅可以弥补自身的不足，还可以弥补其他方法的缺陷，使得分析结果更完整、更科学。比如，以杜邦分析为基础，结合专项分析，可进行一些后续分析，以便对有关问题做更深入、更细致的研究;也可结合比较分析法和趋势分析法,将不同时期的杜邦分析结果进行趋势对比,从而形成动态分析,找出财务变化的规律,为预测、决策提供依据;还可与一些财务风险分析方法结合,进行必要的风险分析,为管理者提供依据。

另外,从杜邦财务分析体系图可以看出,净资产收益率和企业的销售规模、成本水平、资产运营、资本结构有着密切的联系,这些因素构成一个相互依存的系统,只有把系统内这些因素的关系协调好,才能实现净资产收益率最大化。

(二)任务要求

以 ABC 公司杜邦分析计算表的数据为例,分析 ABC 公司的净资产收益率,并提出改进建议。任务所需指标、数据表如表 12-4 所示。

表 12-4 任务所需指标、数据表

具体指标	净资产收益率	数据表	资产负债表
	权益乘数		利润表
	总资产净利率		

注:净资产收益率=总资产净利率×权益乘数=销售净利率×总资产周转率×权益乘数。

(三)任务资料(表 12-5)

表 12-5 ABC 公司杜邦分析计算表

项目	2020 年	2021 年
总收入/百万元	15 332.27	16 515.98
总成本/百万元	14 962.84	16 276.87
净利润/百万元	369.43	239.11
营业收入/百万元	15 449.48	16 623.43
资产总额/百万元	7 107.05	6 777.48
销售净利率/%	2.39	1.44
总资产周转率/次	2.17	2.45
总资产净利率/%	5.19	3.53
权益乘数	1.24	1.21
净资产收益率/%		

(四)任务实施

第一步:打开 Python 界面,把"杜邦分析计算表"拖入项目中。(图 12-2)

杜邦分析法应用

项目十二　Python 在财务综合分析中的应用

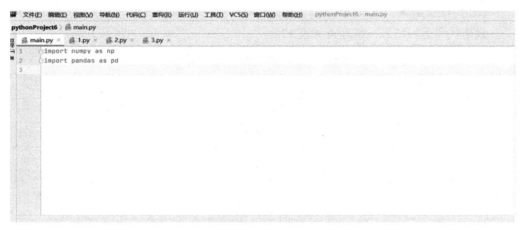

图 12-2　Python 界面

第二步：单击"文件"→"新建"，新建 Python 文件。（图 12-3）

图 12-3　新建 Python 文件界面

第三步：输入以下代码后单击"运行"按钮，得出净资产收益率。（代码 12-1）

代码 12-1　净资产收益率计算

```
import numpy as np
import pandas as pd
a=pd.read_excel('./杜邦分析计算表.xlsx')
print(a)
b=a.dropna(axis=1,how='all')
print(b)
c=b.set_index('项目')
print(c)
c.loc['净资产收益率/%']=c.loc['销售净利率/%']*c.loc['总资产周转率/次']*c.loc['权益乘数']
print(c.loc['净资产收益率/%'])
```

（五）任务结果

根据代码运行结果，整理得到表 12-6。

表 12-6 ABC 公司杜邦分析计算表

项目	2020 年	2021 年
总收入/百万元	15 332.27	16 515.98
总成本/百万元	14 962.84	16 276.87
净利润/百万元	369.43	239.11
营业收入/百万元	15 449.48	16 623.43
资产总额/百万元	7 107.05	6 777.48
销售净利率/%	2.39	1.44
总资产周转率/次	2.17	2.45
总资产净利率/%	5.19	3.53
权益乘数	1.24	1.21
净资产收益率/%	6.44	4.27

（六）任务图绘制

ABC 公司 2020 年和 2021 年杜邦财务分析体系图如图 12-4、图 12-5 所示。

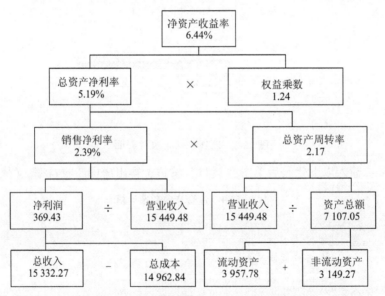

图 12-4 2020 年 ABC 公司杜邦财务分析体系图（金额单位：百万元）

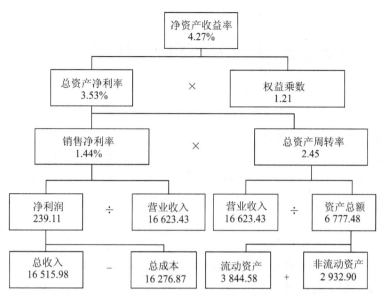

图 12-5　2021 年 ABC 公司杜邦财务分析体系图（金额单位：百万元）

（七）任务数据分析

从 2020 年和 2021 年 ABC 公司杜邦财务分析体系图可以看出，ABC 公司净资产收益率 2020 年为 6.44%，2021 年为 4.27%，2021 年比 2020 年下降了 2.17 个百分点，主要原因如下：

（1）2021 年总资产净利率和权益乘数都比 2020 年低，并且总资产净利率的下降速度快于权益乘数的下降速度，说明 ABC 公司 2021 年净利润的下降致使 2021 年净资产收益率下降。

（2）2020 年销售净利率比 2021 年高，根本原因是 2020 年的净利润比 2021 年多 13 032 万元，而 2020 年的销售收入却比 2021 年少 117 395 万元。

杜邦财务分析体系是一种分解财务比率的方法，而不是另外建立新的财务分析指标，它主要用于各种财务比率的分解。前面的例子就是通过对总资产净利率的分解来诊断企业存在的问题。总之，杜邦财务分析体系和其他财务分析方法一样，关键不在于对指标的计算，而在于对指标的理解和运用。

任务三　财务分析报告的撰写

一、财务分析报告的性质和作用

（一）财务分析报告的性质

财务分析报告是反映企业财务状况和经营成果意见的报告性书面文件。撰写财务分析报告是对财务分析工作概括和总结的重要环节。财务分析人员将财务分析评价结果向财务报表的使用者报告，以便他们通过财务分析报告了解企业的财务状况、经营成果、发展前景及存在的障碍，从而做出科学、合理的决策；同时，财务分析报告也是财务分析人员分析工作的最终成果，其撰写质量的高低直接反映财务分析人员的业务能力和素质。可见，财务分析报告是财务报表使用者做出决策的依据，也是财务分析人员工作能力的最好体现。

（二）财务分析报告的作用

财务分析报告是投资者、债权人、经营者、政府有关部门及其他财务报表使用者客观地了解企业的财务状况和经营成果必不可少的资料，历年的财务分析报告也是企业进行财务管理动态分析、科学预测和决策的依据。因此，财务分析报告对于各类财务报表使用者而言都具有十分重要的作用。财务分析报告的重要作用表现在以下几个方面：

（1）有利于掌握和评价企业的财务状况、经营成果和现金流量现状。

（2）有利于编制出符合客观经济规律的财务预算。

（3）有利于改善企业经营管理工作，提高企业财务管理水平。

二、财务分析报告的类型和特点

了解财务分析报告的分类有助于掌握各类财务分析报告的特点，按不同的要求撰写财务分析报告。财务分析报告可按不同标准进行分类。

（一）按分析的内容范围分类

财务分析报告按分析的内容范围可分为综合分析报告、专题分析报告和简要分析报告三种。

1. 综合分析报告

综合分析报告又称全面分析报告，是企业根据资产负债表、利润表、现金流量表、财务报表附表、财务报表附注及财务情况说明书、财务和经营活动所提供的信息及其内在联系，运用一定的科学分析方法，对企业的业务经营情况，利润实现和分配情况，资金增减变动和周转利用情况，税金缴纳情况，存货、固定资产等主要财产物资的盘盈、盘亏、毁损等变动情况及对本期或以后时期财务状况将产生重大影响的事项等做出客观、全面、系统的分析和评价，并进行必要的科学预测和决策所形成的书面报告。一般进行年度或半年度分析时采用这种类型。

综合分析报告具有内容丰富、涉及面广、对财务报表使用者做出各项决策有深远影响等特点。它具有以下两个方面的作用：

（1）为当前企业财务管理及宏观上的重大财务决策提供科学依据。由于综合分析报告几乎涵盖了对企业财务计划各项指标的对比、分析和评价，因此它能使企业的财务状况和经营成果一目了然，及时反映出企业存在的问题。综合分析报告为企业经营管理者当前和今后做出财务决策提供了科学依据，也为投资者、债权人、政府有关部门等外部报告使用者提供了多方面的财务信息。

（2）作为今后进行财务管理动态分析等的重要历史参考资料。综合分析报告主要在进行半年度、年度分析时撰写，必须对分析的各项具体内容的轻重缓急做出合理安排，既要全面，又要抓住重点，还要结合上级主管部门和财税部门的具体要求，切忌力量均等、事无巨细、面面俱到。

2. 专题分析报告

专题分析报告又称单项分析报告，是指针对某一时期企业经营管理中的某些关键问题、重大经济措施或薄弱环节等进行专门分析所形成的书面报告。它具有不受时间限制、一事一议、易被经营管理者接受、收效快的特点。因此，专题分析报告能总结经验，引起领导和业务部门重视所分析的问题，从而提高管理水平。专题分析报告有助于宏观、微观财务管理问题的进一步研究，为做出更高层次的财务管理决策开辟有价值的思路。

专题分析报告的内容很多，如关于企业清理积压库存、处理逾期应收账款的经验，对资金、成本、费用、利润等方面的预测分析，处理母子公司各方面关系等问题均可进行专题分析，从而为各级领导做出决策提供现实依据。

3. 简要分析报告

简要分析报告是对一定时期内企业主要财务指标存在的问题或比较突出的问题进行概要的分析，进而对企业财务活动的发展趋势及经营管理的改善情况进行判断所形成的书面报告。

简要分析报告具有简明扼要、切中要害的特点。通过分析，能反映、说明企业在分析期内业务经营的基本情况，以及企业累计完成各项财务指标的情况，并预测今后的发展趋势。简要分析报告主要适用于定期分析，可按月、按季进行编制。

（二）按分析的时间分类

财务分析报告按分析的时间可分为定期分析报告和不定期分析报告两种。

1. 定期分析报告

定期分析报告一般是上级主管部门或企业内部规定的每隔一段相等的时间应编制和上报的财务分析报告，如每年中期和年末编制的综合分析报告就属于定期分析报告。

2. 不定期分析报告

不定期分析报告是从企业财务管理和业务经营的实际需要出发，不做时间规定而编制的财务分析报告，如上述专题分析报告就属于不定期分析报告。

三、财务分析报告的撰写步骤和结构

一般来说，企业应按半年、全年财务决策的要求各撰写一次综合分析报告。简要分析报告和专题分析报告可根据需要随时撰写。在撰写财务分析报告时，要重视以下几个方面的问题。

（一）财务分析报告的撰写步骤

1. 撰写前的准备工作

（1）收集资料阶段。财务分析人员可以在日常工作中，根据财务分析内容要点，经常收集积累有关资料。这些资料既包括间接的书面资料，又包括从企业取得的第一手资料。财务分析人员应收集的资料具体包括：① 各类财务资料；② 各类业务资料；③ 各类报纸、杂志公布的行业资料；④ 其他资料。

（2）整理核实资料阶段。各类资料收集齐全后，要加以整理核实，保证其真实性、正确性和合法性，同时根据所规划的财务分析报告内容进行分类。整理核实资料是财务分析工作的中间环节，起着承上启下的作用。在这一阶段，财务分析人员应根据分析的内容要点做些摘记，合理分类，以便查找和使用。

需要指出的是，收集资料和整理核实资料不是截然分开的两个阶段，一般可以边收集边整理核实，相互交叉进行。但切忌临近撰写财务分析报告才开始收集资料，应把这项任务贯穿到日常工作中进行，这样才能收集到内容丰富、涉及面广、有参考价值的资料，在进行分析时就会胸有成竹，忙而不乱。

2. 财务分析报告的选题

由于财务分析报告的形式多种多样，因此报告的选题没有统一的标准和模式，一般可以根据报告所针对的主要内容和所提供的核心信息确定报告的选题，如"某季度财务分析""负债情况分析""税法变更对企业效益的影响分析"等都是比较合适的选题。报告的选题应能准确地反映报告的主题思想。报告的选题一经确定，就可紧紧围绕选题收集、整理资料并撰写报告。

3. 财务分析报告的起草

资料整理完毕，选题确定后，就可进入财务分析报告的撰写阶段，而财务分析报告撰写的首要工作就是报告的起草。财务分析人员必须具备较高的综合素质，才能胜任撰写财务分析报告这一重要工作。

报告的起草应围绕报告的选题并按报告的结构进行，特别是专题分析报告，应将问题分析透彻，真正地分析问题、解决问题。对于综合分析报告的起草，最好先拟写提纲，提纲必须能反映报告的主要内容，然后只需在提纲框架的基础上，依据所收集、整理的资料选择恰当的分析方法起草报告即可。

4. 财务分析报告的修订

财务分析报告初稿形成后，可交由财务分析报告的直接使用者审阅，并征求其意见和建议，补充新的内容，使之更加完善，最后由直接使用者审定即可定稿。

（二）财务分析报告的结构

综合财务分析报告的结构大致如下。

1. 标题

标题应简明扼要，准确反映财务分析报告的主题思想。标题是对财务分析报告最精练的概括，不仅要确切地体现财务分析报告的主题思想，而且要用语简洁、醒目。由于财务分析报告的内容不同，其标题也就没有统一标准和固定模式，应根据具体的分析内容而定，如"某月份简要财务报表分析报告""某年度综合财务分析报告""资产使用效率分析报告"等都是较合适的标题。财务分析报告的标题一旦拟定，就应围绕它利用所收集的资料进行分析并撰写报告。

2. 报告目录

报告目录应当显示财务分析报告所分析的内容及其所在的页码。

3. 重要提示

重要提示主要是针对本期报告新增的内容或须加以重点关注的问题事先做出说明。

4. 报告摘要

报告摘要是概括企业的综合情况，让报告使用者对财务分析报告有一个总括的认识，是对本期财务分析报告内容的高度浓缩，要求言简意赅、点到为止。

5. 正文

正文是财务分析报告最主要的部分，全面、细致地反映所要分析的内容。正文具体包括说明段、分析段、评价段及具体改进措施和建议。

总之，财务分析人员应明确财务分析报告的作用，掌握不同类型报告的特点，重视撰写报告的几个问题，不断提高自己的综合业务水平，做好财务分析工作，这样才能当好企业经营管理者的参谋和助手。

四、财务分析报告的撰写要求

财务分析是以企业的财务报表等会计资料为基础，对企业的财务状况和经营成果进行分析和评价的一种方法。财务分析的作用从最初评价借款人的偿债能力到现在已经有了充分的发展。它既可以正确评价企业的过去，也可以全面反映企业的现状，还可以通过对过去与现状的分析和评价来估计企业的未来发展状况与趋势。这些作用既有利于企业内部生产经营管理，也有利于企业外部债权人做出正确的贷款决策、赊销决策及投资者做出正确的投资决策等。而这些作用是否能够得到充分发挥还有赖于财务分析及其最终的载体，即财务分析报告质量的高低。为了最终得到一份高质量的财务分析报告，在财务分析及财务分析报告撰写过程中应注意以下几个问题。

（一）财务分析报告应满足不同报告使用者的需要

在实际工作中，由于财务分析报告的使用者有各自不同的要求，所以财务分析报告的内容也应有一定的区别。例如，供企业外部投资者做出投资决策参考的财务分析报告要提供有关企业能否投资方面的分析资料，而企业内部经营者却想从财务分析报告中得到企业整体经营状况的分析结论。所以，要做好分析工作，首先应明确分析的目的，这样才能抓住重点，集中分析与分析目的直接相关的信息，从而提高分析效率，避免不必要的成本浪费。在具体工作中，要注意与报告使用者的沟通，了解他们最想得到的信息是什么，针对这些信息提出分析应解决的主要问题，如投资分析报告应解决投资项目的可行性、未来的盈利能力等问题；而贷款分析报告应将重点放在企业的还款能力及贷款的使用效率等方面。确定分析的内容之后，还要确定分析的范围，并根据分析的范围和报告使用者的不同，确定报告的详略程度及专业化程度。若分析的范围仅限于一个部门、车间或小厂，则分析应尽量详细而具体；若分析的范围扩大到一个集团公司，则分析的内容就可以稍微总括一些。同样，若报告使用者是专业人士，报告自然应专业一些；相反，若报告使用者是非专业人士，报告的文字就应尽量简明、通俗，如上市公司的财务分析报告使用者是广大投资者，其中有许多投资者本身对财务知识的了解就不多，太专业会降低其对报告的理解程度，甚至出现误导投资者的现象。

（二）财务分析报告须具备真实性

真实性是财务分析报告质量高低的重要评价标准。很难想象，一份虚假、失真的财务分析报告会得出什么样的分析结论，又会给予报告使用者什么样的决策指导。要完成一份真实可靠的财务分析报告，得出正确的分析结论，与有效的分析密不可分。这既要求在分析资料的收集过程中应保证分析资料的真实可靠，也要求在具体分析时选择科学而高效的分析技术和方法。

要保证分析资料的真实可靠，应注意资料来源的权威性、合法性，并且尽可能通过实际考证确保资料的真实。例如，对企业财务报表的分析应关注审计师出具的审计报告，因为审计报告对于企业财务报表的真实性、合理性有重要说明作用。常见的资料来源主要有政府机关（包括财政部、商务部等）公布的数据、各行业协会公布的信息、一些专业的商业组织（如投资咨询公司、资信评级公司等）公布的各类数据及一些专业计算机数据库的各类信息等。另外，还要注意尽可能全面地收集分析所需要的资料，以避免"偏听偏信"。由于财务分析的基本资料是企业的财务报表，因此在具体分析过程中应先进行会计分析，即从会计数据表面揭示其实际含义。分析中，不仅包括对各财务报表及相关会计科目内涵的分析，还包括对会计原则与政策变更的分析、对会计方法选择与变动的分析、对会计质量及其变动的分析等。会计分析实质上是为了明确会计信息的内涵和质量，毕竟会计数据本身由于会计货币计量假设及会计职业判断等存在一定的局限性。要正确分析一个企业就必须通过会计分析还原企业业务，同时还要求分析人员熟悉企业业务，深刻领会数据背后的业务背景，从而能够揭示业务中存在的问题，据此判断业务发生的合理性、合规性，由此撰写出的财务分析报告也就能真正为业务部门提供有用的决策信息。

传统的财务分析更注重定量分析方法，即借助于数学模型，从数量上测算、比较和确定企业各项财务指标变动的数额，以及影响各项财务指标变动的因素和各个因素的影响大小。这类分析方法既运用于事前预测分析，又运用于事中控制分析，还运用于事后总结分析。具体的定量分析方法主要有比较分析法、比率分析法、因素分析法、损益平衡分析法、线性规划分析法、回归分析法、指数分析法、净现值分析法、现金流量分析法等。定量分析是财务分析的基础和重要步骤。这类分析方法有它的科学性，但同时也有其局限性。特别是在预测分析中，基本上都是以假设历史条件或基于过去资料的数学模型在今后继续存在为前提的。因此，预测分析的值基本上是近似值，有指导性的作用，但也有一定误差。预测的结果只有在起决定性作用的各种条件未来不发生变化的情况下才是可靠的。显然，这是不可能的。因为自然条件的变化、生产技术的发展、社会消费习惯和方式的改变、市场情况的变化，以及国际国内政治、经济形势和企业内部职工和管理人员的素质等的变化，都会影响企业未来的经济活动。而定性分析是指对企业各项财务指标变动的合法性、合理性、可行性、有效性进行科学的论证和说明。这一步骤就是对定量分析的结果根据国家有关财务制度、法规和政策进行相互联系的研究，考虑各种不可计量的因素加以综合论证，并对定量分析的结果进行切合实际的修正。例如，在评价企业综合绩效时，除计算反映企业盈利能力、营运能力等的一系列财务比率以外，还应加上对经营者基本素质、产品市场占有能力、顾客满意度、在岗职工素质等方面定性评议的指标。而银行在对贷款企业进行贷款分析时，除考虑其还款能力、盈利能力以外，还要考虑贷款企业对还款的态度、以前贷款的归还情况等。常用的定性分析方法有经验判断法、会议分析法、专家分析法、类比分析法等。

（三）财务分析报告必须明晰

财务分析报告的内容应条理清晰、表达顺畅、没有语法错误，不易使人误解。这就要求报告的行文要尽可能流畅、通顺、简明、精练，避免口语化、冗长化。基于这一原则，要完成一份高质量的财务分析报告，必须有一个清晰的思路，建立一个好的框架。报告是分析者与使用者交流的载体，若分析者的思路不清，报告条理混乱，必然会让使用者不知所云，难以做出正确的决策。在分析的第一个步骤中，分析者已经通过分析目的的确立，明确了要解决的具体问题，现在就要按照解决这些问题的先后顺序建立分析的框架，最有利于说明问题、解决问题的分析当然应排在最前面，然后按重要性依次进行分析。如投资分析报告，首先应分析投资的盈利能力，然后分析投资的风险大小。若分析贷款的可行性，则应先分析贷款企业的短期偿债能力，然后预计贷款企业未来可利用和处置的现金，这就要对企业的获利能力进行分析。

财务分析报告的框架可以按以下内容和顺序安排：报告目录—重要提示—报告摘要—具体分析—问题重点综述及相应的改进措施。其中，"报告目录"告诉报告使用者本报告所分析的内容及其所在的页码；"重要提示"主要是针对本报告须加以关注的问题事先做出说明，旨在引起报告使用者的高度重视；"报告摘要"是对本报告内容的高度浓缩，一定要言简意赅、点到为止。无论是"重要提示"还是"报告摘要"，都应在其后标明具体分析所在的页码，以便报告使用者及时查阅相应的分析内容。以上三部分非常必要，其目的是让报告使用者在最短的时间内获得对报告的整体性认识及了解报告中将告知的重大事项。"问题重点综述及相应的改进措施"主要是对报告"具体分析"部分揭示的重点问题进行集中阐述，旨在将零散的分析集中化，再一次给报告使用者留下深刻印象。

"具体分析"部分是财务分析报告的核心内容。"具体分析"部分写得如何，决定了报告的分析质量和档次。要想使这一部分写得很精彩，首要的是有一个好的分析思路。例如，分析一家跨国公司的经营情况，该公司在世界各地有多家分公司。财务分析报告的分析思路是：公司总体指标分析—总公司情况分析—各分公司情况分析；在每一部分里，对最近几年经营情况进行比较分析；具体分析时，按盈利能力分析—销售情况分析—成本费用控制情况分析展开。如此层层分解，环环相扣，各部分间及每部分内部都存在着紧密的联系。

（四）财务分析报告须体现重要性原则

在编制财务分析报告的过程中，要遵循重要性原则，做到详略得当。如前文所述，对于对决策有重要影响的内容，不仅要详细地反映，而且要放在报告前面。对于可供决策参考的不太重要的内容，则放在报告后面，做较为简略的反映。在具体确定重要分析内容时，可采用交集原则来揭示异常情况。例如，某公司有十个销售分公司，为了分析这十个分公司的销售情况，可选择一个反映销售情况的指标，如销售收入，然后分别计算最近几个月各分公司的销售收入增长额和增长率，选取销售收入增长额和增长率都较高的分公司或都较低的分公司作为主要分析对象，并进行重点分析。财务分析人员头脑中有重要性原则的意识，就会始终"抓重点问题、主要问题"。

（五）财务分析报告必须及时提供给使用者

由于财务分析报告是用于评价企业经营状况、作为相关决策依据的重要信息来源，而影响企业经营的内外部经济环境都在不断变化，企业面对的是复杂多变的市场，在这个大市场里，任何宏观经济环境的变化或行业竞争对手政策的改变都会或多或少地影响企业的竞争力甚至决定企业的命运，所以财务分析报告的时限性非常强。在分析中，应尽可能地立足当前，瞄准未来，以便财务分析报告发挥预测的作用。

另外，在编制财务分析报告的过程中，还应遵循成本效益原则，要在圆满完成分析任务的前提下，尽量利用较为便利的分析手段简化工作。对于一些基于财务报表所进行的较为繁杂的定量分析，可以借助于计算机进行，财务软件大多有财务分析这一模块。利用财务软件，以企业不同时期、不同企业的财务报表数据为依据，从经营业绩、成本费用、资产结构、偿债能力、盈利能力、发展潜力、管理水平、现金流量、经营健康状况、经营风险等多个方面，对企业的财务和经营状况进行分析与诊断，从而能够得出财务分析和经营诊断报告，满足不同使用者的需求。但这一技术也有其局限性，它不仅不能提供所有必需的信息（如缺少企业会计政策和原则方面的信息、缺少财务报表附注和其他解释性的信息、缺少对会计数据的追溯性调整等），不能帮助调整会计数据使它们具有可比性或满足分析的特定需要，而且不具备一名合格的和有洞察力的财务分析师所必备的直觉判断和敏锐洞察力。因此，尽管利用财务软件可以提高分析效率，但它不能完全取代人工分析。

综上所述，要完成一份高质量的财务分析报告，不仅要明确分析目的，收集真实可靠且全面的信息，较好地掌握财务分析的基本技术和方法，还要掌握财务分析报告的一些撰作技巧，合理安排报告的框架结构，清晰地反映分析的思路和结论。本着上述几大原则进行报告的撰写，应该能够达到分析的目的，满足报告使用者的需要。

思考与练习

一、单项选择题

1. 资产负债表日后事项是指（　　）。
   A. 资产负债表日至财务报告批准报出日之间发生的有利事项
   B. 资产负债表日至财务报告批准报出日之间发生的不利事项
   C. 资产负债表日至财务报告批准报出日之间发生的有利或不利事项
   D. 资产负债表日至财务报告报出日之间发生的有利或不利事项

2. 下列属于资产负债表日后非调整事项的是（　　）。
   A. 资产负债表日后诉讼案件结案
   B. 已证实资产发生了减值
   C. 资产负债表日后发生巨额亏损
   D. 进一步确定了资产负债表日前购入资产的成本

3. 下列事项，涉及企业预计负债的是（　　）。
   A. 应交税费　　　　　　　　　　B. 应付薪酬
   C. 应付票据　　　　　　　　　　D. 产品质量担保债务

4. 下列属于会计政策变更的是（　　）。
   A. 会计政策变更能提供更可靠、更相关的会计信息
   B. 本期发生的交易与以前相比具有本质差别而采用新的会计政策
   C. 对初次发生的交易或事项采用新的会计政策
   D. 对不重要的交易或事项采用新的会计政策

5. 会计估计变更采用的会计处理方法是（　　）。
   A. 历史成本法　　　　　　　　　B. 公允价值法
   C. 追溯调整法　　　　　　　　　D. 未来适用法

6. 下列项目，属于会计政策变更的是（　　）。
   A. 本年度起新租赁设备改为融资租赁
   B. 本企业新增的建造合同业务采用完工百分比法
   C. 存货发出的计价方法由后进先出法改为加权平均法
   D. 固定资产的净残值率由5%提高到8%

7. 应收账款坏账准备率由5%改为10%，属于（　　）。
   A. 会计政策变更　　　　　　　　B. 会计估计变更
   C. 一般会计差错　　　　　　　　D. 重大会计差错

8. 固定资产的预计使用寿命和净残值发生变更，属于（　　）。
   A. 会计政策变更　　　　　　　　B. 会计估计变更
   C. 一般会计差错　　　　　　　　D. 重大会计差错

9. 企业的注册会计师的聘请方是（　　）。
   A. 股东　　　　B. 政府　　　　C. 债权人　　　　D. 事务所

10. 审计报告的主要作用是（   ）。
A. 制约   B. 评价   C. 鉴证   D. 控制

11. 融资租赁和经营租赁的重要区别在于（   ）。
A. 租赁费用是否需要支付利息
B. 与租赁资产相关的风险是否完全转移
C. 与租赁资产相关的风险和报酬是否完全转移
D. 与租赁资产相关的报酬是否完全转移

12. 杜邦财务分析体系的源头和核心指标是（   ）。
A. 净资产收益率   B. 总资产净利率
C. 权益乘数   D. 总资产收益率

13. 沃尔比重评分法中，最常见的财务比率标准值是（   ）。
A. 企业的历史水平   B. 竞争对手的水平
C. 国外先进企业的水平   D. 行业的平均水平

二、综合实践训练题

FT公司是一家生产汽车的公司，表12-7是FT公司2022年、2023年的有关财务数据。

表 12-7   FT 公司有关财务数据   单位：万元

年度	净利润	销售收入	资产总额	负债总额	全部成本
2022	10 284.04	411 224.01	306 222.94	205 677.07	403 967.43
2023	12 653.92	757 613.81	330 580.21	215 659.54	737 045.24

FT公司2022年、2023年的财务比率如表12-8所示。

表 12-8   FT 公司财务比率

年度	净资产收益率/%	权益乘数	资产负债率/%	总资产净利率/%	销售净利率/%	总资产周转率/次
2022	10.4	3.049	67.2	3.4	2.5	1.34
2023	11.2	2.874	65.2	3.9	1.7	2.29

案例思考题

1. 试用杜邦分析法解释表12-8中FT公司各项财务指标变动的原因。
2. 请运用杜邦分析法对FT公司的净资产收益率及其分解指标进行分析。

参考文献

1. 聂瑞芳，胡玉姣. 财务大数据分析［M］. 北京：人民邮电出版社，2022.
2. 万如荣，张莉芳，蒋琰. 财务分析［M］. 2版. 北京：人民邮电出版社，2020.
3. 张先治，陈友邦. 财务分析［M］. 9版. 大连：东北财经大学出版社，2019.
4. 黄红梅，张良均. Python数据分析与应用［M］. 北京：人民邮电出版社，2018.
5. 李昕，孙艳萍. 财务报表分析［M］. 4版. 大连：东北财经大学出版社，2017.
6. 企业会计准则编审委员会. 企业会计准则案例讲解：2017年版［M］. 上海：立信会计出版社，2017.
7. 王淑萍，王蓉. 财务报告分析［M］. 4版. 北京：清华大学出版社，2016.
8. 鲁爱民. 财务分析［M］. 3版. 北京：机械工业出版社，2015.
9. 财政部会计司编写组. 企业会计准则讲解（2006）［M］. 北京：人民出版社，2007.
10. 吴革. 财务报告粉饰手法的识别与防范［M］. 北京：对外经济贸易大学出版社，2003.
11. 张新民. 企业财务报表分析案例点评［M］. 杭州：浙江人民出版社，2003.